BIBLIOTHÈQUE PROFESSIONNELLE

—

Electrolyse et Galvanoplastie

Fours Electriques

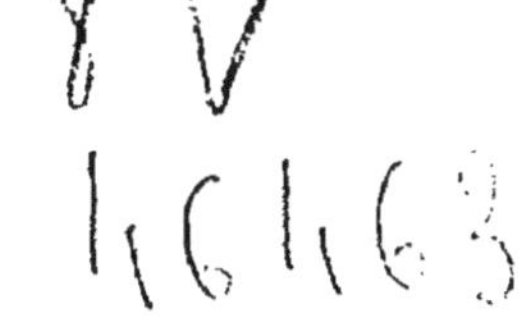

A. GARCIN. — *Electrolyse et Galvanoplastie.* I

BIBLIOTHÈQUE PROFESSIONNELLE
Publiée sous la direction de M. René DHOMMÉE
Inspecteur général de l'Enseignement Technique.

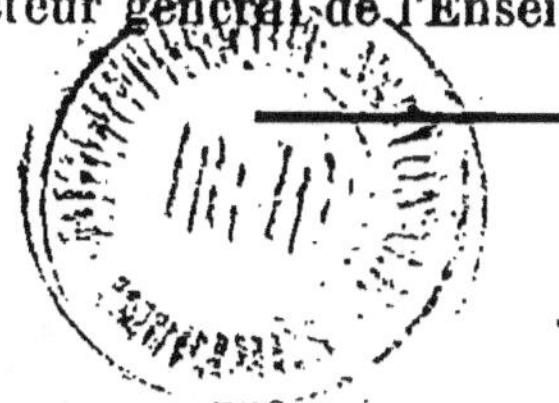

ELECTROLYSE & GALVANOPLASTIE

Fours Electriques

PAR

ARMAND GARCIN

Ingénieur I. E. G.

Avec 137 figures intercalées dans le texte

PARIS

LIBRAIRIE J.-B. BAILLIÈRE ET FILS

19, rue Hautefeuille, 19

1926

PREMIÈRE PARTIE

ÉLECTROLYSE & GALVANOPLASTIE

LOIS DE L'ÉLECTROLYSE. — CONDUCTIVITÉ DES ÉLECTROLYTES. — ETUDE SUCCINCTE DES PILES. — APPLICATIONS DE L'ÉLECTROLYSE A LA FABRICATION DE LA SOUDE, DU CHLORE ET DES ALCALIS. — COMPOSÉS DIVERS OBTENUS PAR ÉLECTROLYSE. — RAFFINAGE ÉLECTROLYTIQUE DES MÉTAUX. — GALVANOPLASTIE. — OZONE. — FABRICATION ET APPLICATIONS.

CHAPITRE PREMIER

LOIS DE L'ELECTROLYSE

Aperçu historique. — L'électrolyse est la décomposition qui accompagne le passage du courant à travers un corps conducteur.

Carlisle et Nicholson (1800) firent passer un courant à travers une masse d'eau acidulée et recueillirent une notable quantité d'hydrogène ainsi que des traces d'oxygène.

Des résultats plus nets furent obtenus par Cruiskshank (1800) et Berzélius (1803).

Darsy (1806) décomposa plusieurs corps au moyen d'une forte batterie de piles.

En 1832, Faraday fit des lois remarquables.

Définitions. — Supposons deux tiges métalliques plongeant dans un liquide et reliées à une source électrique (fig. 1).

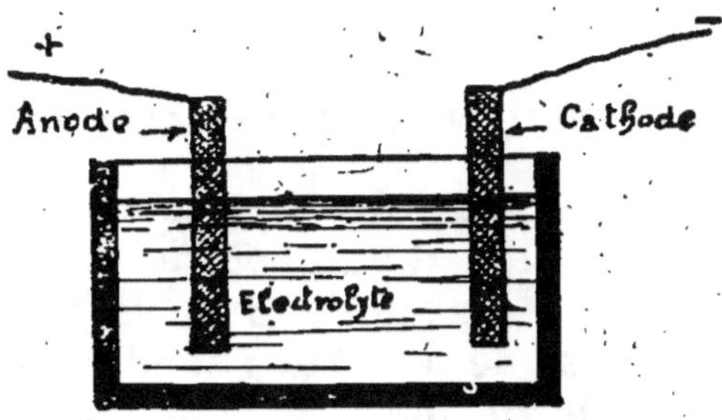

Fig. 1. — Cuve électrolytique.

Lorsque le courant ne passe pas on dit que le liquide est *isolant*. Si au contraire le courant passe, le liquide est *conducteur*.

Le liquide, au passage du courant, peut être décomposé ou non.

Un *conducteur de première classe* est celui qui ne se laisse pas décomposer par le passage du courant.

Celui de *deuxième classe* se décompose au passage du courant et constitue le phénomène d'électrolyse.

Le liquide soumis à l'électrolyse est appelé *électrolyte*. Les lames d'entrée et de sortie du courant sont appelées *électrodes*.

L'*anode* est la lame d'entrée du courant et la *cathode* la lame de sortie.

L'*anolyte* est la portion du liquide voisine de l'anode et la *cathodique* la portion voisine de la cathode.

L'eau pure et l'acide sulfurique ne sont pas conducteurs mais, mélangés, le deviennent. Certains corps dissous dans l'eau le deviennent.

A haute température les bases acides et les sels deviennent conducteurs, la porcelaine au rouge devient conductrice.

Certains corps dissous dans l'eau deviennent conducteurs.

Première loi de l'électrolyse

Si un conducteur de deuxième catégorie est soumis à l'action d'un courant, la décomposition du liquide est telle que le métal suit le courant. Dans le cas des acides l'hydrogène remplit le rôle de métal.

Ions. — Nom donné par Faraday à deux corps dissociés électrolytiquement. On admet que lorsque un corps décomposé est soumis à l'électrolyse, sa molécule est en quelque sorte partagée en deux fragments, dont chacun possède virtuellement une partie de l'énergie électrique qui a produit la séparation. Ce sont ces fragments qui constituent les ions.

L'ion peut être au point de vue chimique un atome simple ou un groupe d'atomes, ainsi dans la décomposition du sulfate de cuivre les ions sont :

Atome .... Cu
Groupe .... SO^4

Les ions sont donc une réalisation matérielle de ce qu'on appelle les restes dans la théorie atomique de la chimie, ils ne peuvent subsister à l'état d'ions que dans les conditions électriques où ils ont pris naissance. C'est, sans doute, à ces conditions qu'il faut attribuer les affinités plus énergiques des corps à l'état naissant. Instables en dehors de ces conditions les ions constituent, en s'unissant entre eux, des molécules de corps simples ou composés.

Berthelot a montré que pour électrolyser un corps donné il faut employer une f.e.m. déterminée, car la différence de potentiel à laquelle est soumise le liquide doit être au moins égale à la force contre-électromotrice de cet électrolyte pour qu'il soit électrolysé.

Cette électrolyse est caractérisée par l'absorption sous forme chimique d'une puissance de la source. C'est en somme la transformation d'énergie électrique en énergie chimique.

D'après la première loi de l'électrolyse le métal se porte de l'anode vers la cathode et il se produit des réactions :

1° Entre les ions ;
2° Entre les ions et les électrodes ;
3° Entre la dissolution et les ions.

Ainsi pour l'électrolyse de l'acide sulfurique, on constate à la cathode dégagement d'H et à l'anode dégagement d'O. On a la réaction :

$$+ \diagdown\ SO^4\ \mid\ H^2\ \diagup\ -$$
$$+ SO^4 + H^2O = SO^4H^2 + O$$

La réaction des ions forme de l'acide persulfurique $S^2O^8H^2$. On constaterait des faits semblables dans une multitude d'autres cas et en général il y a oxydation à l'anode et action réductrice à la cathode.

Le courant peut amener la dissolution de l'anode, on dit alors que l'on a une électrode ou anode soluble.

Lois de Faraday

PREMIÈRE LOI.

Quand un courant traverse un électrolyte, le poids du métal déposé est proportionnel à la quantité d'électricité qui l'a traversé. On a :

$$p = KQ$$

p, poids du métal déposé.

Q, quantité d'électricité qui a traversé l'électrolyte.

K, constante.

Si on fait traverser par un courant de 1 ampère, une solution de sulfate de cuivre à 100 gr. par litre à o degré C., pendant une heure, il se dépose sur la cathode 1 gr. 185 de cuivre. Pourvu que l'on ait 3.600 coulombs, le poids du cuivre déposé sera toujours le même.

Si la quantité d'électricité Q est égale à l'unité :

$$p = K$$

La constante K est la quantité du corps déposé

par un coulomb, c'est *l'équivalent électrochimique du système.*

Pour le cuivre $k = 0$ mmg 329.

Le voltamètre ou coulomb-mètre est basé sur cette propriété. C'est sur ce système qu'est basée la définition légale de l'ampère autrement dit, un ampère est la quantité d'électricité nécessaire pour déposer 1 milligr. 118 d'argent par seconde.

DEUXIÈME LOI.

Les équivalents électrochimiques sont proportionnels aux équivalents chimiques.

Un équivalent chimique d'un corps simple est la quantité équivalente à 1,118 d'argent :

$$H — H \quad H\ Cl$$
$$Cl — Cl \quad H\ CL$$

Cl a pris la place de H.

On dit que le chlore est l'équivalent chimique de l'hydrogène.

L'équivalent peut être une chose variable tandis que le poids atomique est toujours invariable.

Les corps équivalents à l'hydrogène sont dits *monovalents,* on a de même des corps *bivalents, trivalents,* etc...

Ainsi le sulfate ferreux $FeSO^4$ est bivalent et,

son équivalent est $\dfrac{SO^4}{2}$.

Si un coulomb traverse une dissolution d'argent, il se dépose 1 milligr. 118 d'argent, ou

$\dfrac{1}{96540}$ équivalent d'argent.

Autrement dit 96540 coulombs décomposeront un équivalent d'argent. L'expérience nous enseigne qu'une solution électrolytique ne présente rien de particulier au point de vue électrique. Si un courant traverse l'électrolyte, il se produit une dissolution et cela tant que le courant passe. Il y a là un mouvement et tout se passe comme si les électrodes exerçaient une attraction sur les ions.

Les ions sont donc chargés d'électricité, et le mouvement qui en résulte est dit *mouvement de migration des ions*. Les ions monovalents auront une charge électrique, les ions bivalents en auront deux, etc. A ces différences de charges électriques corespondent des phénomènes différents, mais 96540 coulombs déposent toujours un équivalent gramme de cathion.

Considérons une cuve électrolytique et soit A l'anode, C la cathode (fig. 2), dire qu'une quan-

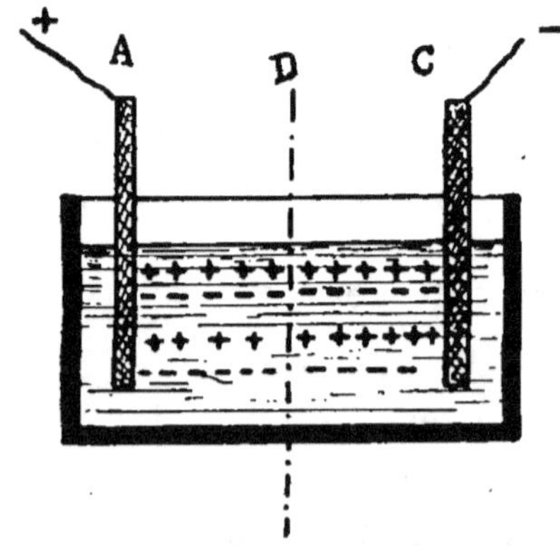

FIG. 2. — Migration des ions.

tité d'électricité traverse cette cuve est exact. Représentons par une croix un équivalent gramme de cathion et par un trait un équivalent gramme d'anion. Créons un champ électrique uniforme de A en C, on aura un mouvement de migration des ions dont la vitesse sera plus ou moins rapide.

Supposons qu'ils émigrent avec la même vitesse et faisons agir le champ jusqu'à ce qu'un équivalent gramme traverse la section D. On peut représenter cela schématiquement, on a, en effet, en A deux équivalents de cathion qui ont abandonné leur charge sur la cathode, de même de l'autre côté. On a donc eu deux équivalents grammes, il a donc fallu qu'il passe deux fois 96540 coulombs, le passage de ces coulombs s'est fait par le déplacement des ions.

Il en est de même lorsque les vitesses sont inégales. En effet, supposons que la vitesse du cathion soit cinq fois plus grande que celle de l'anion. On aura dans ce cas le schéma (fig. 3) ci-contre.

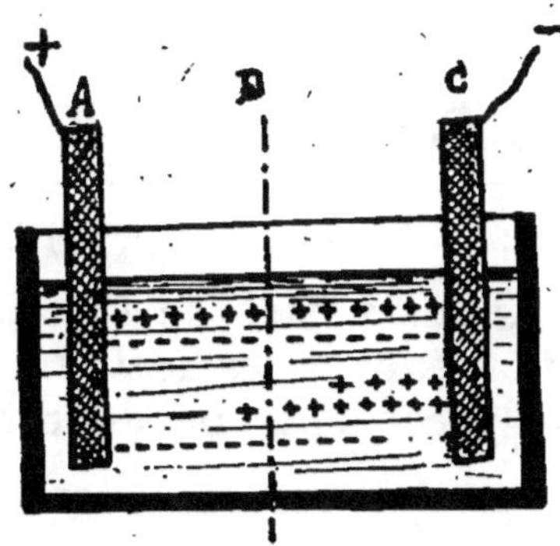

FIG. 3. — Migration des ions.

On a 6 anions ayant abandonné leur charge sur l'anode et 6 charges sur la cathode. Il en résulte que 6 équivalents gramme ont été dépo sés et 6F coulombs ont traversé le système. Dans tous les cas la charge d'un équivalent gramme d'anion et égale à F coulombs.

Un ion bivalent portera avec lui une charge double, etc... La perte de sels dissous est la même au bout d'un certain temps, à droite et à gauche, si la vitesse d'émigration est la même.

Mais si les ions émigrent avec des vitesses différentes, la perte anodique est à la perte cathodique comme la vitesse du cathion à celle de l'anion, c'est-à-dire :

$$\frac{\text{Perte anode}}{\text{Perte cathode}} = \frac{\text{vitesse cathodique}}{\text{vitesse anodique}}$$

Soit :

Q la quantité d'électricité qui a traversé le système.

m le facteur de transport ou indice de migration des ions.

On a :

$$\frac{\text{Vitesse cathodique}}{\text{Vitesse anodique}} = \frac{mQ}{(I-m)\,Q} = \frac{m}{I-m}$$

Des rapports des pertes de l'anode et de la cathode on peut déduire les facteurs de transport. De l'équation précédente on déduit :

$$m = \frac{\text{Perte cathodique}}{\text{Perte totale}}$$

On peut donc déterminer le facteur de transport en connaissant la perte cathodique et la perte totale. Il en est de même pour les ions bivalents, trivalents, etc...

Les facteurs de transport donnés par le tableau suivant ne sont valables que pour l'eau.

Facteurs de transport des anions en solution aqueuse à la température ordinaire pour une concentration de m équivalents gr. par litre.

$N =$	0,01	0,05	0,11	0,5	1	2
KCl						
KBr						
KI	0,506	0,507	0,508	0,513	0,514	0,515
NH4Cl						
NaCl		0,614	0,647	0,626	0,637	
LiCl	0,670	0,680	0,687			
KNO3			0,497	0,492	0,487	0,479
NaNO3			0,615	0,612		
AgNO3	0,528	0,528	0,528	0,519	0,501	0,476
KOH			0,735	0,738	0,740	
NaOH		0,81	0,82	0,82	0,825	
1/2 BaCl2		0,558				
1/2 K2SO4		0,504				
1/2 CuSO4		0,625	0,626	0,672	0.696	0,720
HCl	0,166	0,164	0,172	0,173	0,176	
HNO3	0,170	0,170				
1/2 H2SO4				0,182	0,174	

Solution non électrolyte et pression osmotique

Si on met un morceau de sucre dans un verre d'eau, celui-ci se dissout et les couches successives se mélangent. On a là un premier phénomène qui est la dissolution du sucre. Les molécules de sucre ont un mouvement, car elles changent de place, donc choc des molécules sur les parois et sur la surface libre du liquide, il en résulte une pression.

Cette pression est dite *pression osmotique*.

On peut réaliser l'expérience de la façon suivante :

On constitue un système semblable à la figure 4, la paroi semi perméable laissera passer l'eau et empêchera de passer le sucre.

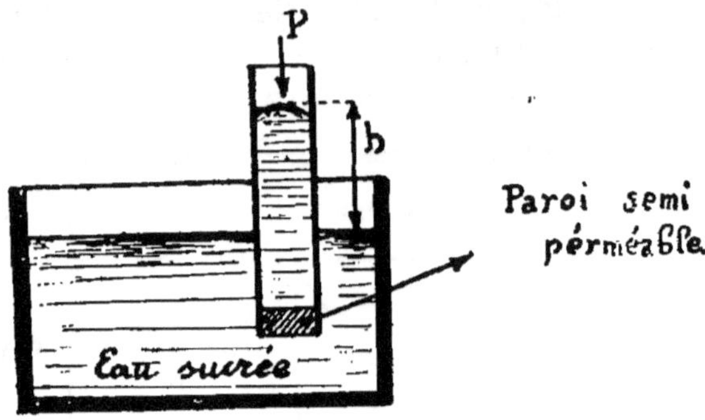

FIG. 4. — Pression osmotique.

Dans le récipient on plonge le tube rempli de solution de sucre, le liquide va monter, et la solution de sucre sera diluée. La différence de niveau sera alors h, et mesurera la pression osmotique de la solution sucrée.

Si on veut rétablir l'équilibre des nivaux, il faudra exercer une pression P dans le tube.

Cette pression rapportée à l'unité de surface est la pression osmotique de la solution.

Loi de Mariotte.

Pour un corps donné en solution, la pression osmotique est proportionnelle à la concentration de la solution.

En d'autres termes, à une même température, on a :

$$pV = C^{te}$$

Loi de Gay-Lussac.

Pour une même masse de liquide dissous la pression osmotique croît proportionnellement à la température absolue.

C'est-à-dire :

$$pV = RT$$

Loi de Van't Hoff.

La pression osmotique est indépendante du poids du dissolvant. Cette pression ne dépend donc que du volume occupé par la solution.

Loi d'Avogrado.

La pression osmotique d'une solution est la même quand le nombre de molécules grammes d'un corps dissous est le même. On a :

$$pV = 84700\ T$$

Prenons une solution de sucre à 1 %, la pression osmotique est de 49,3 cm. de mercure à 0°. On a :

$$49,3 \times 13,596 = \text{pression en cm.}$$

13,596 étant la densité du mercure à 0°.

Le volume étant de 34400, nous avons :

$$49,3 \times 13,596 \times 34400 = 273\ R.$$

D'où :

$$R = \frac{23065200}{273}$$

$$R = 84690 \text{ environ}$$

Ce qui vérifie la loi énoncée.

Une molécule gramme exerce donc la même pression qu'elle soit dissoute ou gazéifiée dans un même volume.

Donc si l'on veut congeler une solution il faut effectuer un travail assez considérable.

Loi de Raoult.

Si on connaît les poids moléculaires des tensions abaissées on peut en déduire les pressions osmotiques.

Quand un corps est en solution les molécules se meuvent et exercent une pression. On constate des exceptions à ces lois, car certaines molécules n'obéissent pas à la loi d'Avogrado.

La pression peut devenir plus considérable et on a pu constater que ces corps se transformaient, il y a alors dissociation.

On appelle *coefficient de dissociation*, le rapport entre le nombre de molécules dissociées et le nombre total de molécules.

Dans le cas des électrolytes ces dissociations sont appelées *dissociations électrolytiques*.

Etude d'Arrhénius.

On constatait que les solutions se comportaient comme s'il y avait à la fois des molécules actives et inactives.

Le *coefficient d'activité* est le rapport du nombre de molécules actives au nombre de molécules inactives.

Le degré de dissociation peut se calculer si on connaît le rapport entre la solution dissociée et le coefficient de dissociation observé.

Les molécules actives sont les mêmes que les molécules dissociées.

Théorie de Grothus.

Chaque molécule est chargée d'électricité et un ion ne peut pas exister sans charge électrique. Tous les ions réunis ont au total une charge électrique nulle. On a donc une décomposition continue.

L'anion et le cathion ne sont pas liés ensemble, ils sont libres. Il y a donc dissociation.

On appelle pouvoir de dissociation le pouvoir de séparation des ions.

L'eau a le plus grand pouvoir de dissociation.

POIDS ATOMIQUES, VALENCES, ÉQUIVALENTS ÉLECTRO-CHIMIQUES ET ÉQUIVALENTS GRAMMES DES CORPS SIMPLES

(Commission Internationale 1907)

ÉLÉMENTS	Symbole	Valence	Poids Atomique	Équivalent Gramme	Équivalent Electro-Chim. $\times 10^{-5}$	Nombre de Gr. séparés par Amp.-Heure
Aluminium ...	Al	3	26,9	8,966	9,282	0,3345
Antimoine ...	Sb	3	119,3	39,8	41,232	1,4843
Argent........	Ag	1	107,11	107,11	110,965	3,9947
Arsenic	As	3	75,00	25,00	25,900	0,9324
Azote	Az	3	13,93	4,643	4,791	0,1725
Baryum	Ba	2	136,4	68,200	70,655	2,5436
Bismuth	Bi	3	206,8	68,933	71,414	2,5709
Bore	Bo	3	10,9	3,63	3,78	0,136
Brome	Br	1	79,30	79,30	82,154	2,9575
Cadmium	Cd	2	111,6	55,80	57,808	2,0811
Calcium.......	Ca	2	39,7	19,85	20,564	0,7403
Carbone	C	4	11,91	2,977	3,084	0,1110
Chlore	Cl	1	35,18	35,48	36,446	1,3120
Chrome	Cr	2	51,7	25,85	26,780	0,9641
		3	51,7	17,233	17,853	0,6427
Cobalt	Cb	2	58,55	29,275	30,329	1,0918
		3	58,55	19,516	20,218	0,7278
Cuivre	Cu	1	63,4	63,4	65,374	2,3533
		2	63,4	31,55	32,6858	1,1767
Etain	Sn	2	118,1	59,05	61,1758	2,2023
Fer...........	Fe	2	55,5	27,75	28,7490	1,0350
		3	55,5	18,5	19,1660	0,68997
Fluor	Fl	1	18,9	18.9	19.5804	0,7049
Glucinium	Gl	2	9,1	4.55	4.7138	0,1697
Hydrogène....	H	1	1	1	1,036	0,03730
Iode..........	I	1	126,1	126,1	130,6396	4,70302
Lithium	Li	1	6.98	6,98	7,2313	0,26032
Magnésium ...	Mg	2	24,18	12,09	12,5252	0,450908
Manganèse ...	Mn	2	54,6	27,3	28,2828	1,01848
		3	54,6	18,2	18,8552	0,67878
Mercure.......	Hg	1	198,5	198,5	205,616	7,40325
		2	198,5	99,25	102,823	3,70163
Nickel........	Ni	2	58,3	29,15	30,1994	1,08748
		3	58,3	19,433	20,1326	0,724773
Or	Au	3	195,7	65,233	67,58139	2,43293
Oxygène	O	2	15,88	7,940	8,21584	0,29577
Palladium	Pd	2	105,7	52,85	54,7526	1,974093
Phosphore	Ph	3	30,77	10,2566	10,6258	0,38253
Platine........	Pt	4	193,3	48,325	50,0647	1,80233
Plomb	Pb	2	205,25	102,625	105.3195	3,82750
Potassium	K	1	38,85	38,85	40,2486	1,44894
Sélénium......	Se	2	78 6	39,3	40,7148	1,46573
Silicium........	Si	4	28,2	7,05	7,3038	0,26294
Sodium	Na	1	22,88	22,88	23,7037	0,85333
Soufre	S	2	31.82	15,91	16,4827	0,59318
Strontium. ...	St	2	86,94	43,47	45,0349	1.62423
Tellure	Te	2	126,6	63,3	65,5788	2,36083
Thallium......	Tl	2	202,6	101.3	104,946	3,779
Titane........	Ti	4	47,7	11,925	12,35	0,444
Zinc	Zn	2	64,9	32,45	33,618	1,21

Loi de thermo-neutralité.

Si on mélange deux dissolutions de sels neutre il n'y a pas de dégagement, ni absorption de chaleur.

La neutralité d'une base par un acide se résume par une simple formation d'eau.

Ce sont les charges électriques qui donnent aux ions les propriétés spéciales qu'ils ont. Il faut admettre qu'il y a un échange continuel entre les molécules et les ions.

Pour les sels, fondus il y a un certain nombre de molécules dissociées, c'est le degré d'insociation du dissolvant.

————

CHAPITRE II

CONDUCTIVITÉ DES ÉLECTROLYTES

Définitions

Un électrolyte oppose au passage du courant une résistance analogue à celle d'un conducteur métallique. Cette résistance est donnée par la formule d'Ohm :

$$R = \rho \, \frac{l}{s}$$

R résistance totale du conducteur.

l sa longueur.

s sa section.

ρ la résistivité ou résistance spécifique.

L'inverse de la résistance est la conductance ou conductibilité.

L'inverse de la résistivité est la conductivité ou conductance spécifique.

La conductivité varie avec la température, soit θ le coefficient de température et $\varkappa$ la résistivité. On a :

$$C\theta = \frac{I}{\varkappa} \, \frac{\varkappa'-\varkappa}{\theta'-\theta}$$

Le coefficient est de 0,02 pour les sels et de 0,09 à 0,016 pour les acides, de 0,019 à 0,02 pour les bases.

Lorsque les solutions sont diluées, la conductivité est à peu près égale à la somme des conductibilités des différents corps dissous ou mélangés.

La conductivité équivalente est obtenue en mettant un liquide dans un vase de manière qu'il y ait toujours un équivalent gramme dissous, on mesure la conductance entre les points A et C. λv indiquant dans combien de litres la molécule a été dissoute. On a :

$$\lambda v = \varkappa \times V \times 10^{-8}$$

Si on a $\varkappa$ et le volume V on détermine λv.

PREMIÈRE LOI.

La conductivité équivalente des électrolytes augmente avec la dilution.

On peut donc dire que la conductivité va en augmentant et tend vers une limite. La conductivité équivalente limite et $\lambda \infty$.

LOI DE KOHLRAUSCH.

La conductivité équivalente des sels neutres, acides ou bases se décompose en deux valeurs dont la première dépend de l'anion et la deuxième du cathion. On a le tableau :

	K	Na	L	Tl
Cl	130,1	108,9	98,9	131,5
NO³	126,5	105,3	95,2	127,75
IO³	98,2	77,4	67,4	»
F	113,35	90,1	»	112,5

Vitesse absolue des ions en centimètres par seconde pour une chute de potentiel de 1 volt par centimètre.

K	0,00066	Cl	0,00067
Na	0,00045	NO³	0,00064
H	0,00345	OH	0,00180

Vitesse de migration des ions en inverses d'ohms pour une dilution infinie.

K	64,67	Ag	54,02
Na	43,55	H	318
Li	33 44	$\frac{1}{2}$Ba	55,10
NH^4	64,4	$\frac{1}{2}$Ca	51,46
$\frac{1}{2}$Mg	45,94	Cl	65,44
$\frac{1}{2}$Zn	46,57	Br	67,63
$\frac{1}{2}$Cu	47,16	ClO^3	55,03
$\frac{1}{2}$Pb	61,10	NO^3	61,78
OH	174	ClO^3	55,03
$\frac{1}{2}SO^4$	68,1	CHO^2	46,7
$\frac{1}{2}C^2O^2$	62,6	$C^2H^3O^2$	35
$\frac{1}{2}ClO^3$	60	$C^3H^5O^2$	31

Soit m le facteur de transport de l'anion. Nous avons :

$$\lambda \infty = m\lambda \infty + (1-m)\lambda \infty$$
$$= Lc + La$$

Lc mobilité du cation et La mobilité de l'anion. On a alors la mobilité ionique.

On peut calculer la conductivité équivalente limite de corps très faiblement dissociés. Prenons, par exemple, l'ammoniaque qui est très faiblement dissocié, mais les sels d'ammoniaque étant fortement dissociés, on peut en déduire la vitesse de migration de l'ammoniaque.

On peut aussi, connaissant la conductivité ionique, déterminer la solubilité de sels peu solubles.

On a :

$$\lambda v = La + Lc = \varkappa \times V \times 10^3$$

D'où :

$$V = \frac{La + Lc}{10^3 \varkappa}$$

Conductivité de l'eau purifiée. Nous avons, :

$$\alpha = \frac{\lambda v}{\lambda \infty}$$

α est le coefficient de conductivité. Pour la conductivité de l'eau à différentes températures nous avons pour valeur de α :

Température en degrés	valeur de α
0	0,011 × 10
25	0,062 × 10
34	0,094 × 10
18	0,038 × 10
50	0,182 × 10

Conductivité des sels fondus.

La conductivité des sels fondus est la même dans toute la masse, et croît avec la température.

Conductivité de quelques solutions à 18° en inverses d'ohm

Concentr.	KCl	NaCl	NH^{4}Cl	CuSO^4	ZnS^4	H^{2}SO^4	HNO^3	HCl
5 °/$_0$	0,069	0,067	0,092	0,019	0,019	0,209	0,258	0,395
10	0,136	0,121	0,178	0,032	0.032	0,392	0,461	0,630
15	0,202	0,164	0.259	0,042	0,042	0,543	0,613	0,745
20	0,268	0.196	0,337		0,047	0,653	0,711	0,762
25		0,214	0,403		0,048	0,717	0,770	0,723
30					0,044	0,740	0,785	0,662
35						0,724	0,769	0,591
40						0,680	0,733	0,515
50						0,541	0,631	
60						0,373	0,513	
70						0,216	0,396	
80						0,111	0,267	

Maximum de la conductivité pour la concentration

0,0481	0,740	0,785	0,767	0,544
28,5 °/$_0$	30,0 °/$_0$	29,7 °/$_0$	18,3 °/$_0$	28 °/$_0$

Formule de Thomson.

On a la formule suivante :

$$E = \frac{e \times 4,18}{nF}$$

E f.e.m. en volts.

e tonalité thermique en calories.

F nombre de coulombs ayant traversé la solution.

n valence réactive.

Plus simplement, on a la relation :

$$E = 0,0433\ Q$$

C'est la règle de *Thomson*.

Cette règle permet de calculer à 2 ou 3 % près les f.e.m. nécessaires pour la décomposition d'un électrolyte.

Remarque. — On démontre que la règle de Thomson n'est exacte que dans le cas où la f.e.m. est indépendante de la température.

APPLICATION DE LA FORMULE DE THOMSON. — Proposons-nous de calculer la f.e.m. nécessaire pour l'électrolyse du sulfate de sodium $SO^4\ Na^2$. Prenons deux électrodes, l'une en cuivre (anode), l'autre en fer (cathode).

Dans le compartiment cathodique, on obtient de la soude et un dégagement d'hydrogène. On a la réaction :

$$SO^4\ Na^2 + Cu + 2\ H^2\ O = SO^4\ Cu + 2\ Na\ OH + 2\ H^2$$

Les tables de thermo-chimie nous donnent pour chaleur de formation :

Un molécule gramme $SO^4\ Na^2$ dissous 328 cal. 5
Un mol. gr. H^2O 69 c ici (69 x2)... 138 cal.
Un mol. gr. E H^2O 69 c ici 69) x2.. 138 cal.

A. GARCIN. — *Electrolyse et Galvanoplastie.* 2

Un mol. gr. SO⁴ Cu dissous......... 197 cal.

Un mol. gr. NaOH dis. 112,5 ici 112,5

× 2 .... 225 cal.

La chaleur totale absorbée est donc :

$$(328,5 + 138) - (197,5 + 225) = 44 \text{ calories}$$

soit 22 pour un équivalent électrochimique.

La f.e.m. nécessaire pour la décomposition sera donc :

$$E = 22 \times 0,0433 = 0,95 \text{ volts}$$

CAS DE PLUSIEURS MÉTAUX.

1ᵉʳ *cas*. — La f.e.m. est faible, pas de décomposition.

2ᵉ *cas*. — La f.e.m. est supérieure à la f.e.m. nécessaire pour décomposer la **première** solution et inférieure pour décomposer la **deuxième** solution mélangées. Dans ce cas un seul des métaux se décompose.

3ᵉ *cas*. — La f.e.m. est supérieur à toutes les f.e.m. nécessaires pour décomposer les électrolytes. Si l'intensité est faible, un seul des électrolytes est décomposé, et pour des courants intenses les deux électrolytes sont décomposés. De toute façon, les lois de Faraday s'appliquent au total des électrolytes décomposés.

Connaissant la f.e.m. d'une cuve électrolytique, on peut calculer la puissance nécessaire pour produire l'électrolyse. Ainsi, si on veut établir une usine produisant 10 tonnes de soude caustique (hydrate de soude NaOH) et si la décomposition nécessite une tension de 2 volts 2.

Nous avons :

$$P = EI$$

$$P = \frac{96540 \times 10^7 \times 2,2}{86400 \times 40}$$

$$P = 615 \text{ kw}$$

En pratique, on force un peu le voltage, et dans le cas ci-contre, on prendra une f.e.m. de 3 volts environ.

Mesure de la conductibilité des électrolytes
Méthode de Kohlrausch

On emploie un pont de Wheastone traversé par des courants alternatifs rapides, afin d'éviter la polarisation (fig. 5).

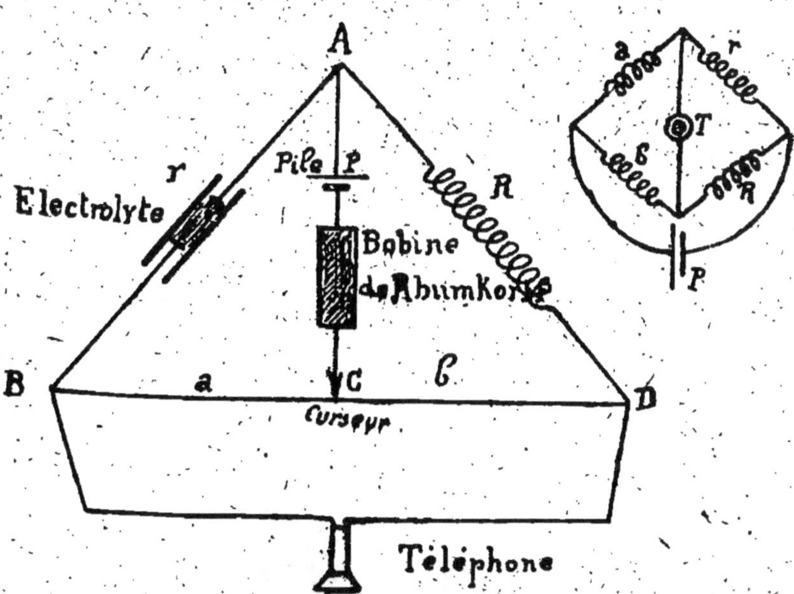

FIG. 5. — Pont de Kohlrausch.

Le galvanomètre est remplacé par un téléphone, qui ne rend aucun son lorsque l'équilibre est atteint. Pour que cette méthode soit exacte le circuit ne doit comprendre ni self-induction, ni capacité.

Dans l'une des branches du pont, on intercale une boîte Carpentier ou une résistance R, dans l'autre branche est intercalé l'électrolyte de résistance r ; les deux autres branches sont constituées par un fil de maillechort tendu sur une règle graduée ; sur ce fil glisse un curseur C, relié à une bobine de Rumkorff. On agit sur la résistance R et sur le curseur C jusqu'à ce que le téléphone soit muet. A ce moment, on a équilibre, et :

$$\frac{r}{R} = \frac{a}{b}$$

Le fil de maillechort étant bien calibré,, on a :

$$a = \rho\,\frac{l}{s} \qquad b = \rho\,\frac{l'}{s}$$

C'est-à-dire :

$$\frac{r}{R} = \frac{a}{b} = \frac{l}{l'} \quad \text{d'où} \quad \rho = \frac{Rl}{l'}$$

l et l' sont lus sur la règle graduée en millimètres.

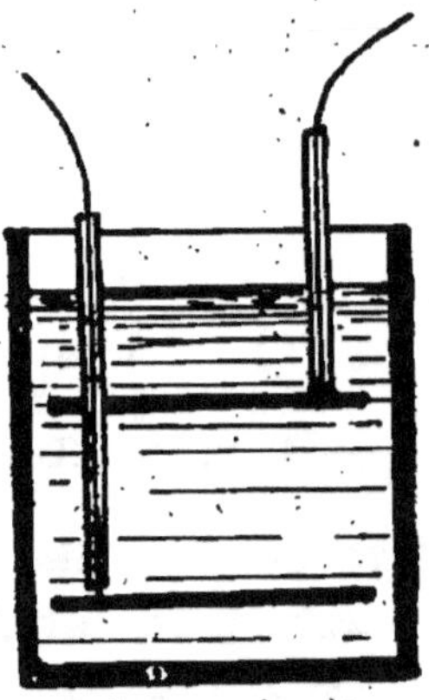

FIG. 6. — Vase d'essai.

L'électrolyte est contenu dans un vase où plongent deux électrodes ayant une position bien déterminée et limitant le tronçon dont on veut déterminer la résistance. Les électrodes sont constituées par deux plaques en platine et reliées au circuit par des fils de même métal et protégées par des tubes en verre. Les électrodes doivent être planes et placées bien parallélement dans le vase (fig. 6).

La température ayant une influence sur la résistance des électrolytes, celle-ci doit être maintenue constante et notée.

Méthode de Fuchs et Lippmann

On place la dissolution dans un tube AB et en série est disposée une grande résistance CD. La quantité totale d'électricité passant dans ce circuit étant très faible, on n'aura pas de dépolarisation (fig. 7).

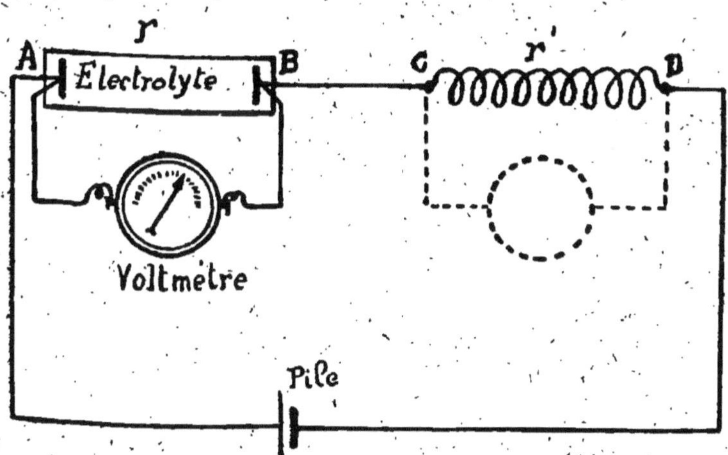

FIG. 7. — Méthode de Fuschs et Lippmann.

En A et B sont placées deux électrodes. Soit r la résistance entre ces deux points, u la différence de potentiel mesurée, et i le courant traversant le systême, on a :

$$u = r\,i$$

Mesurons la différence de potentiel entre C et D, soit u' ; r' étant la valeur de la résistance C D, on a :

$$u' = r' i$$

Le courant traversant le système étant le même. D'où :

$$\frac{u}{u'} = \frac{r}{r'}$$

Tout est connu, sauf r que l'on déduit.

On observe que tous les électrolytes présentent un maximum de conductibilité pour une certaine concentration. Seul, le chlorure de sodium fait exception car la solution est saturée avant d'avoir atteint son maximum de conductivité.

CONDUCTIVITÉ ET POIDS SPÉCIFIQUES DES SOLUTIONS DE PRINCIPAUX ÉLECTROLYTES

ÉLECTROLYTE	CONCENTRATION		Poids spécifique de la solution	Conductivité $x=\dfrac{1}{\text{ohms/cm}^3}$	Cœfficient de température $\dfrac{1}{x}\left(\dfrac{dx}{dt}\right)$
	En grammes pour 100 gr. de solution	En équival. gr. par litre de solution			
Acide Sulfurique SO^4H^2 à 18°	5	1,053	1,0334	0,2085	0,0121
	10	2,176	1,0673	0,3915	0,0128
	15	3,376	1,1036	0,5432	0,0136
	20	4,655	1,1414	0,6527	0,0145
	25	6,019	1,1807	0,7474	0,0154
	30	7,468	1,2207	0,7388	0,0162
	35	9,011	1,2625	0,7243	0,0170
	40	10,649	1,3056	0,6800	0,0178
	45	12,396	1,3508	0,6146	0,0186
	50	14,258	1,3984	0,5405	0,0193
	55	16,248	1,4487	0,4576	0,0201
	60	18,375	1,5019	0,3726	0,0213
	65	20,177	1,5577	0,2905	0,0230
	70	23,047	1,6146	0,2157	0,0256
	80	28,25	1,7320	0,1103	0,0320
	90	33,34	1,8167	0,1075	0,0349
	99,4	37,22	1,8354	0,0085	0,0400
Acide Chlorhydrique HCl à 10°	5	1,048	1,0242	0,392	0,0159
	10	2,884	1,0490	0,629	0,0157
	15	4,431	1,0744	0,741	0,0156
	20	6,050	1,1001	0,757	0,0155
	25	7,744	1,1262	0,719	0,0154
	30	9,506	1,1524	0,658	0,0153
	35	11,33	1,1775	0,588	0,0152
	40	13,22	1,2007	0,513	
Acide Bromhydrique HBr à 18°	5	0,639	1,0322	0,190	0,0153
	10	1,321	1,0669	0,353	0,0153
	15	2,054	1,1012	0,492	0,0151
Acide Iodhydrique HI à 18°	5	0,107	1,0370	0,133	0,0158
Acide Orthophosphorique H^3PO^4 à 18°	5	1,575	1,0270	0,031	0,0100
	10	3,236	1,0548	0,056	0,0104
	20	6,841	1,1151	0,112	0,0114
	30	10,87	1,1808	0,165	0,0130
	40	15,37	1,2530	0,200	0,0150
	50	20,44	1,3328	0,207	0,0174
	60	26,15	1,4208	0,183	0,0207
	70	32,54	1,5155	0,143	0,0252
	80	39,73	1,6192	0,097	0,0309

CONDUCTIVITÉ ET POIDS SPÉCIFIQUES DES SOLUTIONS DE PRINCIPAUX ÉLECTROLYTES *(suite)*

ÉLECTROLYTE	CONCENTRATION		Poids spécifique de la solution	Conductivité $x = \dfrac{1}{\text{ohms, cm3}}$	Cœfficient de température $\dfrac{1}{x}\left(\dfrac{dx}{dt}\right)$
	En grammes pour 100 gr. de solution	En équival. gr. par litre de solution			
Azotate de Potassium $KAzO^3$ à 18°	5	0,511	1,0305	0,045	0,0209
	10	1,054	1,0632	0,083	0,0206
	15	1,630	1,097	0,118	0,0203
	20	2,245	1,133	0,150	0,0198
Azotate de Sodium $NaAzO^3$ à 18	5	0,608	1,0327	0,043	0,0222
	10	1,258	1,0681	0,078	0,0219
	20	2.69	1,1435	0,131	0,0216
	30	4,34	1,2278	0,159	0,0221
Azotate d'Ammonium AzH^4O^3 à 15°	5	0.638	1,0201	0,059	0,0204
	10	1,304	1,0449	0,112	0,0195
	20	2,718	1,0360	0,206	0,0180
	30	4,24	1,1104	0,282	0,0169
	40	5,90	1,1780	0,334	0,0161
	50	7,68	1,2279	0,361	0,0157
Azotate d'Argent $AgAzO^3$ à 18°	5	0,307	1,0422	0,0253	0,0219
	10	0,632	1,0893	0,0276	0,0218
	15	1,009	1,1404	0,0576	0,0216
	20	1,410	1,1958	0,0862	0,0213
	25	1,851	1,2555	0,1047	0,0211
	30	2,338	1,3243	0,1228	0,0210
	35	2,879	1,3945	0,1394	0,0208
	40	3,485	1,4773	0,1550	0,0206
	45	4,168	1,5705	0,1701	0,0205
	50	4,94	1,6745	0,1838	0,0206
	55	5,80	1,7895	0,1966	0,0207
	60	6,78	1,9158	0,208	0,0210
Carbonate de Potassium K^2CO^3 à 15°	5	0,736	1,0499	0,056	0,0221
	10	1,579	1,0949	0,104	0,0212
	20	3,448	1,1920	0,181	0,0210
	30	5,644	1,3002	0 222	0,0219
	40	8,198	1,4470	0,217	0,0246
	50	11,16	1,5428	0,147	0,0318
Carbonate de Sodium C^3ONa^2 à 18°	5	0,991	1,0511	0,045	0,0252
	10	2,082	1,1044	0,071	0,0274
	15	3,277	1,1590	0,084	0,0294
Sulfate de Potassium K^2SO^4 à 18°	5	0,598	1,0395	0,046	0,0217
	10	1,244	1,0313	0,086	0,0204

CONDUCTIVITÉ ET POIDS SPÉCIFIQUES DES SOLUTIONS DE PRINCIPAUX ÉLECTROLYTES (*suite*)

ÉLECTROLYTE	CONCENTRATION En grammes pour 100 gr. de solution	CONCENTRATION En équival. gr. par litre de solution	Poids spécifique de la solution	Conductivité $x = \dfrac{1}{\text{ohms/cm}^3}$	Cœfficient de température $\dfrac{1}{x}\left(\dfrac{dx}{dt}\right)$
Chlorure de Sodium NaCl à 0°	20			0,133	
12°	20			0,182	
15°	20			0,199	
30°	20			0,269	
45°	20			0,335	
70°	20			0,472	
85°	20			0,563	
Chlorure de Chaux CaCl² à 18°	5	0,938	1,0409	0,064	0,0213
	10	1,057	1,0852	0,114	0,0206
	15	3,059	1,1311	0,151	0,0202
	20	4,233	1,1794	0,173	0,0200
	25	5,545	1,2305	0,178	0,0204
	30	6,945	1,2841	0,166	0,0226
	35	8,468	1,3421	0,137	0,0236
Chlorure de Magnésium MgCl² à 18°	5	1,094	1,0416	0,068	0,0222
	10	2,281	1,0859	0,113	0,0220
	20	4,942	1,1764	0,140	0,0237
	30	8,052	1,2779	0,106	0,0233
	34	9,434	1,3210	0,077	0,0318
Chlorure Cuivrique CuCl² à 18°	9	1,45	1,0828	0,071	0,0200
	18,2	3,25	1,1985	0,102	0,0194
	28,75	5,76	1,3443	0,089	0,0226
	35,2	7,42	1,4518	0,069	0,0270
Bromure de Potassium KBr à 18°	5	0,436	1,0357	0,047	0,0207
	10	0,904	1,0744	0,094	0,0195
	20	1,95	1,1583	0,189	0,0178
	30	3,17	1,2553	0,291	0,0165
	36	4,00	1,3198	0,327	0,0155
Iodure de Potassium KI à 18°	5	0,312	1,0363	0,0336	0,0206
	10	0,650	1,0762	0,0671	0,0201
	20	1,410	1,1679	0,143	0,0158
	30	2,307	1,273	0,241	0,0167
	40	3,374	1,397	0,314	0,0152
	50	4,666	1,545	0,390	0,0144
Chlorate de Potassium KClO³ à 15°	6,5	1,031	1,0316	0,1009	0,0194
	5	0,449	1,0316	0,0365	0,0212

CONDUCTIVITÉ ET POIDS SPÉCIFIQUES DES SOLUTIONS DE PRINCIPAUX ÉLECTROLYTES *(suite)*

ÉLECTROLYTE	CONCENTRATION		Poids spécifique de la solution	Conductivité $x = \dfrac{1}{\text{ohms, cm}^3}$	Cœfficient de température $\dfrac{1}{x}\left(\dfrac{dx}{dt}\right)$
	En grammes pour 100 gr. de solution	En équival. gr. par litre de solution			
Hydrate de Potassium ou Potasse KOH à 15°	4,2	0,619	1,0382	0,446	0,0188
	8,4	1,580	1,0777	0,271	0,0187
	12,6	2,515	1,1177	0,375	0,0189
	16,8	3.477	1,1588	0,451	0,0194
	21	4,534	1,2088	0,507	0,0200
	25,2	5,599	1,2439	0,538	0,0210
	29,4	6,778	1,2908	0,544	0,0222
	33,6	8,001	1,3332	0,521	0,0237
	37,8	9,349	1,3803	0,476	0,0258
	42	10,73	1,4298	0,413	0,0284
Hydrate de sodium ou Soude caustique NaOH à 15°	5	1,322	1,0568	0,196	0,0202
	10	2,786	1,1131	0,312	0,0248
	15	4,392	1,1700	0,346	0,0250
	20	6,137	1,2262	0,326	0,0304
	25	8,022	1,2823	0,270	0,0370
	30	10,04	1,3374	0,201	0,0450
	35	12,19	1,3907	0,150	0,0554
	40	14,44	1,4421	0,116	0,0652
Gaz Ammoniac AzH³ à 18°	1,6	0,93		0,0009	
	4,0	2,31		0,0011	
	8,0	4,55		0,0010	
Hydrate de Barium Ba (oH)² à 18°	1,25	0,148	1,0120	0,0248	0,0188
	2,5	0,300	1,0253	0,0479	0,0186
Chlorure de Potassium KCl à — 18°	5	0,691	1,0308	0,069	0,0201
	10	1.427	1,0638	0,136	0,0188
	15	2,208	1,0978	0,202	0,0179
	20	3,039	1,1335	0,268	0,0168
	25	3,83	1,1408	0,279	0,0166
— 0°	30			0,294	
— 33°	30			0,500	
— 71°	30			0,747	
Chlorure de Sodium NaCl à 18°	5	0,884	1,0345	0,067	0,0217
	10	1,830	1,0707	0,121	0,0214
	15	2,843	0,1087	0,164	0,0212
	20	3,924	1,1477	0,196	0,0216
	25	5,085	1,1898	0,214	0,0227

CONDUCTIVITÉ ET POIDS SPECIFIQUES DES SOLUTIONS DE PRINCIPAUX ÉLECTROLYTES (*suite et fin*)

ÉLECTROLYTE	CONCENTRATION		Poids spécifique de la solution	Conductivité $x = \dfrac{1}{\text{ohms/cm}_3}$	Cœfficient de température $\dfrac{1}{x}\left(\dfrac{dx}{dt}\right)$
	En grammes pour 100 gr. de solution	En équival. gr. par litre de solution			
Sulfate acide de Potassium KHSO⁴ à 18°	5	0,762	1,0354	0,082	0,0185
	10	1,58	1,0726	0,152	0,0086
	15	2,45	1,1116	0,245	0,0086
	20	3,39	1,1516	0,277	0,0088
	25	4,39	1,1920	0,324	0,0092
Sulfate de Sodium SO⁴Na² à 18°	5	0,737	1,0450	0,041	0,0236
	10	1,540	1,0915	0,069	0,0249
	15	2,417	1,1426	0,089	0,0256
Sulfate d'Ammonium (AzH⁴)²SO⁴ à 18°	5	0,778	1,0292	0,055	0,0215
	10	1,601	1,0581	0,101	0,0203
	20	3,377	1,1160	0,178	0,0193
	30	5,322	1,1730	0,229	0,0191
Sulfate de Magnésium MgSO⁴ à 18°	5	0,873	1,0510	0,0263	0,0226
	10	1,836	1,1052	0,0414	0,0241
	15	2,891	1,1602	0,0480	0,0252
	20	4,054	1,2200	0,0476	0,0269
	25	5,342	1,2861	0,0445	0,0288
Sulfate de Cuivre SO⁴Cu à 18°	2,5	0,322	1,0246	0,0108	0,0214
	5	0,661	1,0513	0,0187	0,0217
	10	1,393	1,1073	0,0319	-0,0219
	15	2,202	1,1675	0,0419	0,0232
	17,5	2,642	1,2003	0,0456	0,0237
Sulfate de Zinc SO⁴Zn à 18°	5	0,653	1,0509	0,0189	0,0226
	10	1,376	1,1069	0,0319	0,0224
	15	2,176	1,1675	0,0412	0,0229
	20	3,063	1,2323	0,0467	0,0242
	25	4,05	1,3045	0,0478	0,0259
	30	5,14	1,3738	0,0442	0,0274
Sulfate de Fer SO⁴Fe à 18°	3,7	0,5	1,0341	0,0154	0,0218
	7,9	1,	1,0692	0,0258	0,0218
	13,3	2	1,1375	0,0390	0,0223
	18,9	3	1,2018	0,0461	0,0231
	22,4	3,56	1,2359	0,0470	0,0243
Sulfate de Nickel SO⁴Ni à 18°	3,7	0,5	1,0379	0,0153	0,0231
	7,2	1	1,0759	0,0254	0,0227
	13.1	2	1,1503	0,0385	0,0241
	19,0	3	1,2219	0,0452	0,0250

CHAPITRE III

ÉTUDE DES PILES

Piles de concentration

Prenons un récipient en verre dans lequel on met une cloison étanche ; d'un côté, on place un amalgame de zinc de concentration C_1, de l'autre côté un amalgame de zinc de concentration C_2 de manière que $C_1 > C_2$. On recouvre le tout de sulfate de zinc SO^4Zn, on constate que le courant va de l'amalgame le plus concentré à celui le plus étendu (fig. 8). Les concentra-

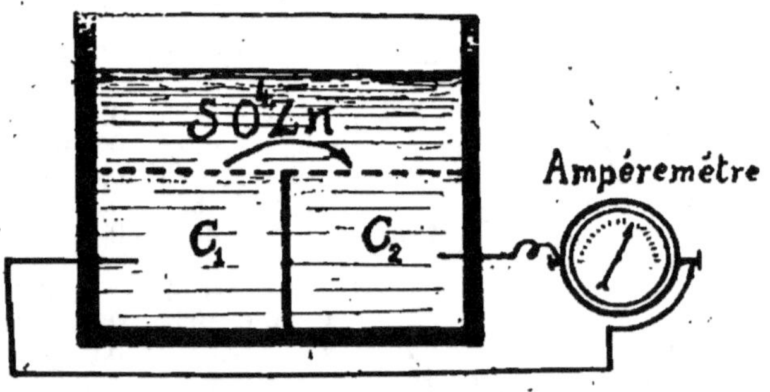

FIG. 8.

tions tendent donc à s'équilibrer. Les f.e.m. dépendent des pressions osmotiques et non des volumes considérés.

Les f.e.m. dépendent aussi du rapport $\dfrac{C_1}{C_2}$.

Le travail accompli par une masse de gaz

passant de la pression p_1 à la pression p_2 est donnée par la relation :

$$A = \frac{RT}{0,4343} \log \frac{C_1}{C_2}$$

On peut appliquer cette formule à l'expérience que l'on vient de faire.

Supposons que le zinc est dissous dans le mercure sous forme atomique, c'est l'atome de zinc qui agit pour faire marcher la pile, on peut faire cette supposition car la f.e.m. ne dépend pas des masses mises en jeu et si on laisse passer 2 F coulombs on a :

$$2\,FE = \frac{RT}{0,4343} \log \frac{C_1}{C_2}$$

D'où :

$$E = \frac{RT}{2F \times 0,4343} \log \frac{C_1}{C_2}$$

R est l'énergie des gaz exprimée en joules. Tout calcul fait, on a :

$$E = \frac{0,000194}{2} \log \frac{C_1}{C_2}$$

Les calculs et l'expérience sont d'une concordance parfaite.

$C_1 = 0,00337$, E.... Exp.,.... 0,0419 volt, 11°,6
$C_2 = 0,000113$, E.... Calcul ... 0,0415 volt, 11°6
E.... Exp...... 0,0516 volt, 67°5
E.... Calcul ... 0,0497 volt, 67°5

Mais, on a supposé que le zinc était dissous dans le mercure, cette supposition est démontrée par l'expérience. On aura donc de chaque côté,

A. GARCIN. — *Electrolyse et Galvanoplastie.*   3

dans la solution et dans l'amalgame des f. e. m. et la solution la plus concentrée aura la plus grande f. e. m.

La tension d'ionisation est la propriété qu'a l'amalgame en cherchant à passer à l'état d'ion en prenant une charge électrique.

Faisons une deuxième expérience. Prenons une cuve et mettons deux solutions inégalement concentrées de citrate d'argent NO^3 Ag, et mettons deux lames d'argent. On constate la production d'une f. e. m. dépendant du rapport de la concentration et de la température (fig. 9.).

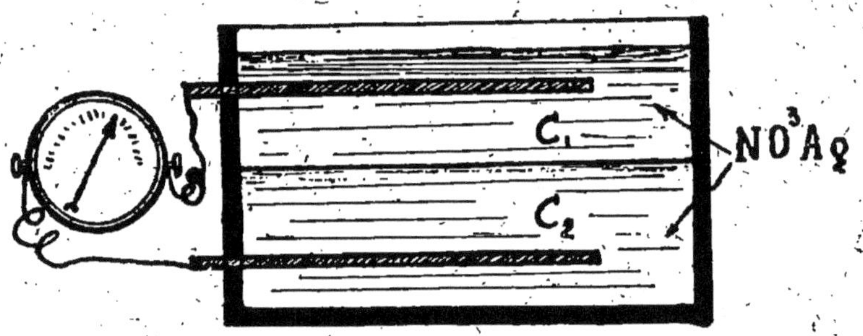

FIG. 9.

Laissons fonctionner la pile pour que F coulombs la traverse. Il y a précipitation d'un équivalent gramme d'argent dans la solution la plus concentrée, et dissolution dans la moins concentrée.

M équivalent grammes ont passé dans la solution, et on a un gain de 1 gr. d'argent, le gain est de 1-M équivalents gr. d'argent, de même on a un gain de 1-M équivalents gr. de citrate d'argent, on a donc un gain de :

2 (1-M) équivalent gr. d'ion

Il en est de même de l'autre côté. En faisant passer F coulombs, $2(1-M)$ équivalents gr. ont passé de la solution C_1 à la solution C_2. On a donc :

$$FE = \frac{2(1-M)\,RT}{0,4343} \log \frac{C_1}{C_2}$$

La f. e. m. au contact de deux couches est :

$$E = \frac{2(1-M)\,RT}{F \times 0,4343} \log \frac{C_1}{C_2}$$

Soit les solutions :

$$Ag/\ Ag\ NO^3\ \frac{n}{10} \quad \text{et} \quad Ag\ NO^3\ \frac{n}{100}\ Ag$$

On trouve pour valeur la f. e. m. 0,655. On a ainsi une pile.

Les facteurs de transport n'interviennent pas et la f. e. m. n'est pas proportionnelle aux concentrations.

PILES DE CONCENTRATION.

Dans la solution la moins concentrée les ions ont tendance à perdre leur charge électrique en se précipitant sur la lame d'argent qui se charge positivement, il y a désionisation. Les métaux alcalins ont une tension d'ionisation très élevée, ainsi le zinc a une tension d'ionisation forte, le nickel plus faible, le cuivre est difficilement attaquable, l'or très faible mais, par contre, la tension de desionisation est très forte.

Prenons une lame de zinc plongeant dans du sulfaté de zinc, la solution va se charger positivement, et la lame négativement (fig. 10).

On admet par convention qu'une lame d'hydrogène a une force électro-motrice nulle.

Calcul de la f. e. m. d'une pile Daniell. La pile Daniell est constituée par un bocal cylindrique en verre contenant un vase poreux entouré d'une

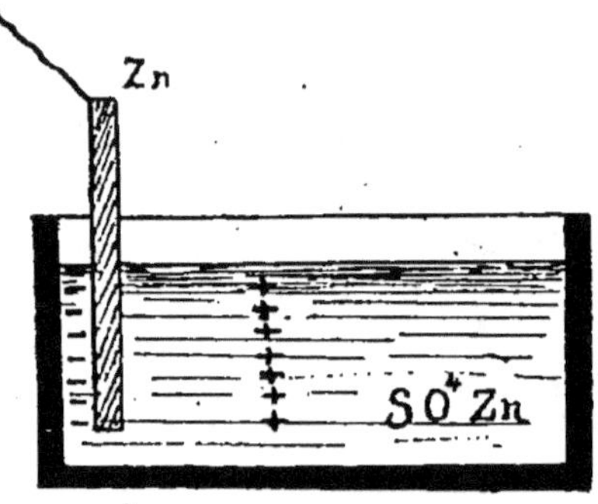

FIG. 10.

feuille de zinc enroulée en cylindre. Le vase poreux est rempli d'une solution concentrée de sulfate de cuivre.

Nous avons donc pour f.e.m. de la pile :

$$E = E_{zn} - E_{Cu} - 0,801 + 0,308 = 1.109 \text{ volts.}$$

Dans ce cas, la f.e.m. de la pile est en sens inverse de la précédente.

DIFFÉRENCES DE POTENTIEL DE QUELQUES SOLUTIONS

Différence de potentiel entre les métaux et les solutions de leurs sels

Métal et solution	e_h	e_c
Mg/Mg SO⁴n	+ 1,508	+ 1,231
Mu/Mu Cl²n	+ 1,097	+ 0,82
Zu/Zu SO⁴n	+ 0,801	+ 0,518

		e_h	e_c
Fe/Fe SO^{4}n	....	+ 0,66	+ 0,38
Co/Co SO^{4}n	....	+ 0,45	+ 0,17
Ni/Ni SO^{4}n	....	+ 0,80	+ 0,32
Cd/Cd SO^{4}n	....	+ 0,439	+ 0,102
Tl/Tl SO^{4}n	....	+ 0,392	+ 0,115
Pb/Pb N^2 O^{5}n	....	+ 0,162	— 0,115
H^2/H^2 SO^4 2n	....	— 0,00	— 0,277
Cu/Cu SO^{4}n	....	— 0,308	— 0,585
Ag/Ag NO^{3}n	....	— 0,771	— 1,048

Le signe se rapporte à la solution.

e_h est la différence de potentiel vis-à-vis de l'électrode d'hydrogène comptée égale à 0.

e_c est la différence de potentiel vis-à-vis de l'électrode au calomel comptée à — 0,56.

Différence de potentiel entre une électrode de platine et diverses substances.

La plupart des solutions renferment environ 1/5 molécule-gramme par litre. Le signe se rapporte à la solution.

SnCl^2 + KOH	....	+ 0,301
Na^2 S	....	+ 0,091
Hydroxylamine	....	+ 0,056
Acide pyrogallique alc.	....	— 0,078
Hydroquinone	....	— 0,231
Oxalate ferreux	....	— 0,285
H^{2}O^2 alc.	....	— 0,367
Cro^{4}K^2 + KOH	....	— 0,480
K^{4}FeCy^6 + KOH	....	— 0,474
Iode dans KOH	....	— 0,490
SnCl^2 HCl	....	— 0,496
Na^{2}SO^3	....	— 0,583
K^{4}FeCy^6	....	— 0,595
FeSO^4	....	— 0,633
Hydroxylamine HCl	....	— 0,636

$H^2 SO^3$	— 0,718
$Fe SO^4 + H^2SO^4$..................	— 0,794
$K^3Fe Cy^6 + KOH$.................	— 0,886
Iode dans KI......................	— 0,888
$K^3Fe Cy^6$ Acide.................	— 1,021
$K^2Cr^2O^7$	— 1,062
H^2O^2 Acide	— 1,078
KNO^3	— 1,137
Cl dans KOH......................	— 1,186
HNO^3 à 6 %.....................	— 1,23
$FeCl^3$	— 1,238
HNO^3	— 1,257
Br dans KOH......................	— 1,315
$H^2Cr^2O^7$	— 1,397
$HClO^3$	— 1,416
Br dans KB_2....................	— 1,425
$H^2Cro^4 + H^2SO^4$..............	— 1,440
HNO^3 à 95 %....................	— 1,520
MnO^2 dans KCl.................	— 1,628
Cl dans KCl......................	— 1,666
$KMnO^4$	— 1,763

La différence de potentiel est comptée vis-à-vis de l'électrode au calomel dont la valeur est admise égale à 0,56.

PILE AVEC OXYDANT ET RÉDUCTEUR. — Prenons deux lames platines et constituons la pile ci-contre (fig. 11). Les ions ferriques vont abandonner leur charge sur la lame qui se chargera positivement, tandis que la solution se chargera négativement, de même dans l'autre récipient la lame se chargera négativement et la solution positivement, et plus on aura des ions ferriques, plus la f.e.m. de la solution sera élevée. Les corps dans lesquels les ions métal possèdent une charge électrique élevée sont oxydant et si la charge électrique est faible, ils sont réducteurs.

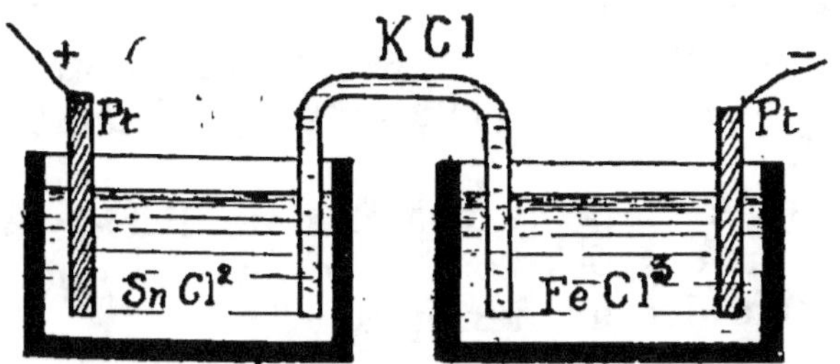

FIG. 11. — Pile avec oxidant et réducteur.

CAS DES SELS LOURDS. — On constate que la d. d. p., entre la cathode et l'anode est la même que si on la plongeait dans un sel. Le phénomène est donc reversible.

CAS DES ACIDES ET DES BASES. — Il y a dégagement d'hydrogène à la cathode et d'oxygène à l'anode, donc décomposition de l'eau. Le phénomène est reversible.

Soupapes électrolytiques.

Les soupapes électrolytiques sont basées sur le principe suivant :

Un électrolyte ne se laisse traverser que dans un sens déterminé par le courant. Ce principe est appliqué aux soupapes pour redresser le courant alternatif.

Générateurs de courant employés en galvanoplastie

Piles

Les conditions principales des piles employées en galvanoplastie sont de fournir un courant aussi constant que possible. Les piles au sel ammoniac sont à rejeter.

Pile de Bunsen. — Cette pile se compose d'un récipient en grès contenant un zinc circulaire, amalgame, formant le pôle négatif, à l'intérieur duquel se trouve un vase poreux contenant une ou deux lames de charbon constituant le pôle positif.

Le vase en grès contient de l'acide azotique marquant de 36 à 40° B ; le zinc baigne dans de l'eau acidulée au dixième.

La pile Bunsen a une f.e.m. de 2 volts environ et peut fonctionner de cinq à six jours sans être démontée. Mais on doit verser toutes les vingt heures environ deux cuillerées à café de sel à amalgamer dans l'eau acidulée dans laquelle baigne le zinc, et deux cuillerées à soupe d'acide sulfurique en agitant.

On remplace dans le vase poreux l'acide nitrique qui a disparu. Après six jours de fonctionnement démonter les éléments, jeter le liquide épuisé, nettoyer les éléments à grande eau, réamalgamer les zincs et recharger la pile.

Ces piles sont surtout employées pour des dépôts rapides.

Pile Daniell. — Cette pile au sulfate de cuivre peut fournir un courant très constant. Un bocal en verre cylindrique contient un vase poreux entouré d'une feuille de zinc cylindrique. Ce vase est rempli d'une solution de sulfate de cuivre dans laquelle plonge une lame de cuivre. La richesse de la solution est maintenue par une provision de cristaux renfermés dans un ballon de verre à col court coiffant, le goulot en bas, le vase poreux.

La f.e.m. de cette pile est de 1 volt environ.

Pile Leclanché. — Le bac renferme une solution de chlorure d'ammonium dans laquelle plonge un crayon de zinc, isolé d'un charbon.

Le charbon est placé au milieu d'un mélange de coke et de bioxyde de manganèse granulé, l'oxyde agissant comme dépolarisant, enveloppés soit dans un sac, soit dans un vase poreux, ou comprimés ensemble sous forme de briquette.

Inconvénients résultant de l'emploi des piles. — Les piles sont d'un entretien coûteux, et le courant produit revient à un prix très élevé, aussi dans les industries galvaniques on leur préfère de beaucoup les dynamos spéciales à cet usage.

En somme, l'emploi des piles ne peut convenir que pour de petits travaux d'amateurs.

Dynamos employés en galvanoplastie.

Ces dynamos peuvent fournir des courants intenses sous de faibles tensions. On emploie surtout l'excitation en dérivation, car il se produit dans les bains de même que dans les accumulateurs, une force contre électro-motrice qui peut, dans certains cas, devenir supérieure à celle de la dynamo, ce qui inverserait la polarité des inducteurs dans le cas de machines excitées en série.

Caractéristique de dynamos employées en galvanoplastie

Nombre d'ampères	Nombre de volts	Nickel déposé à l'heure en gr.	Argent déposé à l'heure en gr.	Cuivre déposé à l'heure en gr.	Vitesse moyenne en t|m	Force en HP
30	8	30	120	35	2200	0 5
90	5 à 7	95	360	105	1800	1
165	5 à 7	180	160	106	1600	2
310	5 à 7	340	1240	360	1500	3,7
410	5 à 7	450	1640	485	1400	5,5
620	5 à 7	670	2440	720	1350	7,5
1000	5 à 7	1100	4050	1190	1100	11,9
1500	5 à 7	1160	6075	1790	800	17,8

Lorsque l'on dispose d'une source à courant alternatif, on peut employer, soit des groupes convertisseurs (moteur synchrone ou asynchrone. et dynamo), soit des soupapes.

Soupapes électriques.

Les soupapes électriques sont des appareils basés sur la propriété qu'a un électrolyte de ne pouvoir être traversé par le courant électrique que dans un seul sens. Un tel système branché à une source alternative ne laissera passer le courant que dans un seul sens.

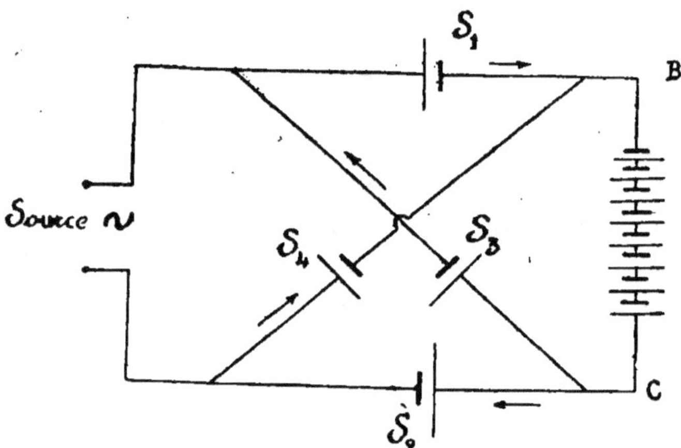

FIG. 12. — Montage de 4 soupapes.

Soit le système ci-contre (fig. 12). On a 4 soupapes convenablement branchées aux bornes d'une source alternative. Les flèches indiquant le sens du courant, celui-ci aura toujours la même direction aux points B et C. Un tel système peut donc être employé à la charge d'une batterie d'accumulateurs.

Soupape électrolytique. — Buff a observé (1857) que si l'on plonge dans une solution électrolyte une lame d'aluminium et une lame de plomb, on ne peut seulement faire passer le courant dans le liquide que du plomb à l'aluminium, à moins d'employer plus de 20 volts.

Soupape de Pollak. — Cette soupape se compose d'un certain nombre de plaques d'aluminium parallèles entre lesquelles sont intercallées des lames de plomb. L'ensemble plonge dans une solution de phosphate de barium.

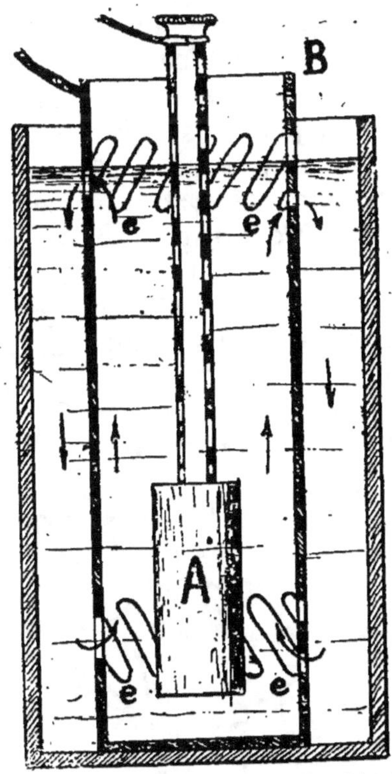

FIG. 13. — Soupape de Faria.

Soupape de Faria. — (fig. 13). Cette soupape est formée d'une pièce centrale A en aluminium placée à l'intérieur d'un tube en plomb B portant de haut en bas des ouvertures et permettant la circulation de l'électrolyte composé de 120 gr. de phosphate de sodium pur dans un litre d'eau. Le courant va de l'aluminium au plomb.

Soupape Nodon. — Les électrodes sont constituées par un alliage d'aluminium et de zinc, l'électrolyte est du phosphate d'ammonium.

Soupape .Villard. — Une ampoule remplie d'air à basse pression et contenant deux électrodes de très différentes dimensions laisse passer le courant dans un seul sens, celui-ci passe plus facilement si la cathode est plus grande que l'anode. Les tubes à vide ainsi formés font de bonnes soupapes, mais le courant ne dépasse pas 10 à 16 milliampères.

Soupape Cooper Hewitt. — Cette soupape est constituée par une lampe à vapeur de mercure. Une électrode est constituée par le mercure liquide (pôle positif) et l'autre par du charbon. La figure 14 montre le montage de la lampe et sa disposition.

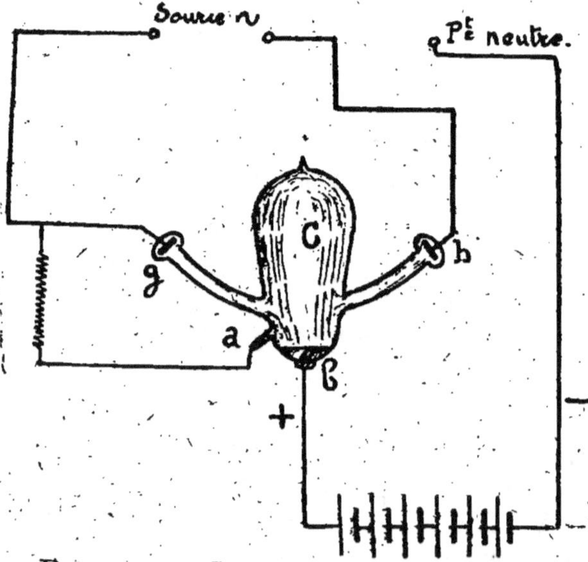

FIG. 14. — Soupape Cooper Hewitt.

Le tube à vide C porte deux électrodes en charbon *g* et *h*, et une électrode de mercure *b*, une électrode supplémentaire également en mercure sert à l'amorçage (électrode *a*). Les deux électrodes en charbon sont reliées à la source alternative et l'électrode de mercure (pôle positif) à la batterie d'accumulateurs que l'on veut charger. Le pôle négatif est relié au point neutre de la source alternative.

Ces soupapes se construisent en différentes dimensions et laissent passer des courants allant jusqu'à 30 ampères. Le rendement varie suivant les conditions de l'emploi de 80 à 95 %.

Osmose électrique

Reuss, en 1808, fit l'expérience suivante (fig. 15) :

Il prit un bloc d'argile et à l'intérieur y mit deux tubes contenant de l'eau. Dans ces deux tubes plongeaient des conducteurs reliés à une source électrique.

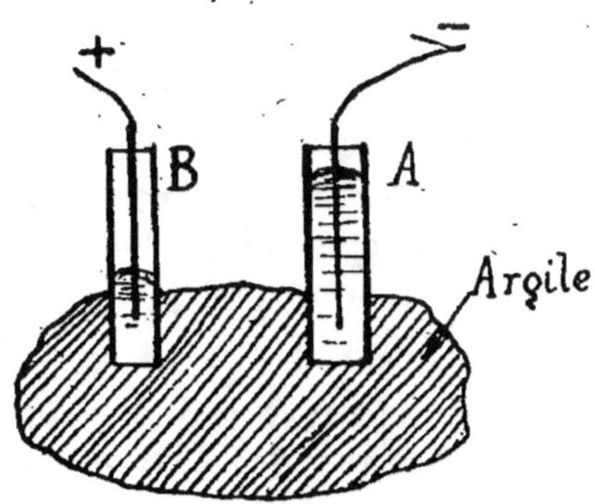

FIG. 15. — Osmose électrique.

Il constata que l'eau montait dans le tube A

et descendait dans le tube B. Donc les molécules migraient à travers l'argile. C'est le phénomène de l'osmose.

Lois de l'osmose.

Première loi. — Quand un liquide de température donnée filtre à travers un diaphragme, il reste constant si le diaphragme reste constant et varie si le débit varie.

Deuxième loi. — Pour un champ donné le débit est indépendant de la surface du diaphragme et proportionnel à l'intensité du courant traversant le système hypothèse. Au contact d'une paroi et d'un liquide il y a formation d'une d.d.p. et la f.e.m. créée par ce mouvement est dite f.e.m. de filtration.

Si on fait filtrer de l'eau à travers du sable sous une pression de un atmosphère on a une f.e.m. de 6 volts.

Quand un liquide filtre sous pression à travers un diaphragme la f.e.m. développée est proportionnelle à la pression et le rapport des deux pressions dépend du liquide choisi.

Les phénomènes de l'osmose électrique sont donc des phénomènes absolument connexes et l'expérience prouve que si on emploie de l'eau pure le sens dé l'osmose est le même que celui du courant électrique.

Une trace d'acide donne une électrisation positive tandis qu'une trace d'alcali donne une électrisation négative.

Les ions polivalents positifs paralysent l'action des ions hydrogène, et s'ils sont négatifs l'inverse se produit.

Expérience. — Entre deux électrodes de 2.500 cm² espacés de 4 cm. on a mis une d.d.p. de 72 volts et le courant traversant le système était de 2 amp. 2. Eu une heure et demie, on a enlevé 2.000 cm³ d'eau de la tourbe.

CHAPITRE IV

APPLICATIONS DE L'ÉLECTROLYSE

Industrie de la soude

La soude caustique électrolytique se fabrique de plus en plus en raison de l'abondance de la matière première, le sel marin.

Si quelques sociétés font encore de la soude par le procédé Leblanc, c'est surtout pour utiliser le sulfate de soude, qu'elles ne trouvent pas à vendre directement.

Trois procédés sont employés :

Le *procédé Leblanc* qui consiste à chauffer le sulfate de soude obtenu par la réaction de l'acide sulfurique sur le chlorure de sodium, avec de la craie et du charbon.

Le *procédé à l'ammoniaque* ou *procédé Solway* permettant de fabriquer uniquement le carbonate de sodium et en éliminant le chlore résiduel sous forme de chlorure de calcium.

Le *procédé électrolytique*, le seul que nous étudierons en détail est de beaucoup le plus simple, le chlorure de sodium donnant directement le chlore et la soude.

Dans ce traitement le chlore devient parfois très encombrant, car par atome de sodium libéré il y a dégagement de 81 litres de chlore, et de plus ce gaz sortant de l'électrolyseur se combine à la chaux qui au lieu de donner du chlorure de chaux donne souvent du chlorure de calcium. La liquéfaction du chlore permettant de constituer un nouveau débouché, permet de parer à l'inconvénient.

Les principales difficultés de ces procédés sont :

Obtention du courant électrique à bas prix.

Electrode non attaquable par le chlore.

Plusieurs procédés ont été employés, citons le procédé par voie humide dans lequel on soumet à l'action du courant une dissolution aqueuse du chlorure alcalin que l'on veut électrolyser. Ce procédé se subdivise lui-même en :

Procédé à diaphragme, dans lequel une paroi poreuse, possédant certaines qualités, appelée diaphragme, sépare l'électrolyseur en deux parties.

Procédé au mercure, le sodium et le chlore étant séparés au fur et à mesure de leur production par l'intermédiaire du mercure.

Procédé sans diaphragme et sans mercure, utilisant des dispositions toutes spéciales et sans grande application pratique.

Procédé par voie sèche, dans lequel on utilise les sels même.

Procédé par voie humide

Procédé à diaphragme.

Le diaphragme sépare l'électrolyseur en deux parties, d'un côté se trouve l'anode et de l'autre la cathode.

Le diaphragme doit remplir les conditions suivantes :

Former une paroi assez consistante pour former une barrière entre les ions de façon à les séparer complètement.

Ne pas opposer une trop grande résistance au passage du courant.

N'être attaqué ni par les ions ni par le courant.

Il existe de nombreux corps répondant à ces conditions et qui sont avantageusement employés.

Dans les procédés électrolytiques on peut partir :

a) Du chlorure de sodium (Procédé employé par les Sociétés de Bozel, Virginia Electrolytic Co, Monthey, Société de l'Industrie chimique de Bâle).

b) De la soude (Procédé Cathen, Hulin et Bitterfeld).

c) De l'azotate de sodium (Procédé Darling, Philadelphie).

d) Du carbonate de sodium (Procédé Becker Riouherout).

a) *Du chlorure de sodium*. — Le chlorure de sodium (sel gemme ou sel marin) est la matière première le meilleur marché, qu'il est facile d'avoir pur et relativement exempt d'eau. On n'a pas de réaction secondaire et pas de dégagements gazeux à la cathode. On a :

$$NaCl = \overset{+}{Na} + \overset{-}{Cl}$$

En ajoutant du KCl on abaisse le point de fusion du NaCl vers 600 à 700°. La température d'électrolyse peut ainsi être ramenée à 650°. En 1915, Neumann a déterminé les tensions de décomposition du NaCl et du KCl en fonction de la température. Les résultats trouvés sont les suivants :

NaCl	550°	600°	835°	870°	970°
Volts ...	3,05	2,83	2,60	2,55	2,40

Coefficient de température 0,00.146. H.

KCl	530°	640°	810°	843°	910°	980°
Volts ...	3,22	3,05	2,8	2,75	2,65	2,64

Coefficient de température 0,00.151.

Pour 650° les tensions de décomposition sont de 2 v. 50 pour le NaCl et de 3 v. 03 pour le KCl.

Il y a une bien faible différence entre ces deux tensions, de sorte qu'il est pratiquement impossible de ne pas décomposer le KCl.

Lorsque l'on emploie le chlorure de sodium mélangé à d'autres matières, on doit réduire le plus possible l'accès de l'air à la cathode, car il y a tendance à se former du bioxyde ou peroxyde de sodium.

Les anodes doivent être en graphite résistant à l'attaque des chlorures alcalins fondus.

Pour séparer le Cl anodique du Na cathodique on fait appel au diaphragme.

Vers 1912, la Société d'Electrochimie de Bozel a mis en service l'électrolyseur ci-contre. On a la possibilité de remplacer très rapidement le diaphragme D sans interrompre l'électrolyse.

Le diaphragme est maintenu en position par une partie de l'électrolyte solidifié et non chauffé par effet joule (zone hachurée). Pour changer le diaphragme on envoie du courant

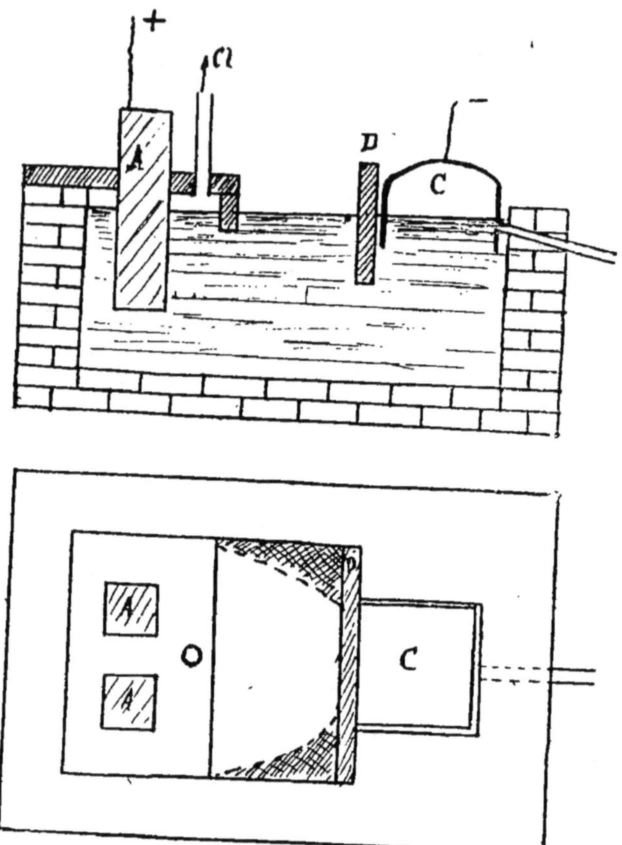

FIG. 16-17.— Electrolyseur de la Société d'Electrochimie.

alternatif. Cet appareil a fonctionné un an environ avant la guerre.

Un appareil construit par la Virginia Electrolytic Co suivant les indications de *Serward et Kügelgen*, pourvu de circulation d'eau (l'une à la partie supérieure l'autre à la partie inférieure), permet la solidification du chlorure de sodium qui forme diaphragme. Le réglage de l'effet joule est délicat.

b) *De la soude.* — Avec la soude on se trouve dans des conditions de température plus favorables qu'avec le chlorure, le point de fusion étant d'environ 320°.

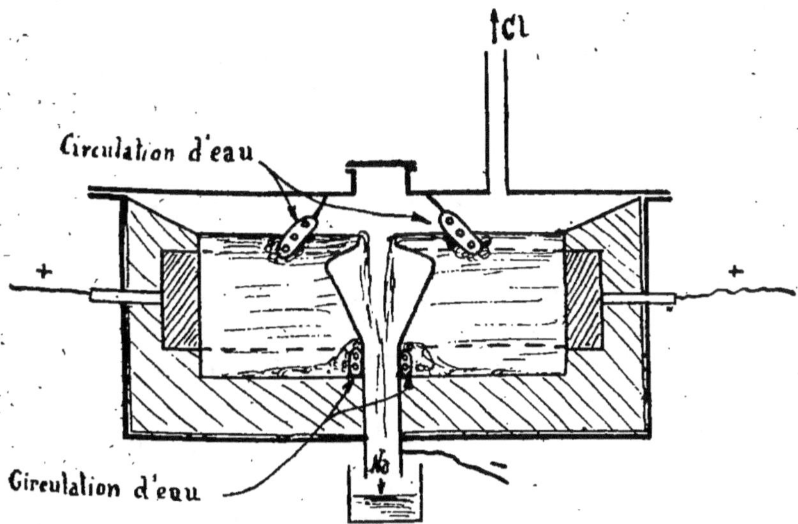

FIG. 18. — Electrolyseur de la Virginia Electrolytic Co.

On a :

$$NaOH = \overset{+}{Na} + \overset{-}{OH}$$

La réaction secondaire de la cathode étant :

$$Na + H^2O = NaOH + H$$

Il est pratiquement impossible d'éliminer la soude.

Le sodium se dissout dans la soude.

A la température élevée et en présence de l'air on ne peut éviter la formation à l'anode d'oxyde de sodium, qui est un agent d'oxydation énergique des métaux et use rapidement les électrodes.

En résumé on a :

A la cathode $Na + H^\bullet \longrightarrow$

A l'anode $O^2 + H^2 \longrightarrow$ (très peu)

Le sodium se disperse, le rendement s'en ressent.

L'expérience donne pour tension de décomposition de la soude en fonction de la température :

Degrés .... 305° 335° 390° 450° 530° 640°
Volts 3,25 2,22 2,05 1,87 1,62 1,32

Coefficient de température 0,00295.

Dans l'électrolyse la température doit être très voisine de 320° (ne pas dépasser un écart de 10 à 20°) car le rendement baisse rapidement.

Des expériences récentes montrent que la solubilité du sodium dans la soude diminue avec la température.

Température .... 480° 600° 800°
Gr. de Na dissous dans 100 gr.
de Na OH 25,3 10,1 6,9

La diminution rapide de rendement est due à ce que le coefficient de diffusion du sodium dans la soude augmente rapidement à 330° et très vite vers 340°.

Procédés Hargraves-Bird.

Dans une cuve on a placé à une certaine distance deux diaphragmes B et B' entre lesquels ont fait arriver la solution de chlorure de sodium à électrolyser, dans laquelle plonge les anodes A en charbon ordinaire.

Contre les diaphragmes sont placées à l'extérieur les cathodes, constituées par des toiles en cuivre.

Au passage du courant la soude se forme à la cathode et se trouve entraînée par la vapeur d'eau envoyée dans la cellule cathodique. Une circulation d'anydride carbonique donne du bicarbonate.

L'électrolyte arrive dans le bas de la cuve, et après le traitement sort par le haut.

L'électrolyseur employé par la Société de Saint-Gobain possède des diaphragmes consti-

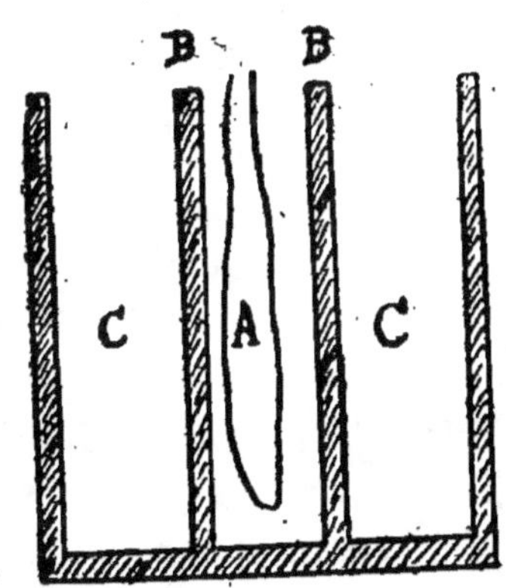

FIG. 19. — Procédé Hargraves-Bird.

titués par un tissu d'amiante silicaté. Le voltage nécessaire est 3,6 volts environ par cellule, et une densité de courant de 2 ampères par décimètre carré de diaphragme.

La lessive s'écoulant des cathodes contient 120 à 130 gr. de carbonate de soude par litre, et 6 gr. en moyenne de chlorure de sodium, soit seulement 5 % environ. Le chlore est à 95-98 o/o de pureté.

Procédé Outhenin Chalandre.

Ce procédé est caractérisé par l'emploi de tubes poreux formant diaphragme, et par une disposition toute spéciale qui permet la séparation des trois produits : chlore, soude et hydrogène prenant naissance à l'électrolyse.

Deux parois opposées de la cuve d'électrolyse sont traversées par des tubes poreux à inclines sur l'horizontale.. Ces tubes sont ouverts à leurs extrémités et contiennent les cathodes formés par des lames de tôle. Entre deux séries de tubes placés dans une suite de plans verticaux se trouvent les anodes formés par des lames en platine ou de charbon. La cuve est en ébonite et renferme ainsi toutes les anodes.

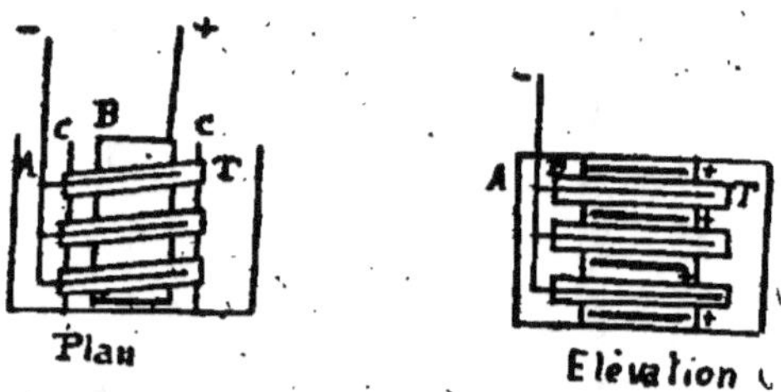

FIG. 20-21. — Appareil Outhenin Chalandre.

Le pôle positif de la dynamo est réuni à toutes les anodes par la partie supérieure.

Le couvercle de la cuve est traversé par deux tubes, un pour l'alimentation, l'autre, pour le dégagement du chlore.

Pour la mise en route de la cuve, remplir la grande caisse d'une solution de soude caustique et faire arriver la solution convenable de chlorure de sodium dans la caisse centrale.

Au passage du courant, le chlore gagne le sommet de la cuve et se dégage. La soude formée aux cathodes descend le long des tubes poreux et l'hydrogène fait l'opération inverse, ce qui permet de le recueillir facilement.

Appareil Greenwood.

L'anode employée est constituée par un morceau de charbon métallisé, par exemple du charbon de cornue cuivre et étamé ensuite.

Par le diaphragme de forme cylindrique qui est constitué par des rondelles en verre ou en porcelaine placées les unes sur les autres. Entre deux rondelles se trouve une couche d'asbeste, suffisamment poreuse et inattaquable par le chlore et l'alcali.

La cuve cylindrique en fer constitue la cathode.

La soude sort par une tubulure située à la partie supérieure de la cuve, le mouvement du liquide se faisant de bas en haut.

Trois ouvertures ménagées dans le couvercle permettent, l'une l'évacuation du chlore produit, les deux autres l'alimentation de la cuve par l'intermédiaire de deux tubes traversant le couvercle et plongeant jusqu'au fond de chacun des compartiments.

La lessive de soude recueillie doit être évaporée et purifiée par séparation du sel marin non décomposé.

Procédé Greisheim-Elektron.

Une série de cuves poreuses en ciment, montées en quantité, contenant à l'intérieur les anodes, sont plongées dans une cuve métallique formant cathode. Ce procédé est tenu secret par toutes les usines qui l'exploitent.

Procédé Gall et Montlaur.

Ce procédé est caractérisé :

Obtention du chlore sous une pression déterminée.

Usage de diaphragmes tubulaires.

A. GARCIN. — *Electrolyse et Galvanoplastie.*   4

Réduction minima des résistances.

Electrolyse à une température déterminée.

L'appareil comprend trois parties :

Un premier appareil permettant de maintenir le liquide en mouvement.

Un réfrigérant permettant d'avoir la solution saline à une température déterminée.

L'électroliseur se compose d'un récipient en tôle contenant le chlorure de sodium traversé par des tubes poreux constituant les diaphragmes. Dans chacun de ces tubes se trouve une anode, les cathodes en tôles entourant les tubes.

Le niveau du liquide dans les tubes poreux peut être réglé de façon à avoir une pression déterminée du chlore qui s'est dégagé.

Procédé Hulin.

Ce procédé, dont les brevets ont été pris en 1907, bien que l'appareil ait été employé au préalable, est utilisé par la Société d'Electrochimie.

Lorsqu'un courant passe dans une solution qu'il décompose, les ions se forment seulement au contact des électrodes.

Plaçons une électrode dont la constitution est telle qu'elle permette en quelque sorte de filtrer les produits formés, dans l'électroliseur et de façon à former une des parois de la cuve ; elle ne sera ainsi mouillée que d'un côté par la solution de chlorure de sodium.

La soude se formera donc sur l'une des faces de la cathode et, étant donné le pouvoir filtrant de celle-ci ainsi que la différence de pression existant entre l'électrolyseur et le compartiment extérieur, la soude s'écoulera dans ce compartiment et se déversera par un trop plein.

Des tubes permettent l'alimentation en chlorure de sodium; un autre tube permet le dégagement du chlore. Une paroi non poreuse est placée de façon à masquer l'électrode filtre sur toute la hauteur formant la différence de niveau entre l'électrolyseur même et le compartiment. Les électrodes filtres sont constituées par des plaques de charbon très poreux, auxquelles on fait subir une préparation spéciale.

Une des caractéristiques de marche est qu'au bout d'un certain temps le rendement baisse. Il suffit de retirer la cathode et de la plonger dans un bain de soude caustique.

Procédés au mercure

Dans ces procédés, le mercure sert de cathode de façon à former contact avec le sodium qui, absorbé, forme un amalgame, pendant que le chlore se dégage librement à l'anode.

L'amalgame est décomposé ultérieurement par l'eau qui régénère le mercure et donne de la soude avec dégagement d'hydrogène.

Procédé Castner-Kellner (1891).

L'appareil employé se compose d'une cuve rectangulaire divisée en trois compartiments A, B et C, par des cloisons ne touchant pas tout à fait le fond de la cuve, qui est garnie d'une faible couche de mercure (3 à 4 mm.). Le compartiment B contient la cathode en fer et il y circule un courant d'eau froide, en A et en C arrive la solution à traiter et contenant l'anode située à quelques centimètres du mercure.

Une came permet de donner à la cuve un mouvement de balancement de façon à faire passer le mercure de A en B puis en C et vice versa.

Le compartiment A est rempli de la solution

saline, et la cuve est inclinée de façon que le mercure en remplisse le fond. Faisons passer le courant; le chlore se dégage et le sodium formé se combine au mercure pour donner un amal-

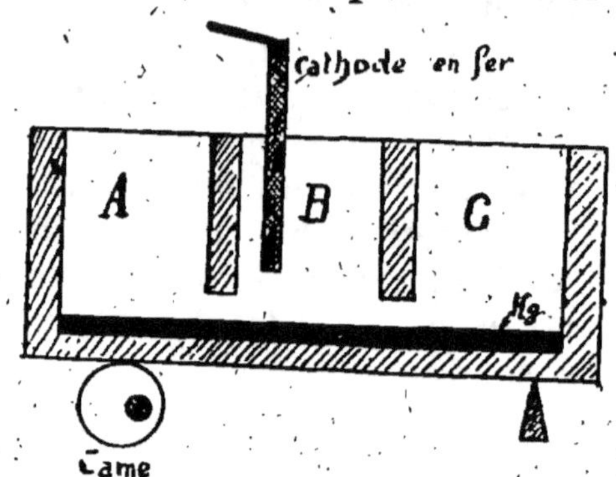

FIG. 22. — Procédé Castner-Kellner.

game. Lorsque la décomposition est complète l'inclinaison de la caisse est modifiée de façon que l'amalgame de sodium passe en B, là le so-dium décompose l'eau pour donner de la soude et le mercure est régénéré.

Le mercure passe ensuite en C et l'opération qui s'est produite en A recommence. Une nou-velle inclinaison ramène l'amalgame en B, le mercure est régénéré, puis revient en A, et le cycle recommence.

On emploie, en général, une f.e.m. de 4 à 5 volts et une intensité de 500 ampères environ, le procédé ne se prête pas à la construction d'appareils de grandes puissances et on ne peut guère dépasser 1.500 ampères sous 5 volts.

Procédé Solvay.

Les bacs ne sont pas cloisonnés, le mercure et le liquide d'électrolyse circulent continuelle-ment dans le même sens de façon à éviter la formation de chlorure mercureux par le chlore dissous et l'appauvrissement en sel de la surface liquide contiguë à la cathode.

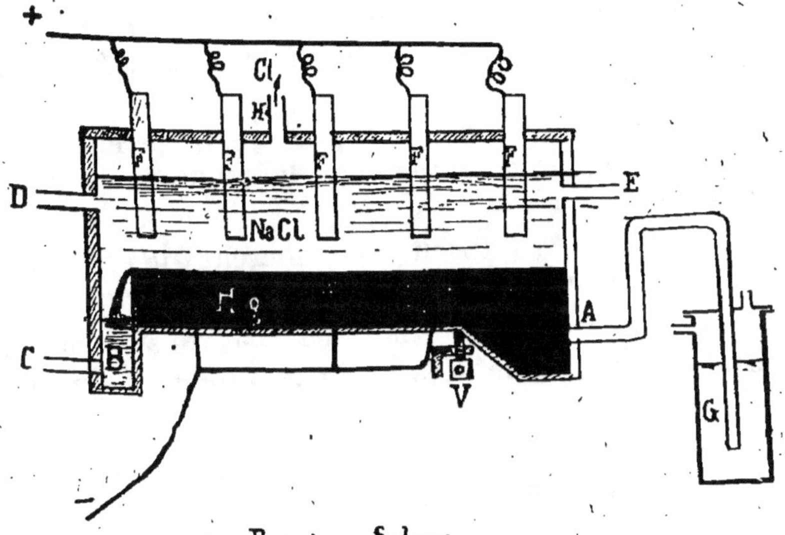

FIG. 23. — Procédé Solvay.

Une cuve rectangulaire de surface aussi grande que l'on veut, a son fond constamment recouvert de mercure qui arrive en A, un trop plein B permet au mercure de s'échapper par un tube C. La saumure circule en sens inverse ; elle entre par le tube D et sort en E. Des charbons F disposés en quinconces forment les anodes. Le chlore dégagé sort par un tube H.

Un appareil G ramène le mercure régénéré dans la cuve. La f.e.m. nécessaire est de 3 v. 2.

Applications du chlore et de la soude

'La plus grande partie de la soude et du chlore est absorbée par l'industrie des matières colorantes artificielles qui se sont développées d'une façon particulièrement intense au cours de ces dernières années.

L'alzirine, exige l'emploi de la soude et remplace la garance, sauf pour la fabrication de laques spéciales.

L'indigothine synthétique, remplaçant l'indigo, demande du chlore, de la soude et de l'hypochlorite de sodium.

Quand au campêche on cherche de plus en plus à lui substituer des produits artificiels.

Les trois grands colorants naturels tendent ainsi à être remplacés par des produits synthétiques.

Une des grandes applications de la soude est la fabrication du savon.

Le chlore est employé pour la préparation des chlorures de métalloïdes et de métaux.

En 1913, on fabriquait environ 6.000 tonnes de sodium dont 1.800 en Amérique et 4.200 en Europe.

Hypochlorites

Les hypochlorites sont obtenus par double décomposition entre le chlorure de chaux et un sel de sodium.

L'hypochlorite de sodium utilisé pour le blanchiment se prépare sur place par électrolyse d'une dissolution de chlorure de sodium dans laquelle la soude formée à la cathode se diffuse et se rend à l'anode où se produit le chlore. Ces deux corps vont réagir l'un sur l'autre pour donner l'hypochlorite.

Fabrication des hypochlorites

Procédé Hermite.

On emploie une solution de 50 kg. de chlorure de sodium et de 5 kg. de chlorure de magnésium dissous dans 1.000 litres d'eau.

La dissolution entre dans l'électrolyseur par un tube situé à la partie inférieure d'une cuve en fonte galvanisée. Ce tube est percé d'un certain nombre de trous et muni à son extrémité d'un robinet en zinc. Le liquide est en mouvement continuel de bas en haut. La solution débordant de la cuve tombe dans un rebord formant canal et se trouve évacuée par une tuyauterie.

Les cathodes sont formées par des disques en zinc montés sur deux arbres et animés d'un mouvement de rotation lent.

Entre chaque paire de disques se trouvent placées les anodes, constituées par de la toile de platine maintenue par des disques en ébonite.

Les anodes sont reliées à une barre de cuivre.

Le courant employé est de 1.000 à 1.200 ampères et la force électro-motrice de 5 volts par cuve.

Dans le cas de grandes installations on monte les électrolyseurs en séries.

Appareil Corbain.

Cet appareil, à électrodes bi-polaires, est employé pour le blanchiment.

Les électrodes sont constituées par des lames de platine serties dans un cadre en ébonite ou matières similaires. Les parois opposées de la cuve possèdent des ouvertures carrées semblables aux trous d'homme des chaudières à vapeur.

La plaque métallique de fermeture est doublée de platine ; des joints élastiques assurent l'étanchéité de la fermeture ; une vis sert en même temps au serrage de la plaque contre les parois et à l'amenée de courant.

La conservation du platine est assurée par une inversion du sens du courant faite de temps en temps.

L'appareil employé aux papeteries Bergès, à Lancey, renferme 13 lames de platine et nécessite une puissance de 18 kw., soit 150 ampères sous une tension de 120 volts. Le rendement est faible.

La solution employée se compose d'environ 25 gr. de chlorure de sodium par litre d'eau. Chaque cuve nécessite une différence de potentiel de 10 volts environ. La perte de sel est d'environ 20 kg. de chlorure de chaux pour amener 100 kg. de pâte de bois à l'extra-blanc.

L'appareil se compose d'un récipient contenant le liquide. Celui-ci circule constamment et vient dans l'électrolyseur, puis passe dans un réfrigérant. De là il vient en contact avec la pâte de bois dans la pile. Un agitateur fait circuler cette pâte, qui après un temps de contact suffisant tombe dans un récipient où elle s'égoutte. L'écoulement continu du liquide est assuré par un tambour qui puise le liquide dans la pile et l'envoie dans un bac à double fond, où une pompe à force centrifuge le ramène dans le réservoir contenant le liquide.

Les piles ont 2 mètres de diamètre, 1 mètre de hauteur, 1 mètre de long et contiennent 750 kg. de pâte de bois. Le blanchiment de cette quantité nécessite 24 heures environ. L'opération nécessite l'équivalent de 150 kg. d'hypochlorite, soit 50 kg. de chlore.

La teinturerie et blanchisserie de Thaon (Vosges) emploie ces appareils qui permettent le traitement par 24 heures de 1.200 pièces de 100 mètres avec une perte de sel totale de 300 kg.

Chlorates

La réaction de préparation des chlorates est :

$$2KCl + 3H^2O = ClO^3K + 6H$$

On admet qu'il faut environ 10 kilowatts-heure par kilogramme de chlorate de potassium et légèrement plus avec le chlorate de sodium. La tension moyenne aux bornes du bain étant de 5 volts.

Les salles d'électrolyse doivent être bien aérées et ventilées afin d'éviter les accidents qui pourraient se produire à cause des dégagements importants d'hydrogène.

Procédé Gall et Montlaur.

Ce procédé qui date de 1886 est employé par la Société d'électrochimie à Saint-Michel-de-Maurienne et à Vallorbe (Suisse).

On emploie des cuves resctangulaires en lave de volvic, divisées en deux parties par un diaphragme poreux. Les cuves sont isolées du sol par des godets en porcelaine remplis d'huile, afin de rendre le maniement des appareils moins dangereux.

Dans le premier compartiment plonge une lame de tôle et dans le second une très mince lame de platine encastrée dans un châssis.

La potasse formée à la cathode est amenée à la cellule anodique par une circulation continue, le chlorate étant peu soluble se dépose en cristaux que l'on pêche. Ces cristaux sont ensuite épurés.

Le bain composé d'une solution de chlorure de potassium à 25 % est porté à une température comprise entre 50 et 60°. Le rendement maxima est de 70 % environ. Avec un rendement de 65 % on produit 0 gr. 5 de chlorate par ampère-heure.

Le rendement ne peut guère dépasser 70 % à cause de la perte d'énergie employée à l'électrolyse de l'eau et que l'hydrogène formé réduit en partie de chlorate formé.

Pour le chlorate de sodium on augmente les dimensions de la cellule afin d'éviter que ce corps très soluble, soit attaqué par l'hydrogène de la cathode.

Procédé Huter.

Une cuve en fonte est revêtue intérieurement d'une couche poreuse formée d'une série de fines couches de ciment, de sable et d'eau.

Chaque cuve est reliée au pôle négatif et l'anode constituée par une lame de platine plonge au centre.

Les cuves sont superposées et séparées par des rondelles en matière isolante.

L'anode de l'électrolyseur est reliée au fond de la cuve supérieure. La solution est portée à une température de 60 à 80°, soit électriquement, soit à l'aide d'une source de chaleur extérieure.

Le liquide circule d'une cuve à l'autre, soit à l'aide de tuyaux isolants ou en métal isolé par des colliers. Ces tuyaux doivent être inattaquables par l'électrolyte.

Les gaz s'échappent par la partie supérieure.

CHAPITRE V

COMPOSÉS DIVERS OBTENUS PAR ÉLECTROLYSE

Persulfates

Les persulfates étant très oxydants peuvent dans certains cas remplacer l'eau oxygénée.

Le persulfate d'ammonium est fabriqué en partant de l'acide sulfurique et du sulfate d'ammonium, par la Société d'électrochimie de Vallorbe.

Dans le compartiment anodique on met le sulfate d'ammonium, le compartiment cathodique contenant l'acide sulfurique à 50 %, l'électrode étant en plomb.

La densité de courant étant d'environ 500 A par décimètre carré on arrive à un rendement de 70 % et 95 % de pureté.

Acide hydrosulfureux

On réduit le bisulfite de sodium par l'hydrogène produit électrolytiquement.

L'acide hydrosulfureux est employé pour le blanchiment de la laine.

Carbonate de plomb ou céruse

Plusieurs procédés sont employés, le procédé Brown utilise une solution d'azotate de soude qui électrolysée donne de la potasse et de l'acide nitrique..

L'acide nitrique formé en présence du plomb donne de l'azotate de plomb avec dégagement d'hydrogène.

Le plomb est ensuite précipité par la soude provenant de la première opération en donnant de l'azotate de sodium et de l'hydrate de plomb.

L'hydrate de plomb en présence de bicarbonate de soude donne de la céruse, de la soude et de l'eau.

L'électrolyse a lieu à l'aide d'anodes en plomb, les deux premières réactions ayant lieu dans la cuve même, les autres ayant lieu dans deux cuves séparées.

Les réactions sont les suivantes :

$$AzO^3Na + H^2O = NaOH + AzO^3H$$
$$2AzO^3H + Pb = (AzO^3)^2Pb + H^2$$
$$(AzO^3)^2Pb + 2NaOH = Pb(OH)^2 + 2AzO^3Na$$
$$Pb(OH)^2 + CO^3NaH = CO^3Pb + NaOH + H^2O$$

Permanganate de potasse

On électrolyse du manganate de potassium en présence d'un grand excès d'hydrate de potasse dans lequel le permanganate est insoluble. La transformation est intégrale.

On a :

$$2MnO^4K^2 + O + H^2O = 2KOH + 2MnO^4K$$

Le permanganate se forme à l'anode et il y a dégagement d'hydrogène à la cathode.

Chromates et Bichromates

Une dissolution concentrée de soude caustique et d'hydrate d'oxyde de chrome est placée autour de l'anode. Une lame de fer plongeant dans de l'eau légèrement alcaline constitue la cathode.

Si on emploie une solution concentrée de chromate de sodium à l'anode, le liquide devient rouge par suite de formation de bichromate, et il y a dégagement d'hydrogène à la cathode et formation de soude et d'oxygène à l'anode.

Le chromate se décompose sous l'action du courant en :

$$CrO^4Na^2 = \overset{-}{CrO^4} + \overset{+}{2Na}$$

En même temps :

$$\overset{-}{CrO^4} = CrO^3 + O$$

L'acide chromique formé réagit à son tour et :

$$CrO^3 + CrO^4Na^2 = Cr^2O^7Na^2H$$

Ferrycianure de potassium

Une solution de ferrocyanure de potassium (prussiate jaune) électrolysée par le procédé au diaphragme pour éviter la réduction cathodique, donne un ferrycianure avec un bon rendement :

La réaction est la suivante :

$$2Fe\,(CAz)\,^6K^4 + O + H^2O = 2KOH + 2Fe\,(CAz)\,^6K^3$$

Chloroforme et Iodoforme

Dans une cuve en fonte, on électrolyse du chlorure de sodium à $100°$. Au-dessus de la solution arrivent des vapeurs d'alcool éthylique. On obtient du chloroforme que l'on condense dans un serpentin.

Ce procédé est employé par la Chemische Fabrick auf Aktin, à Berlin.

Couleurs minérales

Un grand nombre de couleurs minérales telles que le jaune de cadmium, le bleu de Paris sont obtenues par électrolyse. Le vermillon est préparé en électrolysant entre deux électrodes en cuivre un mélange d'azotate d'ammonium et d'azotate de sodium. L'électrode négative est recouverte d'une couche de mercure.

On envoie constamment de l'acide sulfurique dans l'appareil. Dès que l'on arrête cette arrivée, le sulfate de mercure se précipite au fond de la cuve.

Matières colorantes.

L'électrolyse des sels d'aniline permet d'obtenir des matières colorantes de toutes couleurs.

Magnésium

En 1896, les premiers électrolyseurs furent mis en route. En 1913, il existait deux usines en Allemagne.

On électrolyse du chlorure de magnésium en présence du chlorure de potassium à une température légèrement supérieure à 650°, au rouge, le chlorure de magnésium se décompose au contact de l'humidité de l'air, et la magnésie produite rend le bain latent, augmente la résistivité du bain, et empêche la réunion des globules de magnésium.

L'anode est en graphite, la cathode en fer. L'alimentation du bain se fait en chlorure de magnésium anhydre. La densité de courant à la cathode est comprise entre 5 et 30 amp./cm². La tension aux bornes est d'environ 15 volts. La consommation d'énergie par kg. de métal varie entre 50 et 60 kw./h.

Des précautions spéciales doivent être prises pour empêcher la chloruration ou l'oxydation du magnésium qui, plus léger que l'électrolyte, surnage. Une cloche, disposée autour de la cathode, permet de rassembler le métal.

La production mondiale actuelle peut être évaluée mensuellement à 100 tonnes, dont environ 5 tonnes pour la France.

Cérium

Le cérium est extrait de la monazite (phosphate de cérium). Ces phosphates sont transformés en chlorure anhydre qui est électrolysé dans des creusets en plombagine ou en fer munis d'électrodes en charbon.

La tension est de 15 à 20 volts, et une intensité de 300 à 6.000 amp. suivant les dimensions du creuset. Le cérium est extrait à l'état fondu.

Depuis la guerre, des usines se sont créées en France.

PRODUCTION DU CÉRIUM

Ce procédé appartient à la Alpha Product C° (Brevet anglais N° 119.299).

Les oxydes provenant des résidus de la préparation des manchons à incandescence sont dissous dans de l'acide chlorhydrique. On précipite le soufre et le plomb par du chlorure de baryum et du chlorure de calcium, puis les chlorures de fer et d'aluminium par l'oxyde de cérium. On évapore à sec. On évite la formation d'oxychlorures soit par fusion dans une atmosphère de gaz chlorhydrique, soit en ajoutant avant l'évaporation 15 % de chlorure de sodium ou de chlorure de potassium et autant de chlorure d'ammonium. — On place ensuite 2,5 kg. de sel ainsi préparé dans un creuset. On chauffe, puis on fait passer un courant de 200 A. On ajoute ensuite 0,5 kg. de sel toutes les dix minutes, puis 1 kg. par demi-heure. On élève peu à peu l'intensité jusqu'à 1.500 A, on agite toutes les deux heures. L'électrolyse dure de vingt-quatre à vingt-sept heures. On chauffe alors autant qu'on le peut en maintenant le courant à 15 A. On agite, puis on laisse la masse se solidifier. On brise ensuite le creuset qui est devenu inutilisable.

Aluminium

Un procédé dû à Hall (1886), est le seul employé et consiste à électrolyser à l'état de fusion une solution d'alumine dans la criolithe. On ajoute parfois du fluorure de calcium, et plus rarement du chlorure de sodium.

Les impuretés principales sont :

L'oxyde ferrique isomorphe dans l'alumine Fe^2O^3

La silice ou anhydride silisique SiO^2

L'acide titanique TiO^2

Les impuretés des matières premières sont électrolysées les premières et vont passer dans l'aluminium.

L'alumine sera électrolysée la première et sans décomposition du fluorure d'aluminium AlF^3.

Composition de l'électrolyte. — L'alumine pure fond à 2020°, l'aluminium bout à 1800° et la criolithe pure, fond à 977°. L'électrolyse donnera du fluor à l'anode qui est extrêmement corrosif, de plus, pour éviter les effets d'anode très marqués, il faudrait une faible intensité ou une forte tension.

D'après Pascal, on peut abaisser le point de fusion :

Criolithe en 0/0	Alumine en 0/0	Points de fusion
100	0	977°
90	10	955°
80	20	924°
76	24	904° eutectique
75	25	946°
70	30	1086°
65	35	1210°
0	100	2020°

Si nous supposons qu'on électrolyse seulement le mélange, on a, d'après la règle de Thomson les tensions d'électrolyse :

Alumine Al^2O^3 .... 2,8 v.
Fluorure d'aluminium AlF^3......... 4,0 v.
Fluorure de sodium NaF........... 4,7 v.

Il est donc possible d'électrolyser seulement l'alumine, la réaction primaire est :

$$Al^2O^3 = 2Al + 3O$$

L'anode étant en carbone, et en raison de la température, l'oxygène l'attaquera avec formation de gaz carbonique.

$$2Al^2O^3 + 3C = 4Al + 3CO^2$$

De plus, si la température est plus élevée, il y aura par réaction formation d'oxyde de carbone.

$$CO^2 + C = 2CO$$

D'après des résultats publiés en 1916, l'analyse des gaz anodiques serait la suivante :

	Température 945°	Température 1055°
O^2	0,8 %	1,2 %
CO	43,6 %	86,4 %
CO^2	45,6 %	6 %
Az^2	10 %	6 %

Si la proportion d'alumine devient insuffisante, il faut enrayer la décomposition accidentelle de NaF^3. Le fluor est mis en liberté et on a production de gaz fluorés.

La tension de régime de l'électrolyse varie de 6 v. 5 à 8 volts suivant le type et la puissance des électrolyseurs.

On obtient fréquemment la formation de sodium qui est consécutive à une perte de courant ou une perte d'aluminium.

A l'heure actuelle on ne connaît pas un procédé d'affinage de l'aluminium, et on livre au commerce le métal sortant de la cuve.

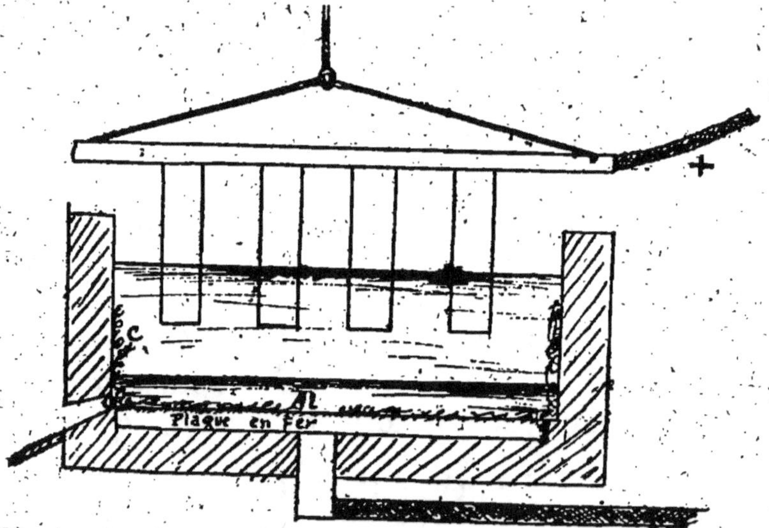

FIG. 24. — Préparation de l'aluminium par électrolyse.

Le charbon des anodes doit être très pur aussi emploie-t-on le coke de pétrole.

On emploie les électrolyseurs suivants :

Les cuves sont en tôle conductrice.

Pour la mise en marche on abaisse les électrodes de façon à les mettre en court-circuit par l'intermédiaire de charbon de bois ou de morceaux de charbon de lampe à arc. On verse alors la cryolithe seule, qui fond. On en verse jusqu'à ce que les anodes soient baignées. On soulève alors celles-ci jusqu'à ce qu'on ait un volume suffisant de bain. On verse alors l'alumine en poudre qui reste à la surface du bain. On lime la croûte superficielle et on agite avant d'ajouter la deuxième charge.

Si la proportion d'alumine baisse la tension monte rapidement vers 25 et même 30 volts. On dit alors que la cuve s'emballe. Lorsque la quantité d'aluminium est suffisante on procède à la coulée. (Tous les deux jours environ).

Les cuves renferment 8 à 10 anodes placées en 2 rangées et l'intensité peut atteindre 20.000 ampères.

Pratiquement il faut compter par kilog d'aluminium 2 kg. d'alumine et o kg. 700 de carbone (y compris les déchets d'anodes) et environ o kg. 100 de cryolithe.

La densité de courant est de 7 à 8 A par décimètre carré et la chute de tension de 7 à 8 volts.

On compte au minimum une dépense de 30 kw./h. par kilogramme de métal.

CHAPITRE VI

RAFFINAGE ÉLECTROLYTIQUE DES MÉTAUX

Raffinage du cuivre

Le cuivre en barres contient toujours 2 à 5 % d'impuretés dues à la présence de corps étrangers tel que le fer, l'antimoine, et surtout l'arsenic qui ont pour effet de le rendre cassant et de diminuer sa conductibilité.

Grâce à l'électrolyse on peut obtenir un métal pratiquement pur. Le principe d'affinage est le suivant :

Si dans un bain de sulfate de cuivre de composition convenable on utilise comme anode les plaques de métal à purifier et comme cathode des plaques de métal pur, sous l'influence du courant l'anode se dissout et le cuivre pur se dépose sur la cathode.

Deux cas peuvent se présenter :

1° Les corps étrangers constituant les impuretés sont plus électro-positifs et s'accumulent dans le bain sous forme de sels ;

2° Les impuretés sont plus électro-négatifs que le métal à déposer et s'accumulent sous forme de boue au fond des cuves.

L'énergie consommée pour le raffinage du cuivre est faible, ce qui en explique une exploitation répandue (500 kw./h. par tonne de cuivre).

Expérience de Killiani.

Les expériences de Killiani ont porté sur un électrolyte normal renfermant 150 grammes de sulfate de cuivre cristallisé et 50 grammes d'acide sulfurique par litre. La densité de courant étant de 0 A 2 par décimètre carré.

Dans ces conditions Killiani a observé les phénomènes suivants :

1° L'oxyde de cuivre se dépose dans l'électrolyte sans être modifié par le courant, mais se dissout peu à peu en saturant l'acide sulfurique libre (surtout si la circulation est intensive), ce qui facilite l'action de l'oxygène de l'air.

2° Le sulfure de cuivre en petite quantité dans l'anode se dépose tel quel dans les boues, en plus grande quantité il est décomposé par le courant et il se dépose du soufre.

3° Si la teneur de l'anode en métaux précieux est faible et la solution acide, ces métaux se déposent dans les boues. Si le bain est neutre l'argent est dissous et se rend à la cathode avec le cuivre.

4° Le bismuth et son oxyde se déposent soit directement, soit à l'état de sels dans les boues.

5° Si l'anode est riche en étain, la plus grande partie du métal reste sur celle-ci à l'état de sels basiques.

La présence de l'étain a pour but de favoriser le dépôt de cuivre à la cathode et le rendre uni et très maléable.

L'absence d'étain donne un produit fragile.

6° L'arsenic contenu à l'anode à l'état métallique se dissout à l'état d'acide arsénieux et ne se dépose dans les boues qu'après sursaturation de la solution.

5.

A l'état d'arseniate de cuivre il se dépose dans le bain à l'état de boue.

On n'a pas à redouter le dépôt d'arsenic à la cathode tant que la composition du bain reste normale en cuivre et en acide libre. Une surveillance très scrupuleuse de la composition du bain n'en est pas moins nécessaire.

7° L'antimoine métallique exerce la même action que l'étain et ne se dépose pas sur la cathode si la teneur du bain en cuivre et en acide est à peu près normale.

8° Le plomb passe dans l'électrolyte à l'état de sulfate de plomb insoluble et ne se dépose pas sur la cathode.

9° Le fer, le nickel, le cobalt et le zinc ne gênent l'électrolyse que lorsque le liquide est très appauvri en cuivre et se dissolvent avant le cuivre sous l'action du courant.

10° On constate que les parties centrales de l'anode sont rouges avant que tout le cuivre de la périphérie soit entré en solution.

Les conditions à remplir pour avoir un bon dépôt sont :

a) Agitation du bain par une circulation rapide.

b) Constance aussi absolue que possible de l'acidité du bain.

c) Constance de la teneur en cuivre.

d) Un courant dont l'intensité ne doit pas dépasser 30 à 35 ampères par mètre carré d'électrodes.

Plusieurs usines se sont spécialisées dans le raffinage électrolytique du cuivre. Les principales sont :

En Allemagne : usines de Hambourg, Aix-la-Chapelle, Cologne, d'Oker, de Manfeld, qui fournissent environ 90 tonnes de cuivre pur par jour.

En Angleterre, les usines de Birmingham et Swansea produisent journellement 60 tonnes environ.

Les Etats-Unis d'Amérique et, notamment, la Californie produisent 100 tonnes par jour.

Enfin la France, tout en étant l'initiatrice vient avec 40 tonnes seulement.

On peut donc évaluer la production mondiale jurnalière de cuivre électrolytique à 300 tonnes, production loin de suffire aux demandes ce qui explique le haut cours de ce métal.

Plusieurs procédés d'affinages sont employés et nous ne ferons qu'étudier les principaux.

Procédé dit Américain.

Ce procédé en vigueur aux Etats-Unis consiste à décomposer par le courant une solution acide de sulfate de cuivre en utilisant comme anode des électrodes de cuivre impur.

Chaque bloc est entouré d'un sac destiné à recueillir les boues provenant de la désagrégation des anodes. Les cathodes constituées par de minces feuilles de cuivre pur ou quelquefois de papier plombagine, distantes des anodes de 5 à 10 centimètres.

Le bain est composé de 200 parties de sulfate de cuivre pour 800 parties d'eau. On y ajoute 100 parties d'acide sulfurique (soit 10 %) pour augmenter la conductibilité.

La densité du courant doit être réglée soigneusement. Si celle-ci est faible on a un dépôt de texture fine et de pureté absolue, si au contraire elle est trop forte le dépôt est plus grossier et on risque de déposer des impuretés qu'il est préférable d'éliminer.

On compte sur une f.e.m. de 0 volt 25 par cuve. Pour déposer une tonne de cuivre pur par 24 heures il faut environ 10 kilowatts.

Dans l'électrolyse l'or et l'argent se déposent sans être altérés, l'antimoine, le bismuth et le plomb forment des composés insolubles, l'arsenic passe à l'état d'acide arsénique dans le bain, le fer, le zinc, le nickel se dissolvent à l'état de sulfates, ce qui amène l'altération du bain, qui après un certain temps de fonctionnement doit être épuré par un procédé chimique.

Les solutions cuivriques contenues dans les cuves ont intérêt à être maintenues en mouvement permanent, ce qui facilite le dépôt et permet d'augmenter l'intensité du courant.

Les boues soumises à un traitement, permettent de recueillir les métaux précieux.

Les cuves sont montées en tension par groupe de 20 à 50. On compte sur 1 ampère-heure par gramme de cuivre déposé.

Pour des traitements de cuivre de 97 à 99 % la différence de potentiel est d'environ 0 volt 4 par cuve. Le courant ne doit pas dépasser 30 à 40 ampères par mètre carré d'électrode.

La Société Siemens* Halske emploie des cuves en plomb renfermant le bain, les anodes sont en cuivre brut obtenues par coulée. On ménage deux oreilles pour les relier aux conducteurs.

Procédé Œfern.

Les anodes sont en oxyde de cuivre, afin que celles-ci se dissolvent plus facilement.

L'électrolyte employé varie avec l'intensité du courant, ainsi avec une densité de courant de 50 ampères par mètre carré on emploie une solution de 20 % de sulfate de cuivre et 5,5 % d'acide sulfurique, tandis que pour une densité de courant de 30 ampères on emploie une solution aqueuse de 15 % d'acide sulfurique.

Procédé Borchers.

Dans les procédés ordinaires on est obligé de changer l'électrolyte devenu impur par suite des corps étrangers qui s'y sont dissous. Pour éviter cet inconvénient on est conduit à ne soumettre à l'électrolyse que des cuivres purifiés, mais contenant des métaux précieux.

Une découverte due à MM. H. et K. Borchers fabricants à Goslar (Hartz), consiste à insuffler de l'air.

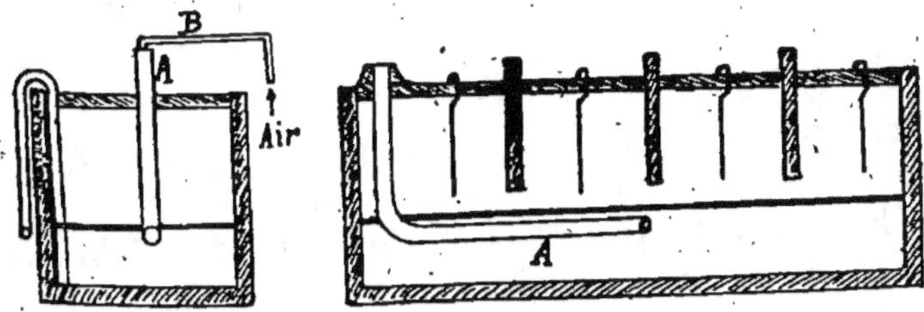

FIG. 25-26. — Appareil Borchers.

Dans ce dispositif un tube A en plomb librement ouvert descend dans la cuve et se termine par une branche horizontale. Le liquide provenant du bain se trouve dans ce tube. A la partie supérieure se trouve un tube en verre B, que l'on peut abaisser et relever, par lequel arrive l'air. Cet air se mélange avec le liquide contenu; dans le tube se forme une aspiration de cette colonne, il en résulte une élévation progressive du liquide jusqu'à ce qu'il déborde dans le haut.

Il y a donc mouvement de bas en haut et mélange de l'air à l'électrolyte. La précipitation des arséniates qui ont pris naissance se fait avec une grande rapidité, ce qui maintient les lessives dans un état de pureté.

Procédé Tommasi.

L'électrolyseur de Tommasi comporte une cathode constituée par un certain nombre de secteurs interchangeables formés par de minces lames de cuivre et maintenus sur un disque central de plus petit diamètre par la pression d'un boulon ou d'une vis. Les disques à secteurs tournent à grande vitesse autour des 2 anodes en cuivre noir. Le bain est constitué par du sulfate de cuivre acidulé. Lorsque les secteurs sont recouverts de cuivre on les remplace par d'autres.

Procédé Cowper Coles.

Dans ce procédé analogue au procédé Tommasi on fait tourner la cathode.

Une cuve en bois A sert de récipient. L'anode H constituée par le cuivre brut coulé en forme de gros tube. La cathode C constituée par un tube en laiton est montée sur un arbre pouvant être animé d'un mouvement de rotation. A une des extrémités de l'arbre se trouve un anneau B permettant la manœuvre et une bague D sur laquelle appuient des portes balais E, servant à l'amenée du courant.

Au bas de la cathode un plateau F, à bord relevé et en matière isolante empêchant la formation de dépôt à l'extrémité inférieure. L'électrolyte est maintenu en mouvement soit par une pompe, soit au moyen d'air comprimé. A sa sortie de l'électrolyseur un filtre permet de retirer les boues.

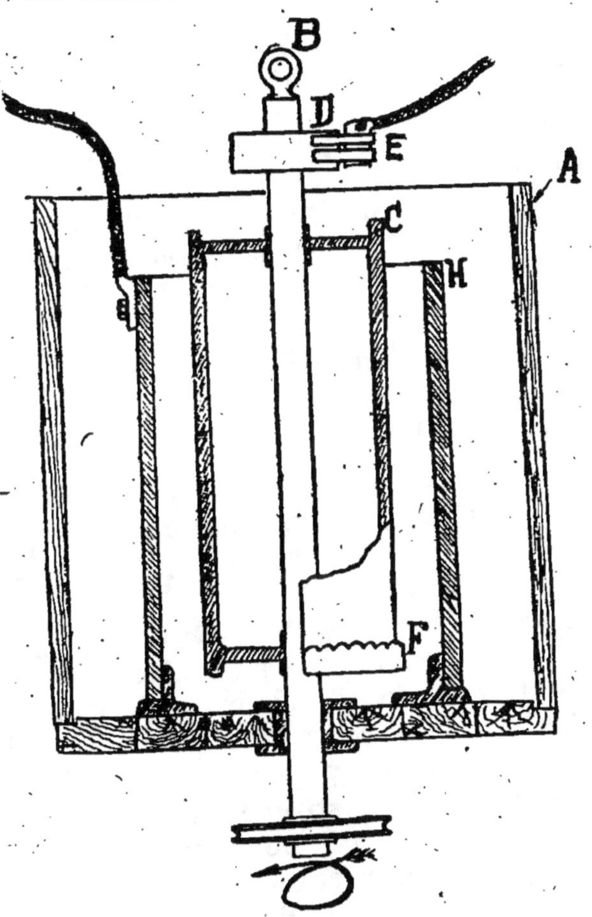

FIG. 27. — Appareil Cowper Coles.

La composition de l'électrolyte est la suivante :

Eau................. 74,36 % en poids
Acide sulfurique.... 10,77 %
Sulfate de cuivre.... 14,87 %

La vitesse de rotation est d'environ 2 m. 50 par seconde et la densité de courant 11 ampères par décimètre carré, pour une solution de 200 gr. de sulfate de cuivre par litre.

La cathode est légèrement graissée pour éviter l'adhérence du dépôt de cuivre et permettre de le détacher facilement.

Si l'on désire avoir du cuivre en ruban on enroule en hélice à un pas égal à la largeur du ruban que l'on désire, un fil en matière isolante. L'opération terminée on coupe le tube suivant cette hélice et après un recuit on déroule le ruban.

Pour avoir une plaque on coupe le tube suivant la génératrice.

Appareil d'Elmore.

Ce procédé consiste à déposer le métal sur un cylindre tournant, tandis que le métal est frotté au moyen de brunissoirs en agate animés d'un mouvement de va et vient.

L'électrolyte employé se compose de 3 parties de sulfate de cuivre, 1 partie d'acide sulfurique et 20 parties d'eau. La densité de courant peut atteindre 180 A par mètre carré. Le titre du cuivre obtenu est de 95 à 98 %.

La cathode est constituée par un mandrin en acier A animé d'un mouvement de rotation, grâce aux roues dentées C et D entraînées par la poulie E. L'anode B, en cuivre brut, est coulée en forme d'U. Le courant est amené par un balai G portant sur une bague F. Le polissage obtenu par des brunissoirs en agate I animés d'un mouvement de va et vient par l'axe fileté J tournant successivement dans un sens et dans l'autre, grâce à une tige K solidaire d'un levier L permettant d'embrayer ou de désembrayer les poulies O et N suivant que la pièce M est poussée à droite ou à gauche.

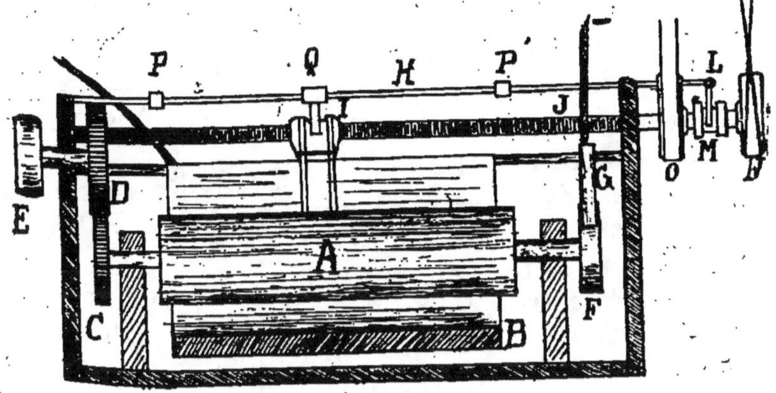

FIG. 28. — Appareil d'Elmore.

Une pièce Q fixée au support des brunisseurs I quand ceux-ci sont à fond de course, vient buter sur 2 taquets P et P', produisant l'embrayage ou le désembrayage.

L'usine de Dives-sur-Mer emploie ce procédé, qui a permis de faire des tubes de 3 m. 50 de long et 2 m. 50 de diamètre.

Une mince couche de cuivre oxydée déposée sur le mandrin empêche l'adhérence.

Procédé Dumoulin.

Le cuivre est déposé sur un mandrin rotatif horizontal dont la moitié seulement plonge dans l'électrolyte. Sur ce cylindre viennent frotter des imprégnateurs qui appliquent une couche mince de matière isolante sur toutes les aspérités qui tendraient à se produire par suite de l'inégalité du dépôt jusqu'à ce que l'alignement soit de nouveau atteint.

La couche isolante est continuellement enlevée par l'action oxydante de l'air et de l'électrolyte.

La rotation des mandrins maintient le liquide en agitation constante.

Les imprégnateurs sont constitués par des languettes en peau animées d'un mouvement longitudinal.

Les anodes sont constituées par des plaques de cuivre en demi cercle dont les bords repliés reposent sur la cuve.

La densité du courant est de 430 A par mètre carré. L'électrolyte renferme 40 % de sulfate de cuivre et 7 % d'acide sulfurique.

Avec des mandrins de 3 m. 60 de long et 0 m. 40 de diamètre la durée d'une opération est de 10 heures environ. Le poids du cuivre déposé étant de 20 kg. environ.

Au début de l'opération la différence de potentiel est de 1 v. 6 par bac, et s'élève ensuite avec l'usure des anodes.

Procédé Lafontaine.

Dans ce procédé les cuves contiennent des paniers dans lesquels sont placés le minerai ou les déchets de cuivre qui se décomposent sous l'action du courant et le cuivre se dépose à la cathode.

Ce procédé permet de récupérer le cuivre des déchets de laiton, bronze ou alliages de cuivre.

Extraction directe du cuivre par électrolyse

Procédé Siemens.

Dans ce procédé on utilise des minerais pauvres contenant 4 à 5 % de cuivre. Il comprend plusieurs opérations :

1° Pulvérisation du minerai ;

2° Attaque du minerai pulvérisé par une solution de sulfate ferrique provenant d'une opération préalable

3° Filtrage de la liqueur obtenue séparant l'électrolyte et le minerai restant ;

4° Electrolyse.

La densité de courant atteint 120 A par mètre carré de cathode.

L'extraction du cuivre par voie électrolytique n'a jamais donné les résultats espérés.

Raffinage du zinc

Les imperfections de la métallurgie du zinc ont orienté les recherches du côté de l'extraction électrique de ce métal.

L'électrométallurgie du zinc offre des difficultés spéciales au point de vue industriel.

La principale difficulté de la voie humide est la forme spongieuse du zinc déposé à la cathode et facilement soluble dans l'acide sulfurique du bain. La maison Siemens et Halske a tourné la difficulté en employant à l'anode une densité de courant de 0,3 à 0,7 A et à la cathode 0,015 seulement.

Le procédé *Ashcroft,* installé à Newcastle, basé sur l'action chlorurante du perchlorure de fer permettant de faire passer le zinc dés minerais en solution que l'on électrolyse. Les pertes de zinc étant trop élevées ce procédé fut abandonné.

Procédé Tossizza.

On électrolyse du sulfate de zinc dans un appareil à diaphragme poreux.

Le liquide du compartiment anodique est fortement saturé d'acide sulfureux, ce qui abaisse la tension nécessaire à l'électrolyse par suite de l'oxydation de l'acide. En outre, l'acide sulfurique du compartiment cathodique est absorbé par du carbonate de zinc et de l'oxyde de zinc hydraté que l'on ajoute. Les anodes sont en charbon.

Un procédé consiste à priver de fer l'électrolyte et le neutraliser puis agiter avec de l'éponge ou de la poudre de zinc pour précipiter les impuretés électronégatives. Après filtrage on électrolyse la solution neutre avec des anodes en zinc et des cathodes en aluminium, où se dépose de l'éponge de zinc qui servira à la purification initiale. La solution purifiée est acidifiée à 4,5 % et portée à la température de 35°, puis électrolysée dans une seconde série de cellules avec anodes en plomb. Le zinc obtenu est très pur, et la solution résiduelle est utilisée pour la lixiviation.

Procédé Betls.

On électrolyse le sulfate de zinc en présence d'une cathode au mercure et d'une anode insoluble, l'amalgame de zinc (contenant 5 % de zinc) est porté dans une autre cuve contenant du chlorure de zinc.

L'amalgame forme l'anode et au passage du courant, le zinc est porté sur la cathode qui est en zinc.

Dans le procédé *Letrange* on emploie l'acide sulfurique fourni par le minerai lui-même pour en produire la dissolution.

Les blendes sont grillées à petit feu de façon à transformer le sulfure en sulfate. Le sulfate est ensuite dissous dans l'eau et électrolysé.

L'acide mis en liberté dissout la calamine et l'oxyde de zinc. Pour cela il traverse des bassins remplis de matières zincifères.

Lorsque l'oxyde du premier bassin est dissous on le recharge ; mis en série il forme alors le dernier bassin.

La solution saturée de zinc, que l'on peut débarrasser des métaux étrangers se rend alors dans les cuves à électrolyse où le zinc se dépose et l'acide est régénéré.

Pour le traitement des boues riches en zinc, résidu des traitements de minerai pyrieux, on peut, d'après M. H.-E. Brouglhon, recueillir ces boues dans des chambres en plomb. Ces boues, très acides, sont agitées dans l'eau qui dissout le sulfate de zinc.

De la solution chauffée à 60° on précipite le fer entraîné par du marbre en menus grains exempts de poussières et l'excès d'acide est neutralisé. La solution rigoureusement neutre passe au filtre Olivier. Les autres impuretés, cuivre, calcium, bismuth, sont éliminées en faisant passer la solution additionnée de 0,2 % d'acide sur des rognures de zinc dans de grands bacs à travers lesquels un courant d'air forme une agitation continue. La précipitation est parfaite pour le bismuth et le cuivre, ce dernier étant très gênant, mais pour éviter toutes traces de calcium, il faut filtrer rapidement et sans laisser déposer la solution. Le rendement de courant est de 70 % pour une densité de courant de 1,8 à 2,2 A par décimètre carré sous 3,43 volts par cuve, avec 80 gr. de sulfate de zinc et 2 à 3 % d'acide. Du sulfate de sodium améliore le rendement, en réduisant la production d'hydrogène ; un peu de glu évite l'échauffement du bain et assure une distribution de courant plus uniforme.

Avec une installation étudiée avec soin on arrive rapidement aux meilleures conditions de travail avec le minimum de tâtonnements.

Le procédé *Dieffenbach* consiste à griller le minerai (pyrite de fer et de zinc), exploité à Siegen (Wesphalie) avec du sel marin. On obtient ainsi du chlorure de zinc qui est ensuite électrolysé. Le chlore récupéré sert à préparer du chlorure de chaux.

Une méthode d'obtention du zinc à partir de ses minerais consiste à électrolyser les solutions des minerais préalablement purifiées par du calcaire et de la poudre de zinc, puis additionnées de glu pour détruire les effets préjudiciables du cobalt, du nickel et autres impuretés ; les solutions sont ensuite employées de nouveau pour traiter le minerai. Lorsque la teneur en cobalt dépasse 300 milligr. par litre, on l'élimine, puis on reprend le procédé cylindrique. Pour éliminer le cobalt, on peut traiter la solution avec de la poudre de zinc en présence d'arsenic et de cuivre ou bien par du peroxyde de plomb et un composé de manganèse.

Ces méthodes ne paraissent pas être appliquées avec chance de succès, aussi s'est-on préoccupé de la préparation par voie sèche, procédé qui semble donner de meilleurs résultats.

La dépense d'énergie nécessaire au traitement de 1 tonne de zinc est d'environ 4.000 kw./h., à laquelle il faut ajouter 1.000 kw./h. pour l'énergie dépensée par les installations mécaniques.

Raffinage électrique de l'étain

Une puissante société américaine à monté en Perth Amboy, une usine destinée à traiter les minerais boliviens.

L'électrolyte se compose d'une solution à 15 % d'acide hydrofluosilicique et de 4 % d'étain.

Les anodes sont constituées par des plaques d'étain impur et les cathodes par des feuilles d'étain de 3 m./m. d'épaisseur. Le métal obtenu est très pur (99,96 à 99,98 %).

On ajoute quelquefois à l'électrolyte 0,1 % d'acide sulfurique pour empêcher la mise en solution du plomb qui peut être contenu dans les impuretés.

Des essais, faits en Allemagne, en employant comme électrolyte le sulfure de sodium ont montré que le rendement maximum était obtenu dans les conditions suivantes :

1° Concentration de sulfure de sodium dans l'électrolyte supérieure à 10 % et présence d'environ 0,6 % de sulfo-stannate nécessaire au début ;

2° Un excès de soufre est gênant, car les poly-sulfures ont une action dissolvante marquée sur l'étain cathodique ;

3° On ne doit pas dépasser 1 A par décimètre carré, avec des densités de courant plus élevées, il se produit un dégagement d'hydrogène à la cathode qui rend le dépôt spongieux ;

4° La température du bain doit être inférieure à 80°.

Les anodes étaient constituées par le métal brut coulé en plaques de 11 × 8 centimètres, la cathode placée entre 2 anodes étant constituée par une feuille d'étain de même dimension.

Affinage électrolytique du nickel

Le procédé *Hybinette* breveté aux Etats-Unis et largement utilisé en Norvège, est maintenant appliqué dans toutes les mines du Nord de l'Amérique. La méthode consiste dans la désintégration électrolytique de la « matte » produite en fondant et en « bessemerisant » les minerais de cuivre-nickel ; l'électrolyte est une solution neutre de sulfate de nickel, le nickel se déposant sur des cathodes en fer. Les minerais, fondus dans les fours ordinaires à cuivre, sont introduits dans des convertisseurs basiques, pour produire une « matte » à 80 % de calcium et de nickel ; le reste est du sulfure avec un peu de fer.

L'électrolyte, sulfate de nickel, contient 45 gr. de nickel et 5 milligr. de cuivre par litre. La solution acide produite par la séparation du nickel enlève d'autre nickel de l'anode, avec procédé de régénération. Quand on extrait la solution elle contient environ 2 gr. 5 par litre de dépôt cuivreux renfermant encore un peu de nickel. On récupère ce dernier dans l'électrolyse destinée à extraire le cuivre, en employant des anodes insolubles de plomb-antimoine, à l'état de sulfate, que l'on ajoute à l'électrolyte principal.

La densité de courant varie de 108 à 162 A par mètre carré de surface cathodique, sur laquelle on laisse s'accumuler le nickel à 99 % jusqu'à ce qu'on atteigne un poids de 9 à 13 kg. et une épaisseur de 3 à 4 m./m., ce qui demande une dizaine de jours environ.

Dans des cas spéciaux on peut avoir du nickel à 99,9 % avec une quantité minime de plomb, de cuivre et d'oxyde de carbone et pas de fer. Dans la boue formée à l'anode, se trouve des métaux de plus ou moins grande valeur, que l'on peut récupérer soit par fusion, soit par électrolyse

La tension varie de 160 à 200 volts.

Fabrication électrolytique du fer

De nombreuses recherches, particulièrement celles de Müller, et surtout celles de Burguess, ont permis de mettre au point cette fabrication.

L'électrolyse d'une solution, légèrement acidulée de sulfate au chlorure ferreux, donne à la cathode la séparation du fer et de l'hydrogène. Le rendement dépend de l'acidité et de la température du bain.

L'emploi d'une cathode rotative permet d'augmenter la densité de courant, et par suite la vitesse du dépôt dont la structure est améliorée.

La société « Le Fer », emploie des anodes en fonte et les cathodes sont constituées par des cylindres horizontaux tournant à une vitesse périphérique variant entre 100 et 120 mètres par minute.

L'électrolyse est un mélange de sulfate, et de chlorure ferreux partiellement transformés en sels basiques qui agissent comme dépolarisant.

La densité de courant varie de 4 à 10 A par dcm².

Les procédés de la société « Le Fer » mis au point à Grenoble par les établissements Bouchayer et Viallet, permettent d'arriver à fabriquer 2 tonnes de fer extrêmement pur, avec une dépense d'environ 4.000 kw./h. par tonne de métal. Une usine a été construite pour la production journalière de 100 tuyaux de fer électrolytique de 100 à 200 m./m. de diamètre, et de 1 m./m. 5 d'épaisseur.

D'une façon générale (1) l'usine, pour la fabrication du fer électrolytique en plaques, est basée sur les mêmes principes que l'usine de raffinage du cuivre, du zinc ou du plomb. Les bacs d'électrolyse ont sensiblement les mêmes dimensions (o m. 90 de large, 3 m. de long, et 1 m. 20 de profondeur), et sont en bois sans garnissage spécial.

L'électrolyte est un mélange de chlorure de fer et d'ammonium. L'électrolyte est continuellement filtré et renvoyé au bac de tête où l'écoulement continu d'un bac à l'autre, se poursuit par gravité, jusqu'au dernier bac où une pompe centrifuge envoie le liquide dans un filtre presse. On a ainsi un cycle continu.

On emploie une tension de 1,3 volts, et une intensité de 3.300 Ampères. La production de fer électrolytique est de 690 gr. par kw./h. La densité de courant varie de 130 à 160 A par m² de cathode immergée. Le rendement du courant est alors voisin de 90 %.

Les anodes utilisées ont la composition approximative suivante :

Carbone .... 0,6 %
Phosphore .... 0.05 %
Silicium .... 0,23 %
Manganèse ....0,3 — 0,5 %
Soufre .... 0,10 %

Les anodes ont les dimensions : o m. 70 sur o m. 98, et 5 cm. d'épaisseur. On dispose 16 anodes par bac espacées de 20 cm. de centre à centre.

---

(1) D'après G. F. Mc Mahon, *Chemical and Metallurgical Engineering*, 1922.

Les cathodes sont constituées par des plaques de tôles de 4 m./m. 5, laminées à froid et rivées aux barres d'amenée de courant. Pour empêcher le dépôt de se détacher des plaques, on perce des trous de 18 m./m. dans la cathode de départ à environ 15 cm. au-dessous du niveau du bain, le métal se dispose dans ces trous et solidarise le dépôt avec la cathode de départ.

Les cathodes de départ sont décapées dans un bain d'acide sulfurique dilué, puis lavées à l'eau chaude et recouvertes d'une couche d'essence minérale. On emploie 15 cathodes par bac. Pour avoir un dépôt de 6 m./m. il faut une durée de 12 à 13 jours.

L'opération terminée, les cathodes sont enlevées, lavées à l'eau chaude, séchée à l'air, et on procède ensuite à l'enlèvement du dépôt.

La composition du métal est la suivante :

Carbone .... 0,014 %
Silicium .... 0,013 %
Manganèse .... 0,028 %
Phosphore .... 0,029 %
Soufre .... 0,003 %

Une légère addition de gélatine donne de bons résultats au point de vue de la nature physique du dépôt.

Si la circulation de l'électrolyte est défectueuse, il se forme des couches de densités différentes, les acides ajoutés se portant à la partie inférieure, tandis que la partie supérieure devient fortement alcaline. Il en résulte un dépôt irrégulier.

La concentration en ammoniaque est un facteur important; car si elle est trop faible, on a un dégagement gazeux autour de la cathode et le rendement décroît rapidement, la teneur en fer de l'électrolyte croissant proportionnellement. Si, au contraire, la concentration est trop forte, on a une augmentation de rendement, mais souvent le métal déposé devient brillant et cassant.

La température influe sur la dureté et la perméabilité magnétique du dépôt. Le fer déposé à 50° est plus doux que celui déposé à 25°.

Fabrication du cadmium électrolytique

On part des fumées de four à plomb, à zinc ou à cuivre. Les diverses phases de l'opération sont les suivantes :

1° Lessivage des boues par l'acide sulfurique dilué ;

2° Filtration de la liqueur pour séparer la boue résiduelle cuivrique ;

3° Précipitation du cadmium sous forme d'un métal spongieux ;

4° Dissolution du cadmium dans l'acide ;

5° Extraction du fer et du thallium (si cela est nécessaire) ;

6° Electrolyse ;

7° Fusion finale.

L'électrolyse de la solution de cadmium épurée se fait avec des cathodes rotatives dans des bacs semi circulaires, doublés de plomb, dans lesquels plongent les anodes, ayant la forme d'un segment circulaire.

Les cathodes sont constituées par des disques en aluminium de 4 cm. d'épaisseur, et 1 m. 20 de diamètre. Il y a 2 anodes par cathode, et situées à 64 m./m. de chaque côté. 2 cathodes consécutives sont distantes de 230 m./m., ce qui permet de racler facilement dans la partie extérieure du bain. Les disques sont montés sur un arbre tournant en raison de 90 tours par heure et qui sert de sortie du courant.

On emploie une densité de courant de 163 ampères par mètre carré, sous 4 volts.

La dépense en énergie est de 2,8 kw./h. par kg. de cadmium déposé.

On opère ensuite la fusion sous une couche d'huile afin d'éviter l'oxydation. Une deuxième fusion a ensuite lieu sous une couche de soude caustique. Le métal est ensuite coulé en barre dans un moule chauffé.

Les barres obtenues sont ensuite livrées au commerce.

Electrométallurgie de l'or et de l'argent

Dans l'affinage de l'or et de l'argent, on augmente la densité de courant de façon à avoir un dépôt grenu ou cristallin, quitte à le fondre après, car ces métaux se déposent très purs.

Plusieurs procédés pour l'extraction de l'or sont employés :

Procédé Siemens et Halske.

Ce procédé est employé pour l'extraction de l'or.

Les boues restant de l'extraction par amalgamation sont traitées par le cyanure de potassium qui dissout l'or grâce à son oxydation, et forme l'électrolyte.

La cathode est en plomb, ce métal se laminant facilement, de plus, l'or y est très adhérent et la séparation en est très aisée (par fusion ou par coupellation). La litharge obtenue est ensuite traitée pour en retirer le plomb. Les anodes sont en fer et recouvertes de toiles de façon à retenir le bleu de Prusse formé, par suite de production de ferrocyanure. Le cyanure de potassium peut être en partie retiré du bleu de prusse.

Les cuves en bois sont disposées de façon que

FIG. 29. — Support de cathode de l'électrolyseur
Siemens et Halske.

le liquide sorte d'une cuve par la partie supérieure et arrive dans la suivante en passant entre une double paroi ménagée entre les deux

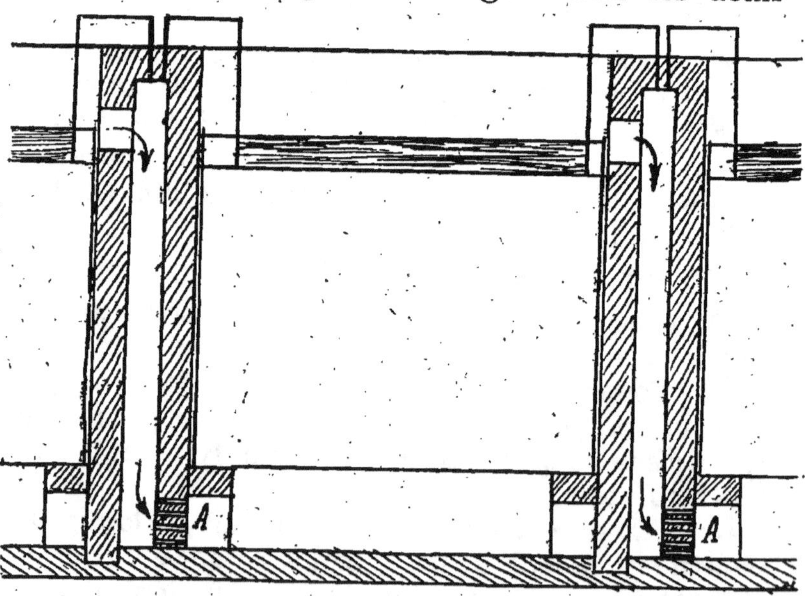

FIG. 30. — Procédé Siemens et Halske.

Des ouvertures pour l'écoulement se trouvent en A. Les anodes et les cathodes sont suspendues par de petites tringles en fer (fig. 29). Ces tringles formées de bandelettes de 4 centimètres de large et de 1 mètre de long.

Chaque appareil, de 7 mètres de long, divisé en compartiments de 55 cm., 1 m. 50 de largeur et 1 mètre de hauteur. Chaque compartiment renferme 5 anodes et 6 séries de cathodes. Des trous remplis de mercure, et disposés sur les parois des cloisons permettent les connéxions.

La tension aux bornes des cuves est de 2 volts et la densité de courant 0,5 A par mètre carré d'électrode.

Le plomb des cathodes contient 2 à 12 % d'or. Une fusion à très basse température permet d'obtenir, d'une part, du plomb pauvre, d'autre part, un alliage riche en or qui est fondu et coupellé.

L'or obtenu au titre de 89 à 90 % renferme de l'argent, et 0,25 à 0,5 % de plomb.

Avec 100 A on peut traiter, en 24 heures, environ 50 m³ de solution.

Procédé Wöhlwil.

On emploie une solution composée de :

Chlorure d'or ....20 à 30 gr. par litre
Chlorure de sodium .... 20 gr. par litre

La solution est additionnée suivant la densité de courant employée, de 20 à 30 centimètres cubes d'acide chlorhydrique par litre, afin d'activer l'opération.

L'argent reste dans les boues ainsi que le plomb sous forme de chlorure. Si le plomb est en excès, le chlorure se dépose partout, on ajoute alors un peu d'acide sulfurique pour le précipiter. La température du bain doit être de 60 à 70°. La tension aux bornes est de 1 volt.

Les cathodes constituées par une mince lame d'or laminé sont distantes d'environ 3 cm. des anodes et ont la même surface. Plusieurs cuves sont montées en série. Chaque cuve comporte 9 paires d'électrodes.

L'or obtenu est au titre de 999,8.

Affinage de l'argent

Procédé Mœbins:

Le principe est le même que celui de l'affinage du cuivre.

Les anodes constituées par des plaques de 5 à 10 m./m. d'épaisseur et de 20 par 25 cm. de côtés, placées dans des sacs en mousseline paraffinée afin d'éviter l'action de l'acide. Ces anodes sont tendus sur des cadres en bois imperméabilisés.

Les électrolyseurs en bois sont montés par groupes de 10 en série et séparés en 7 compartiments. Leurs dimensions sont environ :

Longueur	3 m. 60
Largeur	0 m. 60
Hauteur	0 m. 50

L'électrolyte est une solution d'azotate d'argent acidulé par 1/1000 d'acide azotique.

Par compartiment il y a 3 anodes qui se dissolvent en 30 ou 40 heures avec une dénsité de courant de 3 A par décimètre carré. La tension varie de 1 à 3 volts (1 v. 5 en marche normale) aux bornes de chaque cuve.

Les sacs maintiennent la partie insoluble de l'anode qui reste isolée de l'argent.

Les cathodes sont constituées par de minces plaques d'argent légèrement huilées afin d'éviter l'adhérence du dépôt et sont au nombre de 4 par compartiment.

Dans les appareils modernes, les cathodes sont constituées par des lames d'argent sans fin, huilées, et sur lesquelles le métal déposé est détaché par des racloirs.

Le titre de l'argent obtenu est de 999 à 999,5 pour mille.

Procédé Dietzel.

Ce procédé est employé pour l'extraction de l'or et de l'argent des résidus de toutes sortes (bijoux, galons, fils, passementerie).

L'électrolyte employé est le nitrate de cuivre légèrement acide. Les métaux sauf l'or et le platine se dissolvent à l'anode, l'argent est précipité par le cuivre et se dépose à la cathode.

La tension aux bornes des cuves est de 2,5 à 3 volts, et une densité de courant 1,8 A par décimètre carré.

L'électrolyseur est constitué par une cuve à double fond, en matière isolante, dans laquelle on place l'alliage coulé auquel le courant est amené par un fil en platine. Le cuivre se dépose sur deux cathodes cylindriques, légèrement graissées afin d'éviter l'adhérence et animées d'un mouvement de rotation. Entre les électrodes, une simple toile tendue retient les fragments de cuivre qui pourraient se détacher de la cathode.

Ce procédé est exploité en Allemagne.

PROCÉDÉ POUR L'OXYDATION PAR VOIE ÉLECTROLYTIQUE DU FER, DE LA FONTE, DE L'ACIER, DU CUIVRE OU AUTRES MÉTAUX RECOUVERTS D'UNE COUCHE DE FER OU DE CUIVRE DÉPOSÉE ÉLECTROLYTIQUEMENT.

Ce procédé est dû à MM. Sestini et Rondelli et fait l'objet du brevet français n° 483.436 (1917).

Les objets que l'on veut recouvrir d'une couche oxydée sont introduits sans aucun décapage préalable dans une cuve en présence d'électrodes du même métal que l'objet (fer ou cuivre). Comme bain on prend une solution de soude caustique (densité 1,3 à 1,4) dans laquelle, à l'aide de plusieurs inversions électriques du sens du courant entre les électrodes en fer, on détermine la température du bain étant de 120 à 130° C, la formation d'un ferrite alcalin $NaFeO^2$. Pour obtenir une couleur d'un noir brillant à la surface du fer, le bain étant à une température comprise entre 120 et 130° C, on fait passer un courant de 5 A par décimètre carré de surface de l'objet, celui-ci formant la cathode. On obtient le nettoyage de la pièce et un dépôt de fer sur celle-ci.

On inverse ensuite le courant pendant 6 à 8 minutes et on obtient une oxydation rapide et énergique de la surface de l'objet.

La couche d'oxyde obtenue peut être rendue plus tenace en plongeant l'objet pendant quelques minutes dans une solution de soude caustique de densité 1,4 renfermant 10 à 20 % de nitrate de sodium et chauffée à 140° C.

On obtient une couleur noir mat (préférable pour les armes de guerre) en répétant deux ou trois fois l'inversion de courant de manière que, dans la dernière opération, l'objet joue le rôle d'anode pendant 2 minutes au moins après la fin de l'oxydation. Celle-ci est clairement indiquée par l'élévation considérable de f.e.m. aux bornes lorsque l'opération d'oxydation est terminée.

Les objets ainsi oxydés sont lavés, séchés, puis plongés dans un bain d'huile d'olive seule ou mélangée d'huile minérale, chauffée de 130 à 180° C. Pour obtenir des teintes rouges ou jaunes, il faut augmenter la concentration du bain jusqu'à la densité 1,4, chauffer à 140° C, ajouter au bain du nitrate de sodium ou autre substance oxydante.

Pour l'oxydation du cuivre la concentration et la température du bain sont maintenues comme pour la coloration noire du fer. Les objets se recouvrent d'une couche d'oxyde nitrique.

Pour les alliages de cuivre, il faut augmenter la densité de courant.

La consommation de courant exigée par le procédé ne dépasse pas 1 watt/heure par décimètre carré de surface oxydée.

CHAPITRE VII

GALVANOPLASTIE

La galvanoplastie est l'art de reproduire un objet quelconque (vase, statue, médaille, etc...) au moyen d'un métal déposé par électrolyse.

La reproduction des objets peut se faire en une ou plusieurs pièces suivant ses dimensions. Dans le cas de reproductions en plusieurs pièces, une soudure les réunit. C'est ainsi qu'on a procédé pour la statue de Notre-Dame-de-la-Garde, à Marseille.

On commence à confectionner un moule dépendant de l'objet à reproduire et, après avoir rendu la surface conductrice, on la plonge dans la cuve électrolytique. Le courant décompose le sel, et le métal vient se déposer sur le moule en reproduisant tous les détails ; lorsque la couche est assez épaisse, il suffit de séparer l'épreuve du moule.

Dans le cas de reproductions d'amateurs, le matériel peut être simplifié.

Les appareils galvanoplastiques se composent d'une cuve de dimensions appropriées remplie d'une solution de sel du métal saturé. Deux baguettes en laiton A et B sont posées sur les bords de la cuve et communiquent au pôle de la source. Sur la barre reliée au pôle négatif, on suspend le moule M, et à l'autre, reliée au pôle positif, l'électrode C. On ferme le circuit, le sel est décomposé, l'acide et l'oxygène se rendent au pôle positif, tandis que le métal se rend au pôle négatif et se dépose lentement sur le moule. Lorsqu'on juge le dépôt suffisant, on coupe le courant, et on démoule. Le moule s'est recouvert d'une couche de métal qui a reproduit l'objet dans tous ses détails.

L'électrode placée au pôle positif n'a pas seulement pour but de fermer le circuit, mais aussi de maintenir la dissolution à un état constant de concentration. En effet, l'acide et l'oxygène

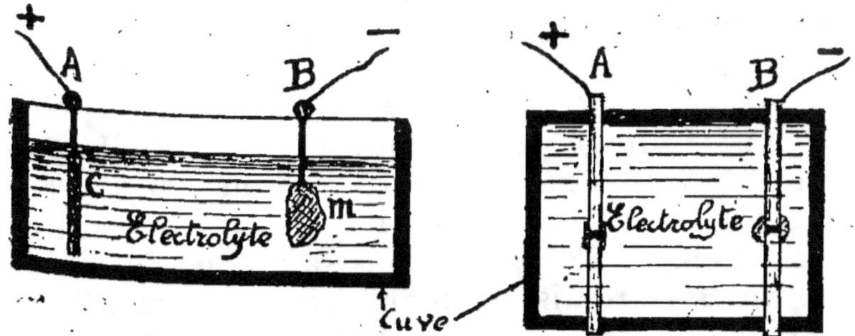

Fig. 31-32. — Cuve galvanoplastique.

qui se rendent au pôle positif se combinent avec le métal de la plaque, et reproduisent constamment une quantité de sel égale à celle décomposée par le courant. Pour cela, il faut une électrode soluble.

On peut calculer le temps nécessaire à un dépôt de métal au moyen de la formule :

$$t = \frac{D \times 10 \times S}{e \times b \times i}$$

Dans laquelle :
t est le temps du dépôt en heures.
D l'épaisseur du dépôt en millimètres.
i l'intensité du courant par décimètre carré.

S le poids spécifique du métal.

b le rendement du courant.

c l'équivalent électrochimique du métal en ampères-heure.

Confection des moules

Moules métalliques.

Dans le cas de petits objets de dépouille facile, on peut employer l'alliage de Darcet ainsi composé :

Bismuth	250 gr.
Etain	125 —
Plomb	160 —
Antimoine	3c —

On fait fondre cet alliage et on le coule dans une cuvette en carton de forme appropriée. Lorsque l'alliage est sur le point de se solidifier on applique l'objet à reproduire sur la surface et après refroidissement on sépare le modèle du moule par de légers coups. On vernit ensuite le revers et les bords au moyen d'une dissolution de cire à cacheter dans de l'alcool et on frotte les parties sur lesquelles on veut qu'il n'y ait pas de dépôt, avec un tampon de ouate légèrement imbibée d'essence de térébenthine. On suspend ensuite le moule à la barre négative, celle-ci étant en contact avec le moule.

Pour séparer le moule de la reproduction, on introduit une pointe de couteau entre les deux.

Roseleur a indiqué les alliages suivants :

Température de fusion en degrés :

	53°	70°	83°
Plomb	5 parties	2 parties	5 parties
Etain	3 —	3 —	3 —
Bismuth	5 —	5 —	8 —
Mercure	2 —	1 —	0 —

Wood a indiqué l'alliage :

Cadmium .... 2 parties
Bismuth 8   —
Plomb 4   —
Etain 2   —

Point de fusion 76°.

L'alliage de *Rose* comprend :

Bismuth .... 2 parties
Plomb 1   —
Etain 1   —

Point de fusion 94°.

Celui de *Bœttcher* :

Plomb .... 8 parties
Bismuth 8   —
Etain 3   —

Point de fusion 108°.

Pour des objets ayant un certain relief ces alliages ne conviennent guère, aussi emploie-t-on des matières plastiques.

Moules en Gutta-percha.

C'est une matière analogue au caoutchouc, provenant du suc laiteux de certains arbres du genre isonondra, abondant sur les côtes du détroit de Malacca et les îles de Bornéo et de Java.

La gutta se ramollit vers 50 à 60°, fond vers 130°, et convient pour les empreintes de grande perfection, il suffit pour cela de ramollir ce produit sous l'eau à 60° environ, puis de l'appliquer avec pression sur les objets à reproduire. La gutta pénètre dans tous les détails de la pièce et en reproduit toutes les finesses.

Moulage à la main. — La gutta est chauffée devant un foyer pour la ramollir et on l'applique ensuite sur l'objet à mouler, entouré au préalable d'un cadre approprié. Par un pétrissage continu, avec les doigts huilés, on fait pénétrer dans tous les détails du modèle la gutta, jusqu'à refroidissement complet.

Pour démouler on doit commencer par débarrasser le moule, avec un objet tranchant, des parties inutiles, on détache ensuite avec des précautions le moule de l'objet. L'emploi du moulage à la presse est de beaucoup préférable.

Moulage à la presse. — On ramollit la gutta dans l'eau chaude et on l'applique sur la surface dont on veut prendre les contours. La presse sert à effectuer un contact parfait entre le moule et l'objet à reproduire. La gutta doit être maintenue par un cadre à rebords solide, de façon à empêcher la matière plastique de sortir.

La presse employée se compose d'une vis en fer actionnée par un volant que l'on tourne à la main et reliée à un plateau appuyant sur la gutta. Une presse à copier peut servir.

Ce moulage est surtout employé pour la reproduction de médailles et ciselures fines.

Moulage par affaissement. — L'original est placé dans un plat de terre ou de faience, et on place en son milieu une boule de gutta préalablement ramollie à l'eau chaude et malaxée. On porte le tout dans un four chauffé modérément, la gutta se ramollit de nouveau, s'affaise lentement en chassant devant elle les bulles d'air et recouvre l'objet.

On presse avec le doigt mouillé et on laisse refroidir. Le démoulage s'effectue avant le durcissement complet de la matière plastique.

L'objet doit être au préalable frotté avec un

pinceau passé sur du savon afin de faciliter le démoulage.

Pour faciliter la fusion on peut faire le mélange :

Gutta 2/3
Suif, saindoux ou cire............. 1/3

Ou encore en effectuant le mélange à 100° :

Gutta 1/3
Huile de lin...................... 2/3

Le malaxage doit être très intime.

Le mélange peut être passé à chaud sur la pièce à mouler, au moyen d'un pinceau et en passant plusieurs couches successives jusqu'à ce qu'on ait une épaisseur suffisante. On laisse durcir et on démoule. Le moulage présente ainsi une grande finesse de reproduction.

La gutta sert indéfiniment lorsque le moule est hors d'usage ou cassé, les morceaux servent à la confection d'autres moules. C'est un avantage qui fait que, malgré un prix élevé, cette matière est très employée.

Moules en gélatine.

Lorsque l'objet présente des parties saillantes amincies à la base, l'élasticité de la gutta n'étant plus suffisante, on emploie la gélatine qui sort plus facilement des creux sans déformation momentanée.

Ce moulage est employé pour la reproduction de statuettes, bustes, etc. La gélatine employée doit être transparente, incolore, inodore, signes de pureté. Elle doit se ramollir et gonfler dans l'eau froide.

Pour mouler un objet on commence par faire gonfler la gélatine dans de l'eau froide pendant

24 heures environ, puis la chauffer au bain marie jusqu'à ce qu'elle se réduise en sirop. Dès qu'elle est liquide on y ajoute 1/10 de mélasse ou de glycérine, puis après un bon mélange des deux substances, on coule la matière fluide ainsi obtenue sur l'objet convenablement préparé et légèrement chauffé à l'étuve, le moule est enlevé après refroidissement.

Il est nécessaire de faire subir une préparation à la gélatine pour la rendre imperméable à l'eau et aux bains acides, qui l'altère peu à peu. Pour cela on enduit le moule d'une substance grasse préservatrice où on ajoute à la solution chaude le mélange suivant :

Solution alcoolique de tanin...... 2 parties
Mélasse .... 10 —
Gélatine .... 100 —

On peut encore empêcher l'altération en revêtant extérieurement le moule d'une couche de verni.

Moulage à la cire.

Prendre de la cire vierge bien blanche (fond à 63°), y ajouter 1/4 de son poids de stéarine. Frotter la pièce à reproduire avec un chiffon légèrement huilé, faire fondre la cire à feu doux et y ajouter la stéarine en malaxant. Lorsque le mélange est complètement fondu, le verser sur le modèle à reproduire jusqu'à ce qu'il soit recouvert complètement d'une couche assez épaisse, laisser refroidir et démouler.

Moulage au plâtre.

Le plâtre employé doit être fin et bien tamisé. On huile l'original et on coule le plâtre gâché très clair sur l'objet à reproduire de façon à ce

qu'il soit complètement recouvert, on laisse solidifier et on démoule. Le plâtre étant perméable
se gonfle en absorbant l'eau des bains électrolytiques. On pare à cet inconvénient en plongeant le moule dans un bain de stéarine ou de
parafine bouillante, qui pénétrant dans les pores
du plâtre l'imperméabilise.

Métallisation des moules.

On rend la surface des moules conductrice
(moules en gutta, gélatine, cire ou plâtre) en la
recouvrant d'une couche de plombagine pure et
bien tamisée à laquelle on peut ajouter de l'argent pulvérulent en très petite quantité, ce qui
augmente la conductibilité.

La réussite de la reproduction dépend en
grande partie de la métallisation du moule,
aussi doit-on apporter beaucoup de soin à ce
travail.

On saupoudre le moule de plombagine et on
l'étend avec une brosse demi-souple (brosse
d'horloger ou à défaut brosse à faire reluire les
chaussures) on frotte jusqu'à ce que la surface
apparaisse noire et polie. Éviter les aspérités et
les grains dans les creux.

Pour la cire à modeler, employer un blaireau
très doux.

Le moule ainsi préparé est entouré d'un fil
conducteur qui servira à le suspendre dans le
bain, de ce fil partent d'autres fils plus fins
dont les extrémités dénudées vont toucher la
surface à recouvrir en plusieurs points et surtout au fond des creux.

Les fils de toutes les parties ne devant pas
être recouverts de dépôt seront vernis avec soins.

Cuves galvanoplastiques.

Pour de petites installations les cuves peuvent être en grès ou en verre, mais elles sont très fragiles.

Dans les grandes installations on leur préfère les cuves en bois doublées intérieurement d'un revêtement appliqué à chaud de gutta où la composition suivante :

Cire jaune	40 gr.
Résine	200 —
Ocre rouge	40 —
Plâtre très fin..................	10 —

Les trois premières substances sont fondues sur un feu doux et la fusion achevée on soupoudre de plâtre, en mélangeant constamment de façon à éviter la formation de grumeaux.

Le mélange liquide est alors passé à l'intérieur de la cuve en ayant soin d'augmenter la couche au fond et aux angles.

Démoulage et achèvement des pièces.

Lorsque l'on juge l'épaisseur de cuivre suffisante on retire le moule du bain et on lave à grande eau, on procède ensuite au démoulage, qui présente quelques difficultés avec un moule en gutta, car on est obligé de le ramollir légèrement en le trempant dans de l'eau à peine tiède.

L'épreuve retirée du moule est lavée, les bavures sont enlevées à la lime douce ou au grattoir, on nettoie ensuite la pièce à l'essence de térébenthine ou à la benzine et on la polit au blanc d'espagne, au moyen d'une brosse dure ou d'une polisseuse. On lave à grande eau et on sèche dans la sciure.

L'épreuve est rarement laissée avec sa teinte ordinaire. Pour donner à la pièce une teinte de bronze ordinaire, on étend avec un pinceau sur la surface bien propre une bouillie de plombagine et de sanguine (oxyde de fer) pulvérisée et on sèche à feu doux.

On peut aussi frotter l'épreuve avec une brosse demi douce que l'on passe de temps en temps sur de la cire jaune.

Pour obtenir la teinte de bronze rouge on emploie une bouillie de rouge d'Angleterre (colcothar ou peroxyde de fer).

Acétate de cuivre	50 gr.
Chlorure de sodium	50 —
Acide tartrique	50 —
Carbonate d'ammoniaque	150 —
Acide acétique (vinaigre)	1 litre

On peut aussi employer la solution :

Vinaigre blanc	1 litre
Sel ammoniac	15 gr. 2
Chlorure de sodium	15 — 2
Ammoniaque liquide	30 — 5

M. Mauduit a indiqué la composition suivante, qui en restant en contact avec le métal donne tous les tons depuis le bronze ordinaire jusqu'au vert antique :

Alcool	80 gr.
Huile de ricin	23 —
Savon mou	40 —
Eau	40 —

Après 24 heures on a la teinte du bronze ordinaire puis le ton changé. On arrête lorsque l'on a obtenu le ton voulu et on sèche à la sciure de bois chaude. On badigeonne ensuite la reproduction avec un vernis à base d'alcool.

Ces procédés de coloration servent à toutes les reproductions.

Reproduction d'objets de grandes dimensions

On fait un moule en plusieurs pièces et après avoir soigneusement plombaginé toutes les parties on les réunit de façon à avoir un creux parfait du modèle. On dispose à l'intérieur du moule une carcasse reproduisant grossièrement l'objet à reproduire et isolée du moule. Cette carcasse constitue l'anode et doit être insoluble, généralement en plomb, le platine étant préférable mais son prix élevé le fait rejeter. La composition du bain est maintenue constante par l'appoint de cristaux du sel de l'électrolyte.

Les anodes solubles sont plus avantageuses au point de vue rendement.

Sources de courant employées. — Pour les travaux d'amateurs on peut employer des batteries de piles (piles Bunsen ou Poggendorff de préférence).

Dans l'industrie, les dynamos spéciales sont de beaucoup préférables. Les cuves peuvent être montée en série, en parallèle, ou en série parallèle.

Temps nécessaire à l'électrolyse. — Soit : la densité de courant de l'électrolyte en ampères, i le courant traversant la cuve à électrolyse, q la quantité d'électricité en ampères/heure nécessaire pour déposer un gramme de métal. Si on veut déposer p kilogs, la quantité d'électricité sera de :

$$q' = p \times 1000 \times q$$

Mais :

$$q' = it$$

D'où :

$$t = \frac{q'}{i}$$

On a donc, si t est le temps qu'il faudra pour avoir un dépôt de p kilogs :

$$t = \frac{p \times 1000 \times q}{i}$$

Application. — L'anode et la cathode ont la même surface et on veut connaître le temps nécessaire pour déposer 1 kg. d'argent. L'intensité du courant étant de 100 ampères.

Un ampère dépose 1 milligr. 118 d'argent par seconde (définition de l'ampère). En une minute le poids d'argent déposé pour un courant de 1 ampère sera de :

$$60 \times 1,118 = 67 \text{ milligr.}$$

Un courant de 100 ampères déposera :
$67 \times 100 = 6.700$ milligr. d'argent par minute, soit 6 gr. 7.

Pour déposer 1 kg. d'argent il faudra :

$$\frac{1000}{6,7} = 150 \text{ minutes, soit deux heures et demie.}$$

Décapage des métaux pour le cuivrage la dorure ou l'argenture

Décapage du fer.

On emploie plusieurs moyens, car la plupart du temps ce métal est recouvert d'une couche d'oxyde très dure sur laquelle les agents mécaniques ou chimiques n'ont que peu d'action.

On se contente, en général, d'un décapage avec une solution de 3 à 5 % d'acide sulfurique ou chlorhydrique, puis lorsque le fer est retiré de la solution acide toutes les surfaces sont lavées et brossées avec soin.

Ce décapage est long et coûteux, car la dépense d'acide est considérable.

Un procédé électrolytique consiste à employer une solution de sulfate de soude à 20 % comme électrolyte. L'alcali produit au pôle négatif dégraisse le métal et l'acide produit au pôle positif le décape. On emploie pour cela un courant de 0,6 à 1,2 ampère sous 4 volts environ.

Le décapage au sable consiste à envoyer un jet de sable sur toute la surface de la pièce à décaper, c'est le plus avantageux.

Décapage des autres métaux

On doit au préalable polir les pièces à cuivrer et éviter le graissage accidentel ou l'oxydation qui peut être évitée en plongeant les pièces dans de l'eau de chaux légère et ne les retirer qu'au moment de l'électrolyse.

Le décapage des pièces en cuivre ou en bronze se fait en chauffant au rouge sombre mais, en général, on préfère transformer les corps gras en savon (saponifier) au moyen d'une solution de potasse bouillante dans laquelle on laisse la pièce 3 ou 4 minutes. Le fer peut y être laissé 1/4 d'heure.

Les pièces peuvent être décapées dans un bain acidulé (100 à 200 gr. d'acide sulfurique par litre) et rincées soigneusement.

Il est bon de passer les pièces avant de les mettre dans le bain électrolyseur dans les bains suivants :

1er bain, dit d'eau forte vieille, formé d'acide nitrique très affaibli.

2e bain, dit bain d'eau forte, renfermant de l'acide nitrique dans lequel est dissous de la suie calcinée et du sel marin.

3e bain, dit bain à brillanter qui se fait après avoir lavé à grande eau est composé de 2 kg. d'acide sulfurique à 66° et de 1 kg. 500 d'acide azotique à 36° additionné de 100 gr. de chlorure de sodium. Les pièces sont passées rapidement dans ce mélange et lavées à grande eau.

Le ponçage termine ces opérations et consiste à frotter les pièces avec de la pierre ponce pilée le plus finement possible, sans cela on craint de rayer les pièces.

On préfère passer les pièces dans les bains suivants :

Pour les métaux durs.

Acide azotique......................	1 litre
Acide sulfurique.................	2 —
Suie calcinée......................	1 poignée
Sel gris........................	1 —

Pour les métaux tendres.

Acide azotique......................	2 litres
Acide sulfurique.................	1 —
Suie calcinée......................	1 poignée
Sel gris........................	1 —

Cuivrage

Le cuivrage de certains métaux tels que le fer, le zinc, etc., présente des difficultés dues à ce que ces métaux déplacent le cuivre de ces solutions sans l'intervention du courant, et le métal est précipité à l'état de boue, sans donner un dépôt régulier.

Cuivrage de la fonte.

Résolu en 1856 par Oudry, qui déposa sur

l'objet à cuivrer un vernis rendu conducteur par une couche de plombagine, et mis dans une immense pile Daniell dont l'objet à cuivrer formait le pôle positif. Ce cuivrage était très long et demandait un mois environ. Actuellement on revient à l'ancien procédé qui consiste à enduire l'objet d'un vernis renfermant du cuivre porphirisé, c'est-à-dire de cuivre rendu très fin auquel on donne une fois sec, le vert-de-gris (patine) voulu.

Cuivrage du fer, zinc, etc.

On arrive à cuivrer directement ces métaux sans l'intermédiaire d'un isolant en déposant une première couche de cuivre en bain de cyanure de cuivre et de potassium. On obtient un dépôt adhérent de couleur rose. On doit opérer à bain tiède, et une densité de courant très faible.

L'opération doit être conduite de la façon suivante :

Nettoyer l'objet et le recouvrir d'une couche de cuivre en bain alcalin, très mince couche qui montre les irrégularités de la pièce que l'on retouche. On recouvre d'une seconde couche en bain alcalin, on lave à grande eau, et on donne une troisième couche en bain de sulfate acide. On donne l'épaisseur convenable en employant une densité de courant plus considérable.

Pour augmenter la vitesse du dépôt, on remue constamment, ce qui permet de porter la densité de courant à plus de 10 ampères par décimètre carré de cathode. Pour avoir une bonne épaisseur, il faut environ 6 heures.

Le dépôt ainsi obtenu est parfaitement homogène, et présente une telle adhérence que la pièce peut être chauffée au rouge, puis martelée, pliée, emboutie sans que le cuivre se détériore. Une tôle d'acier cuivrée de cette façon ne peut plus se tremper, après avoir été chauffée et trempée dans l'eau, elle conserve la malléabilité de l'acier recuit.

L'électrolyte ne doit pas être saturé ; sa richesse sera maintenue par l'appoint de cristaux.

Les bains acides ne peuvent être employés que pour des métaux non attaquables par ceux-ci. On préfère employer les bains :

Cuivrage du fer ou de l'acier.

	A froid	A chaud
Acétate de cuivre	20 gr.	20 gr.
Bisulfite de soude	20 gr.	8 gr.
Carbonate de soude	40 gr.	20 gr.
Cyanure de potassium	20 gr.	28 gr.
Ammoniaque	15 gr.	12 gr.
Eau	1 litre	1 litre

Cuivrage du zinc.

	A froid	A chaud
Acétate de cuivre	15 gr.	10 gr.
Bisulfite de soude	12 gr.	4 gr.
Cyanure de potassium	20 gr.	20 gr.
Ammoniaque	8 gr.	9 gr.
Eau	1 litre	1 litre

On peut aussi employer à froid ou à chaud les bains suivants :

Cyanure double de potassium et de cuivre	80 gr.
Cyanure de potassium	4 gr.
Ammoniaque	10 gr.
Eau	1 litre

2° bain.

Acétate de cuivre .... 100 gr.
Carbonate de soude .... 100 gr.
Sulfite de soude .... 100 gr.
Cyanure de potassium .... 150 gr.
Eau .... 3 litres

Les bains au cyanure nécessitent une tension de 4 à 6 volts et une intensité de courant de 2 à 4 ampères par décimètre carré.

Les deux électrodes doivent être distantes de 20 à 30 cmc.

Zingage

L'opération la plus courante consiste à recouvrir le fer d'une couche de zinc. C'est la galvanisation.

On peut, pour cela opérer de deux façons :

1° En plongeant la pièce à galvaniser dans un bain de zinc en fusion, mais on a une couche grossière et le prix de revient est bas.

2° Par un dépôt électrolytique qui donne une couche plus régulière et plus fouillée, mais la dépense est plus grande.

La galvanisation présente l'avantage suivant :

Le zinc précipité présente des irrégularités aux endroits où le métal a des pailles ou des craquelures qui pourraient échapper à un examen minutieux.

C'est pour cette raison que plusieurs nations exigent la galvanisation des tubes de chaudières marines afin d'en contrôler la qualité.

Procédé Cowper Coles.

On emploie des anodes insolubles en plomb de sorte que l'acidité du bain augmente d'une façon continue et ne devient gênante que lorsqu'elle est trop grande. L'électrolyte est filtré à travers des déchets de zinc pour être régénéré, mais nécessite une tension aux bornes plus élevée. La dépense d'énergie est compensée par l'économie résultant de l'emploi de déchets de zinc et de main-d'œuvre moins importante. On peut employer l'installation suivante :

L'usine comprend une série de cuves côte à côte, et ainsi réparties :

Une cuve de décappage, Cuve I;

Une cuve de lavage, Cuve II;

Une cuve de passage à l'eau de chaux, Cuve III;

Une cuve de passage à la soude, que l'on peut ajouter;

Une cuve de rinçage (facultative);

Une cuve d'électrolyse, généralement en bois.

L'électrolyte renferme 250 gr. de sulfate de zinc par litre.

Un système de circulation d'air comprimé remue constamment le liquide.

Le liquide sort de la cuve d'électrolyse C et se rend dans un récipient A où il s'accumule, puis dans un récipient inférieur B, séparé de A par une soupape de retenue. Lorsque le réservoir B est plein, l'air comprimé fait partir le liquide dans la cuve C, grâce à un compresseur c actionné par un moteur M. Dans cette cuve le liquide se régénère comme il a été indiqué plus haut, puis revient à la cuve de zingage du côté opposé à celui de sortie. La manœuvre se fait au moyen d'un robinet à trois voies R, et commandé par un flotteur placé dans la cuve C.

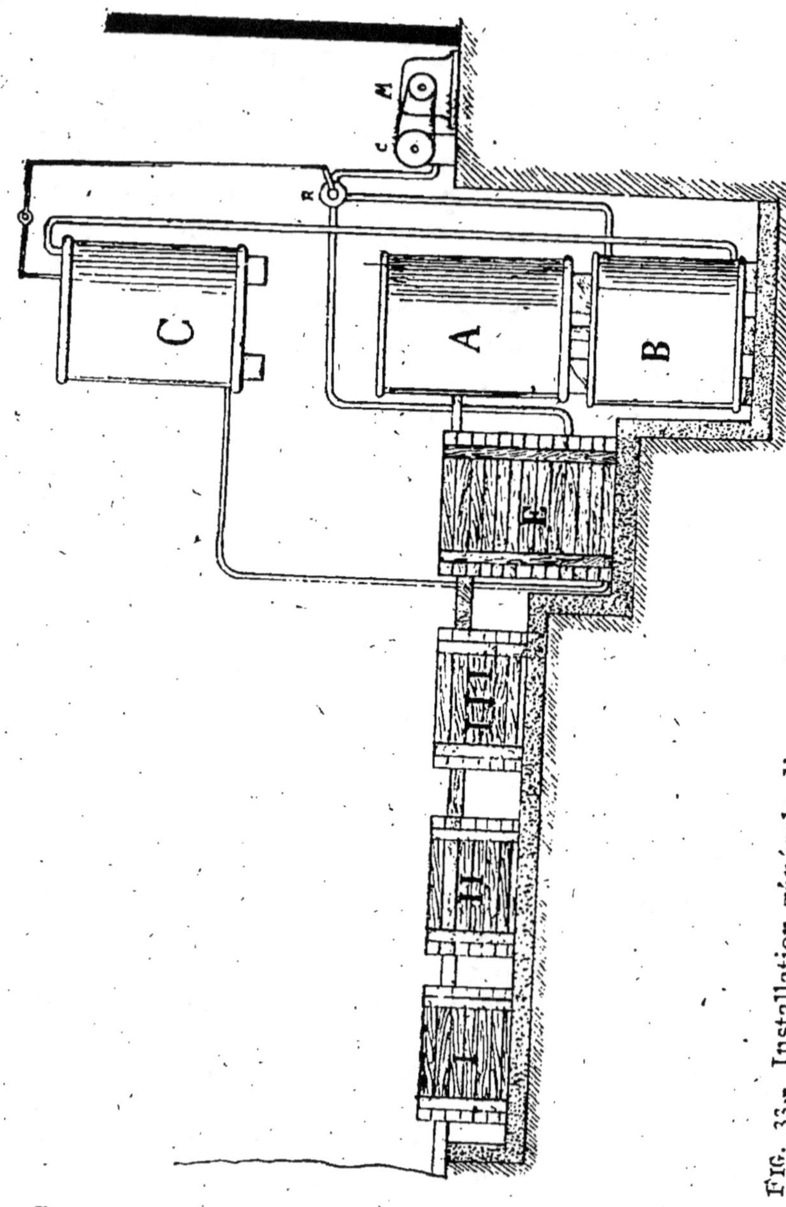

Fig. 33. — Installation générale d'une usine de zingage par le procédé Cowper Coles.

Supposons que le réservoir C soit vide, le flotteur oriente le robinet de façon à ce que l'air comprimé aille dans la cuve B et fasse monter le liquide, la soupape de retenue l'empêchant de revenir dans la cuve A. Lorsque le réservoir C est plein, le flotteur agit sur le robinet de façon à ce que l'air comprimé n'aille plus en B, qui se remplit alors du liquide accumulé en D. L'air comprimé est alors envoyé dans la cuve à électrolyse, de façon à maintenir la solution constamment agitée.

Laitonnage

Le laitonnage est le plus difficile des dépôts électro-chimiques, car il s'agit de précipiter simultanément deux métaux.

De plus, il faut que la répartition de ces métaux soit telle que la couleur de l'alliage obtenu corresponde à la couleur du laiton type composé de deux parties de cuivre pour une de zinc.

Dans le bain la composition est modifiée en raison de la séparation plus difficultueuse du zinc, et l'on emploie approximativement partie égale des deux métaux.

Les bains les plus employés sont les suivant :

Sulfite cuivreux...................... 12 gr. 5
Sulfite de zinc....................... 12 gr. 5
Cyanure de potassium............... 42 gr.
Eau (pour faire 1 litre)............. 980 cm³

Dissoudre la totalité du cyanure dans le sel de zinc, puis ajouter le sel de cuivre.

La résistivité de ce bain est de 18,7.

Autre formule :

Sulfitocyanure de cuivre et de potassium .... 25 gr.

Sulfitocyanure de zinc et de potassium .... 25 gr.
Eau (pour faire 1 litre environ)... 980 cm³
Résistivité 25,2.

Dissoudre les sels dans un peu d'eau et compléter par le volume normal.

D'une façon générale on peut employer les bains indiqués pour le cuivrage, mais à condition de remplacer la moitié du poids de cuivre en dissolution par la quantité correspondante de zinc.

Les anodes sont en laiton de composition courante. Si la marche est régulière, elles sont recouvertes d'un dépôt blanc de cyanure métallique.

Lorsque le dépôt est trop rouge sur les cathodes, il faut ajouter du sel de zinc (sulfitocyanure ou mélange de sulfite de zinc) et du cyanure de potassium en quantités équivalentes. En ajouter le dixième ou le vingtième de la quantité initiale.

S le dépôt est trop blanc, s'il est sillonné de taches rougeâtres ou noirâtres, ajouter du sel de cuivre dans les mêmes conditions.

Manque de dépôt, le dégagement gazeux abondant indique un excès de cyanure dans le bain, ajouter sous forme de bouillie un mélange de sulfite ou de cyanure de zinc et de cuivre.

Dépôt régulier, mais lent, recharger le bain avec 10 % environ des produits primitifs.

Laitonnage du fer et du zinc.

Les pièces à laitonner doivent être au préalable nettoyées avec soin, dégraissées, chaulées, puis passées au bain de cyanure.

Il est de beaucoup préférable de cuivrer très légèrement les pièces avant de les plonger dans le bain à laitonner.

Dans le cas où l'on veut éviter cette opération préliminaire, on commence par faire passer un faible courant dans le bain (0,1 ampère par décimètre carré) dans ces conditions le cuivre se dépose en excès et la pièce se teinte en rouge. Lorsqu'elle est régulièrement recouverte, on augmente la densité de courant que l'on porte à 0,4 ampère par décimètre carré environ. On doit augmenter la densité de courant jusqu'à ce que le dépôt prenne la teinte du laiton.

Si la pièce a été cuivrée un dépôt normal demande une heure environ, dans les autres cas il faut compter sur cinq à six heures pour avoir un dépôt d'épaisseur convenable.

La tension aux bornes du bain varie de 2 à 4 volts.

Nickelage

Le nickelage a pris une grande extension depuis 1870 grâce aux travaux de M. Gaiffe. Il s'applique surtout aux dépôts sur le fer afin de le préserver de l'oxydation.

Avant de mettre les pièces dans le bain on doit leur faire subir un nettoyage complet (dégraissage, décapage, fonçage), mais un polissage est de beaucoup préférable, ce qui rend le dépôt plus adhérent.

On arrive à d'excellents résultats en cuivrant au préalable les pièces à nickeler, puis passer ensuite si on le juge nécessaire en bain de cyanure. Le cuivrage au préalable facilite le dépôt de nickel et le rend plus adhérent, mais dans un atelier de nickelage bien outillé le cuivrage intermédiaire du fer semble inutile.

Les bains sont à base de sulfate de nickel, auxquels on ajoute, en général, du sulfate d'ammoniaque, mais l'anode soluble fondue ou laminée, se dissout difficilement, le bain s'enrichit en acide sulfurique ce qui donne un dépôt terne. Pour éviter cet inconvénient on ajoute de temps en temps du citrate d'ammoniaque ou un autre sel à acide organique. On peut neutraliser l'acide produit par le carbonate ou l'hydrate de nickel.

Lorsque le courant est trop ou pas assez intense le nickel se dépose sous forme de poudre noire ou grise, le dépôt est blanc, brillant ou mat si la marche du bain est normale. Au sortir du bain on lave dans l'eau et on sèche à la sciure de bois chaude.

Pour le nickelage on peut employer les bains suivants :

Eau distillée.............................. 1 litre
Sulfate double de nickel et d'ammoniaque .... 100 gr.
Dissolution à chaud filtrée après refroidissement.

Formule de Rozeleur :

Sulfite double de nickel et d'ammoniaque .... 40 gr.
Carbonate d'ammoniaque................ 30 gr.
Eau distillée........................... 1 litre

Formule de Weston :

Sulfate de nickel........................ 50 gr.
Acide borique........................... 17 gr.
Eau distillée........................... 1 litre

Formule de Stanhauser :

Azotate de nickel.....................	50 gr.
Bisulfite de soude....................	50 gr.
Chlorhydrate d'ammoniaque pur...	50 gr.
Eau distillée.........................	1 litre

Autre formule :

Sulfate de nickel pur...............	1.000 gr.
Tartrate d'ammoniaque neutre.....	725 gr.
Acide thannique à l'éther..........	5 gr.
Eau distillée......................	20 litres.

Les produits employés doivent être très purs.

Dans le cas de nickelage sur cuivre on doit passer au préalable la pièce dans le bain suivant :

Acide azotique	1 gr.
Acide sulfurique	2 gr.
Suie calcinée.......................	60 gr.
Chlorure de sodium.................	100 gr.

Laver ensuite à l'eau claire.

Rozeleur conseille de laisser plonger dans le bain pendant un certain temps une plaque de cuivre sacrifiée ce qui amorce le bain, car un bain neuf ne donne pas de bons résultats.

Le bain ainsi préparé donne des dépôts réguliers blancs et brillants.

Le fer, l'acier et la fonte brutes doivent être polis avec soin de façon à faire disparaître complètement les taches de rouille. On doit avoir des pièces très propres de manière à éviter un échec.

La durée de l'électrolyse dépend de l'épaisseur du dépôt que l'on veut avoir.

Une heure suffit pour un dépôt moyen. La f.e.m. nécessaire varie de 1 à 8 volts et l'inten-

sité de courant entre 0,3 et 1,6 ampère par décimètre carré de plaque.

Il est préférable de commencer avec une f.e.m.
de 4 à 5 volts et un courant de 1,3 à 1,4 ampère
par décimètre carré et de terminer avec une
f.e.m. de 1,6 à 2 volts et une densité de courant
de 0,2 à 0,3 ampère.

Nickelage des petits objets.

C'est le plus répandu, mais la main-d'œuvre
étant importante on a recours au tonneau tour-

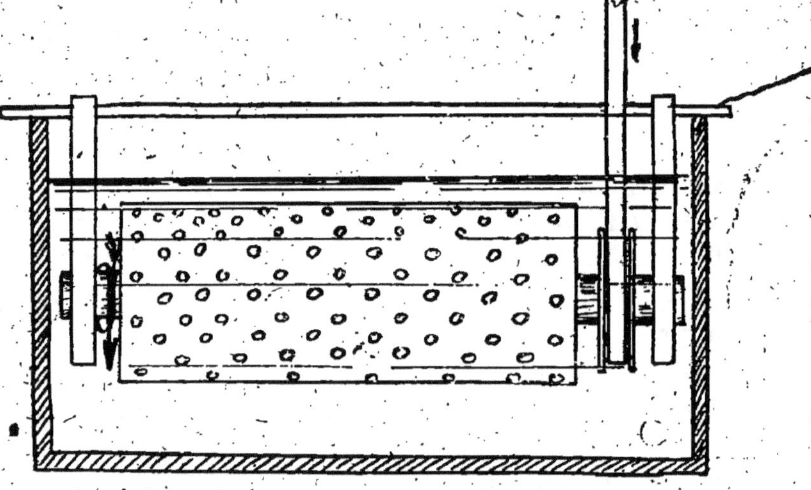

FIG. 34. — Appareil de Graner.

nant. Les objets étant en tas sont constamment
agités et le dépôt se fait régulièrement.

Tonneau Graner. — Ce tonneau se compose
d'une caisse hexagonale percée de trous et traversée par un axe métallique porté par des mon-
tants. Le système est animé d'un mouvement
de rotation par l'intermédiaire d'une poulie pouvant être animée de différentes vitesses. Le tonneau est sorti au moyen de cordes pour le remplissage et doit être rempli à moitié par les
objets à nickeler.

Le courant est amené au moyen de contacts intérieurs par la tringle de support. Les anodes sont placées sur les côtés de la cuve. Le bain légèrement alcalin a une densité de 8 à 10° Beaumé et une température de 15 à 16°.

La vitesse de rotation dépend des objets. Cette vitesse est de 50 à 60 t./m. pour les petits objets et de 5 à 8 tours pour les objets à surface plate ou les grands objets.

Un commutateur spécial permet de ne mettre en contact que les barres d'amenées et les objets à nickeler.

Appareil de Delval et Pascalis.

Le tonneau est à 9 faces et mobile. Les parois sont percées de trous. Les anodes sont exté-

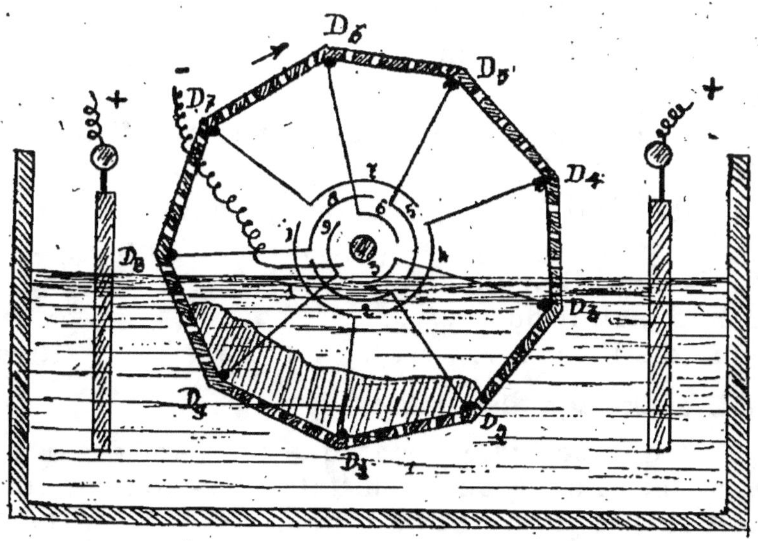

FIG. 35. — Tonneau de Delval et Pascalis.

rieures et les objets à nickeler forment la cathode, auxquels le courant est amené par des barres D1, D2, D3, etc., communiquant chacun avec une touche (1, 2. 3, etc.) d'un commutateur, et disposés de telle façon que 3 de ces touches soient en relation avec le pôle négatif de la source. Dans le cas présent les touches 9, 1 et 2 sont réunies à la source et communiquent aux barres D9, D1 et D2.

Le tonneau continuant à tourner, la touche 9 cessera le contact et sera remplacée par la touche 3, et ainsi de suite. Les objets sont entraînés dans le mouvement de rotation.

Le fonctionnement est identique au tonneau Graner.

Nickelage du zinc.

Le dégraissage du zinc se fait au moyen d'une bouillie claire de blanc de Meudon dans une solution de carbonate de soude. On peut soit aviver le zinc avant le nickelage, soit l'amalgamer.

On emploie le bain suivant avec une f.e.m. de 4 à 7 volts:

Sulfate double de nickel et d'ammoniaque .... 120 gr.
Carbonate d'ammoniaque............. 20 gr.
Acide sulfurique...................... 5 gr.
Eau distillée........................ 2 litres

Dénickelage des pièces.

Lorsqu'une pièce métallique présente des parties laissant à nu le métal sous-adjacent, on doit la décaper avant de la renickeler. *MM. Watt et Elmore* ont indiqué la formule :

Acide sulfurique................... 2 litres
Acide azotique...................... 250 gr.
Azotate de potasse (salpêtre)....... 25 gr.
Eau pure......................... 1/4 de litre

Mélanger d'abord les deux acides, puis verser doucement l'eau dans laquelle on a fait dissoudre le salpêtre. Plonger l'objet à dénickeler dans l'eau bouillante puis dans le bain, retirer de temps en temps et plonger chaque fois dans l'eau froide jusqu'à disparition du nickel. Rincer soigneusement à l'eau chaude, polir puis porter au bain de nickelage.

Les bains les plus employés dans l'électrolyse du nickel ont les compositions suivantes :

Typographie électrolytique.

	gr. par litre
Sulfate double de nickel et d'ammonium.	45
Sulfate de nickel	15
Chlorure de sodium	7,5

Nickelage. (Solution au sulfate double).

Sulfate double de nickel et d'ammonium.	90
Chlorure d'ammonium	22,5
Acide borique	15

Nickelage (Solution au sulfate simple).

Sulfate de nickel	120
Chlorure d'ammonium	22,5
Acide borique	15

Nickelage en solution chaude.

Sulfate de nickel	240
Chlorure de nickel	15
Acide borique	30

Nickelage sur zinc.

Sulfate de nickel	240
Chlorure de nickel	15
Acide borique	30
Citrate de soude	175

Etamage

L'étamage électrolytique présente le grand avantage sur l'étamage réalisé, en passant les objets dans un bain d'étain fondu, d'avoir un dépôt très régulier.

Les bains employés sont les suivants :

Chlorure stanneux cristallisé............ 20 gr.
Pyrophosphate de sodium cristallisé.... 60 gr.
Eau pour 1 litre environ................ 960 cm³

Ce bain est légèrement alcalin et doit être employé à une température voisine de l'ébullition.

Chlorure stanneux cristallisé.......... 25 gr.
Soude caustique........................ 40 gr.
Eau environ............................ 980 cm³

Lorsqu'on opère à froid, la densité de courant est de 0,32 à 0,3 ampères par décimètre carré ; à chaud l'opération se comporte bien mieux et la densité de courant est d'environ 1 ampère par décimètre carré.

L'addition de cyanure de potassium n'est recommandable que lorsque l'on opère à froid, à chaud celui-ci étant tout de suite décomposé.

Un procédé permettant d'obtenir un dépôt d'étain entre 90 et 100° avec anode en étain pur consiste à employer un bain contenant :

Soude ou potasse caustique............. 5 %
Nitrate d'étain........................ 1 %
Chlorure d'étain....................... 1 %
Borax .... 1 %
Gélatine .... 1 %
Eau .... 91 %

DÉSÉTAMAGE.

Le principe dû à Keith, fut appliqué par Goldschmidt, (1882) à Essen. Les déchets de fer

étamé sont placés dans des paniers immergés
dans de la soude caustique chauffée et formant
l'anode. Les cathodes sont formées par des plaques de fer.

L'application est assez difficile.

L'étain se dissout plus rapidement à l'anode
qu'il ne va à la cathode d'où appauvrissement
du bain en alcali et diminution du rendement.
L'électrolyte absorbe l'anhydride carbonique de
l'air.

Ce procédé demande une main-d'œuvre considérable et un très grand encombrement. Les
déchets, malgré les meilleures conditions de
fonctionnent, contiennent toujours à la sortie
du bain de 0,1 à 0,3 % d'étain, ce qui est une
des causes de refus par les aciéries Martin.

Argenture

On dégraisse les pièces et on les fait passer
dans une série de bain acidés (eau forte vieille,
eau forte neuve, acide à brillanter, acide à
mater) et l'objet ainsi préparé est plongé dans
un bain dit de dépôt, formé par une solution
de cyanure double d'argent et de potasse (100 gr.
de cyanure de potassium, 80 gr. d'argent dans
2 litres d'eau) qui se trouve facilement dans le
commerce. Les anodes solubles sont en argent,
l'objet forme la cathode et on l'anime d'un
mouvement de rotation afin de régulariser le
dépôt. La distance entre l'anode et la cathode
est de 12 cm. environ, le courant de 0,5 à 1 ampère sous une tension de 2 à 4 volts. La durée
de l'opération varie entre 3 heures et 8 heures.

Lorsque la marche de dépôt est régulière, le
dépôt d'argent est blanc, si le dépôt est noir on
doit diminuer l'intensité du courant. Les anodes

sont grises lorsque le courant agit normalement, si elles blanchissent il faut ajouter du cyanure d'argent, si elles noircissent du cyanure de potassium.

La richesse d'un bain doit être maintenue en ajoutant de temps en temps une solution de 50 gr. de cyanure d'argent et 50 gr. de cyanure de potassium dans un litre d'eau.

On peut désargenter un objet en le trempant dans une solution de 100 gr. d'acide sulfurique et 10 gr. d'acide azotique (40° B.).

Les pièces sorties du bain sont polies au moyen d'un drap ou d'une brosse frottée au rouge d'angleterre.

Pour donner une apparence de vieil argent on enduit l'objet d'une bouillie claire d'ocre rouge et de plombagine finement pulvérisée et délayée dans de l'essence de térébenthine. Une fois sec on frotte avec une brosse. Cette préparation ne donne pas de très bons résultats et ne sert qu'à exagérer les reliefs, aussi préfère-t-on passer sur la pièce un pinceau trempé dans la solution suivante :

Sel ammoniac.............................. 20 gr.
Salpêtre .... 10 gr.
Sulfate de cuivre......................... 20 gr.

Le tout dissous dans une quantité convenable d'acide acétique. Enlever le surplus à la brosse une fois sec.

Dorure

La dorure a été découverte par Ruolz et Elkington, en même temps que l'argenture, et peut se faire à froid ou à chaud vers 60-70° (cette dernière méthode étant préférable), et généralement avec une anode insoluble ordinairement en platine, le courant est réglé en enfonçant plus ou moins l'anode ou au moyen d'un rhéostat.

Les objets à dorer sont au préalable nettoyés comme il a été indiqué plus haut.

On peut employer l'électrolyte suivant :

Dissoudre 1 gr. d'or dans de l'eau régale, évaporer à sec, reprendre par l'eau, on a une solution de chlorure d'or qui par l'addition d'ammoniaque donne un précipité d'or fulminant que l'on mélange humide à 10 gr. de carbonate de potasse et 3 gr. de cyanure de potassium dans 300 cm³ d'eau distillée. Faire bouillir pendant une heure environ de façon à avoir, en ajoutant de l'eau, un litre de solution.

On peut aussi employer le bain suivant :

Prussiate jaune de potasse.. 20 gr.
Carbonate de potasse....... 15 gr.
Sel ammoniac.............. 5 gr.
Chlorure d'or............. 11 gr. 5
Eau distillée.............. 1 litre (1.000 gr.)

Les trois premiers produits sont dissous dans un litre d'eau bouillante et après avoir filtré on ajoute au mélange refroidi le chlorure d'or dissous dans un peu d'eau.

La méthode à froid demande quelques précautions, aussi doit-on procéder avec lenteur. Les indications suivantes permettent de se rendre compte de la marche du bain :

Dorure jaune, marche normale.

Dorure rouge ou noirâtre, courant trop intense.

La face opposée à l'anode se dédore, bain ou courant trop faible. Si le bain est trop faible, on ajoute soit du chlorure d'or, soit du cyanure de potassium.

DORURE A CHAUD.

On peut employer la préparation suivante :

1re Solution : Dissoudre dans 700 gr. d'eau distillée 60 gr. de phosphate de soude.

2° Solution : Dissoudre dans 150 gr. d'eau 10 gr. de bisulfite de soude et 1 gr. de cyanure de potassium.

3° Solution : Dissoudre dans 150 gr. d'eau 2 gr. 5 de chlorure d'or.

Mélanger peu à peu les deux premières solutions, puis ajouter la troisième, puis chauffer au bain-marie, à feu doux de façon à avoir une température de 60 à 80° pour l'électrolyte.

On modifie la nuance de la dorure en plongeant plus ou moins la lame de platine. Celle-ci sera pâle si l'anode plonge peu et or rouge si elle plonge beaucoup. De cette façon on pourra avoir le ton désiré.

D'après M. de Graffigny on peut employer pour la dorure à chaud les bains suivants :

Phosphate de soude...................... 300 gr.
Bisulfite de soude..................... 50 gr.
Cyanure de potassium.............. 5 gr.
Chlorure d'or....................... 5 gr.
Eau distillée........................ 5 gr.

Dissoudre d'abord le phosphate dans 3 litres d'eau, le chlorure dans 1 litre, le bisulfite et le cyanure dans 1 litre ; mélanger les deux premières solutions et ajouter la troisième.

Pour la dorure du cuivre et de l'argent, on emploie la solution :

Phosphate de soude.................. 60 gr.
Chlorure d'or....................... 1 gr.
Cyanure de potassium.............. 1 gr.
Bisulfite de soude................... 10 gr.

Dissoudre le phosphate dans 800 cm³ d'eau chaude, le chlorure dans 100 cm³ et, d'autre part, le cyanure et le bisulfite dans la même quantité d'eau. Mélanger les deux premières solutions, puis la troisième et amener le tout à 1 litre par un appoint d'eau distillée.

Pour la dorure au tremper, on constitue un bain léger que l'on porte à la température de l'ébullition, et qui peut être régénéré à quatre ou cinq reprises différentes par l'adjonction de 5 gr. de chlorure d'or sans addition d'autres substances. On l'entretient ensuite et son usage est presque indéfini. Ce bain peut fournir 4 kg. de bijouterie dorée par gramme d'or employé.

Sa composition est la suivante :

Bicarbonate de potasse ....   200 gr.
Potasse caustique............... 1.150 gr.
Cyanure de potassium..........   90 gr.
Chlorure d'or...................   10 gr.
Eau distillée...................   10 litres

On peut obtenir la dorure de couleur de la façon suivante :

Teinte verte : ajouter au bain du nitrate d'argent très étendu.

Teinte rose : ajouter au bain un mélange de bains d'or, d'argent et de cuivre très étendu.

Teinte rouge : ajouter au bain un sel de cuivre étendu.

Platinage

Le platinage n'est pas très employé, et son utilisation se trouve actuellement limitée à quelques appareils de laboratoire.

Seul le bain de Roseleur est employé. Ce bain se compose de :

Chlorure de platine.............. 8 gr.
Phosphate d'ammonium.......... 50 gr.
Phosphate de sodium............ 250 gr.
Eau environ.................... 820 cm³

Dissoudre le chlorure de platine dans 100 cm³ d'eau et verser dans le phosphate d'ammonium dissous dans 400 cm³ d'eau, il se forme un abondant précipité qui disparaît en ajoutant le phosphate de sodium dissous dans 500 cm³ d'eau.

La température du bain est de 70 à 80°, et la densité de courant de 1 ampère à 1,5 ampères par décimètre carré.

Bain de platinage noir. — Employé pour la préparation des électrodes destinées à la mesure des conductibilités des liquides.

On emploie le bain :

Chlorure de platine.............. 4 gr.
Eau .... 100 cm³

On ajoute quelquefois 0 gr. 04 d'acétate de plomb.

Pour avoir un bon platinage la densité de courant doit être élevée.

Les électrodes doivent être rapprochées.

Damasquinage électrochimique

M. Fontaine indique le procédé suivant :

Exécuter le dessin à la gouache sur l'objet à incruster, ce qui permet de juger de l'effet obtenu. Ceci fait, éponger au moyen d'un verni inattaquable aux acides et aux alcalis les parties qui ne sont pas blanches, et plonger l'objet dans un bain d'eau faiblement acidulé. Le sel de plomb de la gouache se dissout et le métal est attaqué Lorsque l'on juge la profondeur suffisante, on rince plusieurs fois à l'eau, et on porte immédiatement après la pièce dans le bain d'or ou d'argent, le métal se dépose dans les creux et adhère parfaitement. On peut ainsi remplir les creux avec des métaux différents, en plongeant successivement la pièce dans plusieurs bains, les creux ne devant pas être remplis par le métal contenu dans un bain, étant protégés par un vernis.

La pièce est ensuite polie de façon à faire disparaître l'excès de métal jusqu'à effleurement des surfaces.

Pour la niellure on laisse un peu plus longtemps la pièce dans le bain d'acide sulfurique, puis on applique le sulfure dans les creux, et la pièce est mise dans un four de manière à ce que le sulfure puisse entrer en fusion. Quand la plaque est refroidie, on la polit ; la gravure apparaît alors en traits noirs de sulfure sur fond blanc de la plaque d'argent, ou jaune de la plaque d'or ou dorée.

La damasquinure est très employée par l'industrie et l'armurerie.

Electrotypie

L'électrotypie a pour but la reproduction de gravures sur zinc, cuivre, etc... ou de planches typographiques.

M. Portevin découvrit que la gélatine bichromatée devient insoluble sous l'action de la lumière. Après avoir exposé à la lumière, derrière un cliché photographique, une couche de gélatine bichromatée, que l'on plonge ensuite dans l'eau ; cette couche ne gonfle plus au contact de l'eau qu'aux endroits non éclairés. On a donc la possibilité d'obtenir le relief correspondant aux données du cliché. Ce principe a été modifié de plusieurs façons par les industries d'art.

Si on fait directement le tirage sur planche, celle-ci serait vite écrasée par la presse et rapidement hors d'usage. L'original est alors reproduit, autant de fois qu'il est nécessaire, sur un métal, qui, plus résistant sera employé au tirage. Le moulage se fait à la gutta.

Le produit qui semble donner de meilleurs résultats pour un bon moulage est la cérésine (cire minérale ou ozokérite).

Une fois fixé sur le produit choisi pour le moulage on en recouvre la planche à reproduire, en ayant ramolli au préalable le produit qui est maintenu par un cadre en bois. Le tout est ensuite soumis à l'action de la presse.

Le moule ainsi préparé est ensuite métallisé et porté dans la cuve à électrolyse. Une demi-journée est suffisante, car l'épreuve très mince est renforcée sur l'envers par une épaisseur de plomb-antimoine.

Electrogravure

Le procédé par érosion consiste à employer la planche, recouverte de cire ou de laque, et dont les parties à enlever ont été mises à nu, comme anode. L'électrolyte est à base de sulfate de cuivre, pour le cuivre.

Les traits obtenus sont très nets et il n'y a pas de rongeage sous la cire.

Les reproductions obtenues sont analogues aux planches d'eau-fortes.

Dans le cas de planches en acier, l'électrolyte employé est une solution de chlorhydrate d'ammoniaque.

Ces procédés sont employés en cartographie.

Description d'une installation type

Dans toute installation galvanoplastique, il est préférable d'avoir un tableau général et un tableau par série de cuves, traitant le même métal.

Un tableau général T comprend :

Un interrupteur général I_1 permettant de couper le courant ou de le mettre sur le circuit. Cet interrupteur peut comporter des fusibles.

Un ampèremètre A indiquant l'intensité circulant dans le circuit.

Un voltmètre V donnant la tension au départ.

Un limiteur de courant D coupant automatiquement le courant si celui-ci atteint une valeur exagérée (cas de court-circuit).

Un rhéostat d'excitation est réuni au circuit inducteur de la génératrice et permet de faire varier la tension de la dynamo, et par suite, le débit.

Un interrupteur i permet de couper ou de mettre la batterie d'accumulateurs en circuit. Un réducteur R permet de faire varier le nombre d'éléments et, par suite, la tension.

Pour chaque série de cuves de même nature, des tableaux t_2, t_3, etc., sont disposés entre le circuit principal et les cuves. Chaque tableau comprend :

1 interrupteur (I_2, I_3) permettant de mettre hors circuit une série de cuves.

1 ampèremètre (A) permettant de surveiller la marche de l'électrolyse.

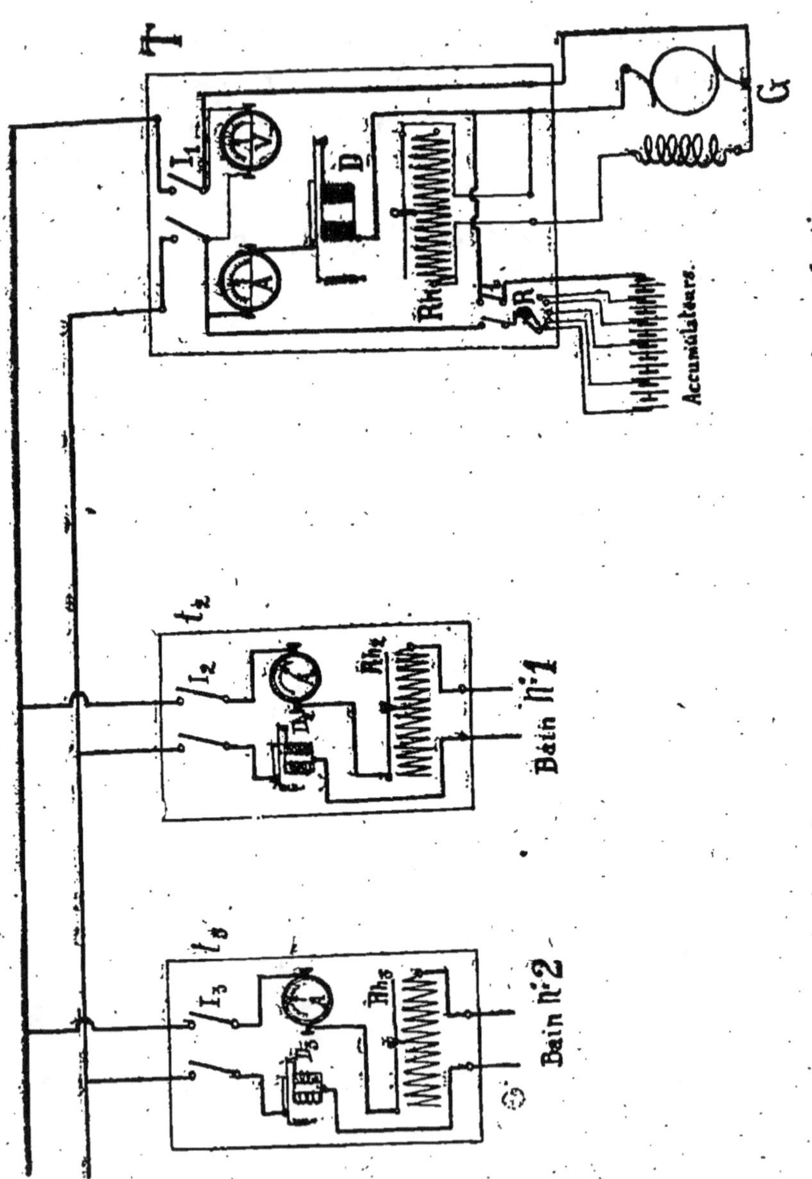

Fig. 36. — Schéma d'une installation pour la galvanoplastie.

Un limiteur de courant à maxima (D_2, D_3) rompant automatiquement le courant en cas de court-circuit ou de courant exagéré.

Un rhéostat (Rh_2, Rh_3) permettant de régler la valeur du courant.

Un tel dispositif permet :

1° De marcher avec la dynamo seule ;

2° De marcher avec la dynamo et les accumulateurs en tampon ;

3° De marcher avec les accumulateurs seuls ;

4° De charger les accumulateurs seuls ;

1° *Marche avec la dynamo.* — Pour cela on s'assure si l'interrupteur i est coupé, on ferme le disjoncteur D, on enclanche l'interrupteur I, et on excite la génératrice G au moyen du rhéostat Rh. On met en circuit les bains, et on règle la valeur du courant, soit par le rhéostat d'excitation, soit par les rhéostats Rh_2, Rh_3, etc., des tableaux t_2, t_3, etc.

2° *Marche avec les accumulateurs en tampon.* — On opère les manœuvres précédentes, l'interrupteur i étant fermé. La tension de la batterie étant inférieure à celle de la dynamo (ce que l'on peut obtenir au moyen du réducteur R). 2 cas peuvent se présenter :

a) La puissance demandée par les bacs est inférieure à celle fournie par la génératrice. Dans ce cas, les accumulateurs absorbent l'exédent de la puissance, et se chargent.

b) La puissance demandée est supérieure à celle fournie par la génératrice. Dans ce cas le surplus sera fourni par la batterie.

3° *Marche avec les accumulateurs seuls.* — On déclanche le disjonteur D, et on ferme les interrupteurs I$_1$ et i, la tension de la batterie étant réglée au moyen du réducteur R.

4° *Charge des accumulateurs.* — On ouvre

l'interrupteur I_1, l'interrupteur i étant fermé ainsi que le disjoncteur, la génératrice est branchée sur les accumulateurs, et ceux-ci se chargent.

La batterie d'accumulateurs a le gros avantage d'éviter aucune interruption dans la marche des opérations, même si une panne de courant se produit sur le réseau.

CHAPITRE VIII

OZONE

Historique

En 1781, van Marum avait remarqué que l'oxygène renfermé dans un tube en verre, et soumis à l'action d'étincelles électriques, acquiert une odeur particulière et possède la propriété de se combiner avec le mercure à la température ordinaire. L'ozone fut alors considéré comme une formation accidentelle due à l'électricité. Cette expérience était oubliée, lorsque en 1840, Schœnbein a fait connaître les propriétés de ce gaz, qu'il appela ozone (je sens), à cause de son odeur particulière, et a appelé l'attention sur le rôle qu'il peut jouer dans l'atmosphère.

Becquerel et Fiémy ont montré que l'ozone est une modification allotropique de l'oxygène et possède des propriétés oxydantes.

Il n'y a guère qu'une vingtaine d'années que l'ozone reçut une application industrielle comme bactéricide, comme agent de blanchiment et surtout, comme agent de synthèse.

A l'heure actuelle, l'ozone est d'un usage courant, d'une production facile et d'un prix de revient relativement bas, grâce à des appareils automatiques et peu encombrants.

Le premier ozoneur construit en 1890, par Berthelot, donnait à peine 1 gramme d'ozone par kw./h., mais, depuis, d'importants progrès furent faits.

D'après les recherches de Warburg (1908) les appareils ayant le meilleur rendement seraient les appareils à effluves en nappes pour lesquels le courant alternatif à haute tension est le plus satisfaisant.

Appareils producteurs

Ozoneur Siémens (1908).

C'est un ozoneur à diélectrique unique, concentrique, à une électrode métallique.

Un courant d'air circule de bas en haut dans des caisses en fonte. Un compartiment C contient de l'eau en circulation, agissant à la fois comme électrode et comme réfrigérant. Une tuyauterie T réunit tous les compartiments et se trouve réunie à un pôle du transformateur, avec mise à la terre intermédiaire. Chaque cais-

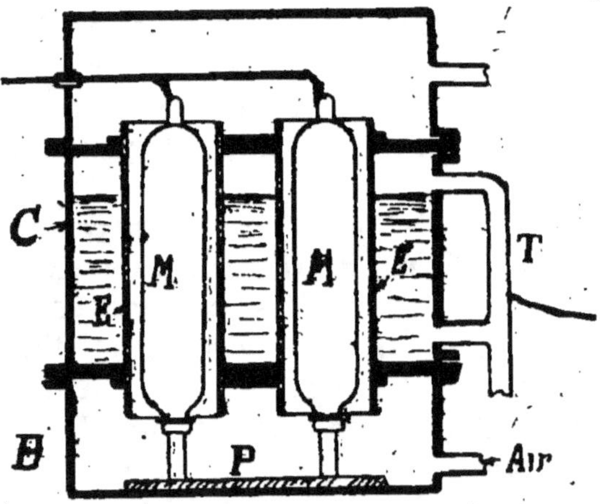

Fig. 37. — Ozoneur Siemens.

se contient 4 rangées de tubes E en verre et scellés dans le fond des compartiments C.

Des manchons M en aluminium, isolés à l'aide de tiges en verre posant sur la plaque P placée au fond du couvercle inférieur B, forment les électrodes. Le courant d'air sec passe dans l'intervalle ménagé entre les électrodes M et le tube en verre E et sort à la partie supérieure.

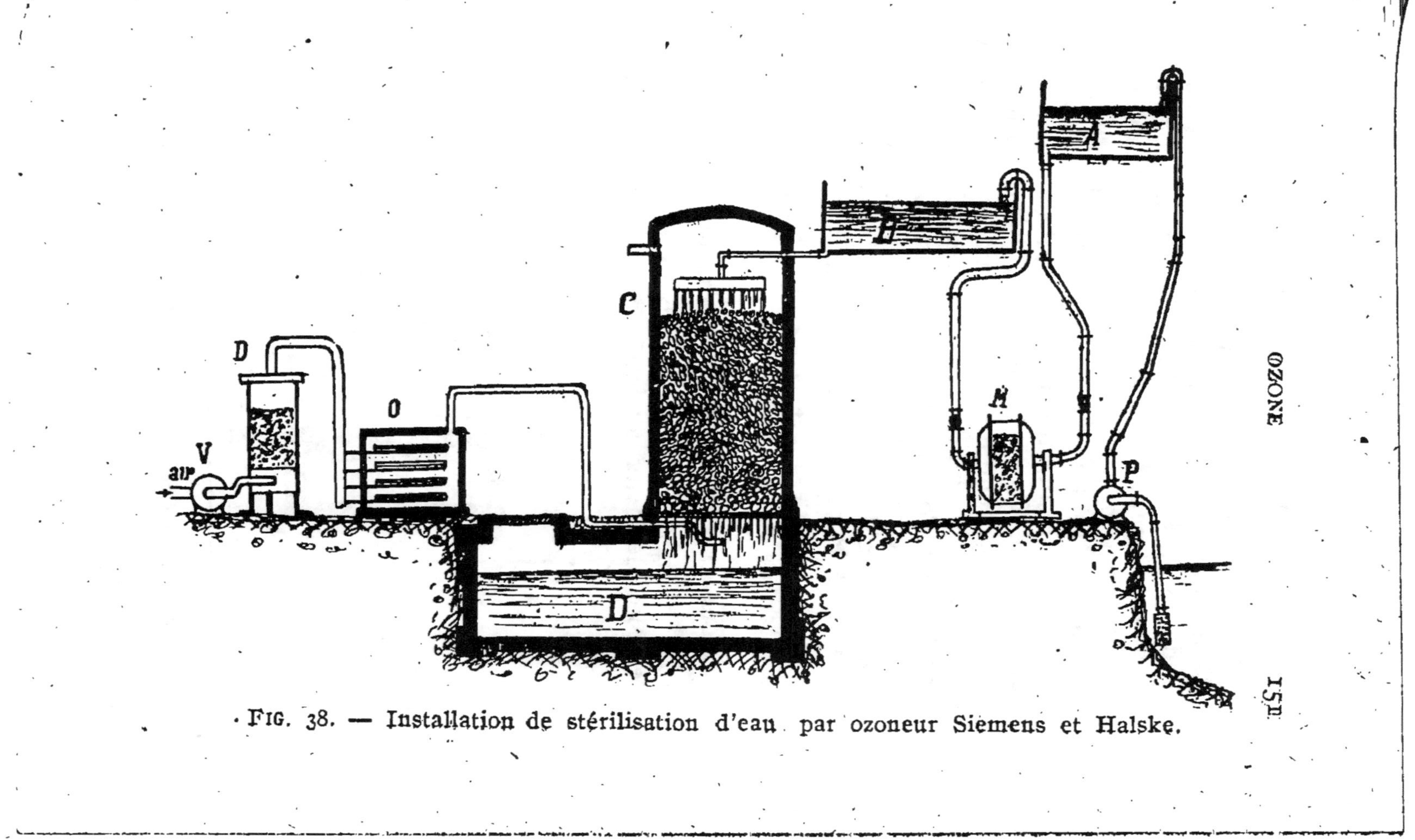

FIG. 38. — Installation de stérilisation d'eau par ozoneur Siemens et Halske.

Les installations Siémens de stérilisation d'eau, dont les principales sont à Wiesbaden, Paderborn, Kieff et Martinikenfeld, comprennent une pompe à eau P, un réservoir d'eau brute A, un système de filtration mécanique M pour écarter les sables et autres matières en suspension dans l'eau, un réservoir d'eau filtrée B, une colonne Gay-Lussac C, en béton armé ou en briques, remplie de cailloux cassés. Cette tour reçoit le liquide à stériliser par le haut, tandis que l'ozone arrive au bas. L'air est aspiré par un ventilateur V, passe dans une tour à coke au chlorure de chaux et à chaux vive, et se rend à la colonne Gay-Lussac.

L'eau stérilisée est recueillie dans une citerne étanche D.

Ozoneurs Otlto, Marnier, Abraham.

Le principe de ces appareils repose sur l'emploi de deux surfaces diélectriques planes

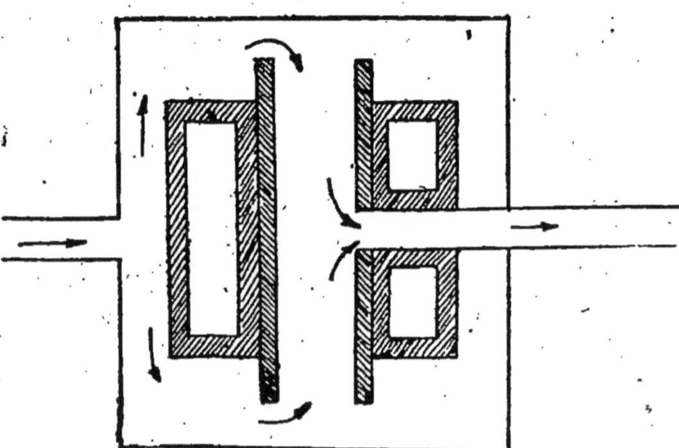

FIG. 39. — Ozoneur Otlto, Marnier, Abraham.

constituées par des glaces rappelant la forme d'un condensateur plan et dont une est percée au milieu pour permettre l'aspiration de l'air à travers l'une des électrodes.

A l'intérieur des électrodes est établie une circulation d'eau servant au refroidissement.

Ozoneur Gérard.

L'air monte entre deux diélectriques de forme cylindrique, immergés dans l'huile, qui baigne l'électrode externe. Les tubes sont évasés vers le haut de façon à éviter les courts-circuits.

Ozoneur de la Société Française de l'industrie chimique.

Une feuille d'aluminium repose horizontalement sur une plaque d'ardoise. Une feuille

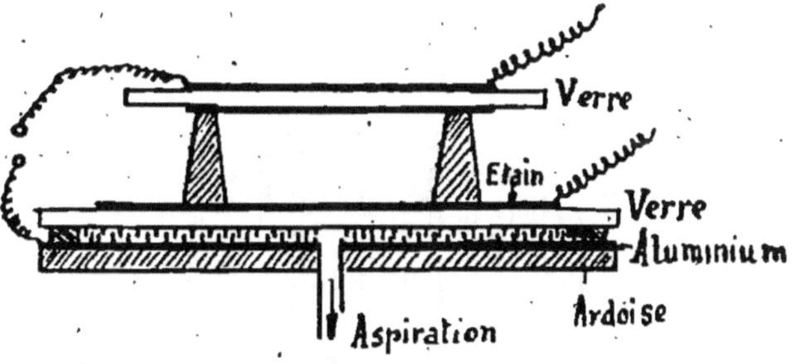

FIG. 40. — Ozoneur de Courbevoie.

d'étain de 1 mètre de côté collée sur la face supérieure d'une plaque en verre de 6 m./m. d'épaisseur est placée à 3 m./m. au-dessus de la première. De petites cales en verres maintiennent l'écartement. L'effluve jaillit dans le petit espace d'air de 3 m./m. La plaque d'aluminium et le bloc d'ardoise sont percés au milieu d'un trou servant à l'aspiration de l'air ozoné.

Un condensateur constitué par 2 feuilles d'étain de 60 × 60 cm. collées sur les 2 faces d'une plaque en verre de 6 m./m., à une feuille réunie à la source, l'autre à la plaque d'aluminium par l'intermédiaire d'un éclateur, permet d'avoir une étincelle oscillante. On a donc une effluve oscillante.

On compte sur 35 à 40 kw. par kg. d'ozone produit.

Appareils Tindal, Schneller, Vanderslein.

Ces ozoneurs sont des appareils à aigrettes produites entre brosses et surfaces métalliques. Une résistance liquide constituée par un mélange de glycérine et d'eau permet d'éviter les décharges diruptives.

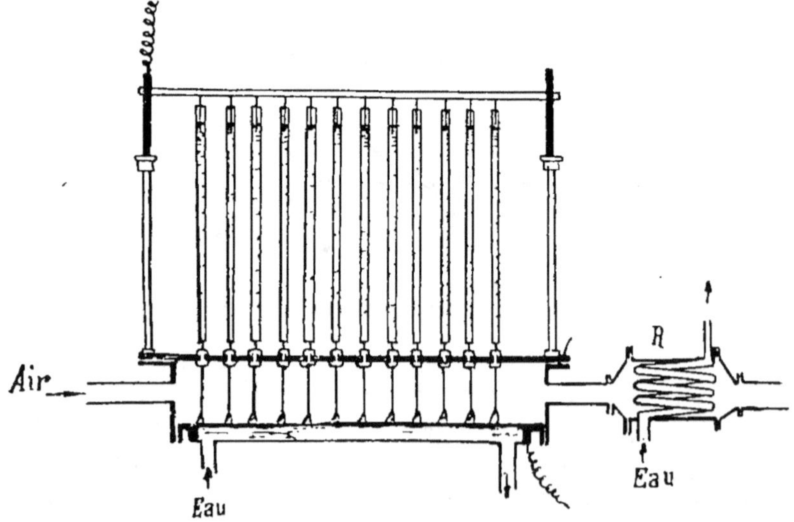

FIG. 41. — Ozoneur Tindal, Schneller, Vanderslein.

L'appareil contient deux gaines métalliques demi-circulaires, constituant une électrode, entre lesquelles circule de l'eau froide servant au refroidissement. L'autre électrode est formée par des brosses demi-circulaires. L'air passe à travers les aigrettes où il se charge d'ozone. Plusieurs caisses sont montées en série. Entre les ozoneurs est disposé un réfrigérant.

Le rendement de cet appareil n'atteint guère que 7 grammes par kilowatt-heure.

Ozoneur Chadefaux.

Ces appareils destinés aux inhalations comportent une machine électrostatique à influence dans laquelle un disque est fixé et l'autre animé d'un mouvement de rotation. Une soufflerie aspire l'air extérieur et le projette contre les disques.

L'air ozoné se dégage. L'appareil est renfermé dans une boîte et comporte une ouverture sur laquelle le malade applique sa bouche.

Ozoneur Sharp.

C'est un vase ovoïde en matière isolante formé en deux parties, qui se vissent. Une extrémité se termine par une embouchure destinée à recevoir la bouche du malade à traiter, l'autre est plate et percée de deux ouvertures. La surface intérieure est recouverte d'une mince couche métallique recouverte de dents. Le vase contient une électrode hémisphérique hérissée de pointes et reposant sur un support métallique réuni à un pôle de la source. L'air circulant à l'intérieur du récipient est ozoné entre les pointes et l'électrode, et aspiré par le malade.

Applications de l'ozone

STÉRILISATION DES EAUX.

L'ozone est considéré comme le moyen idéal pour la destruction des microbes pathogènes. La destruction des germes étant rapide, et l'ozone dissous disparaissant rapidement, on retrouve l'eau telle qu'elle était avant d'être débarrassée des microbes.

STÉRILISATION DE L'AIR.

La stérilisation de l'air par l'ozone est appliquée soit à la ventilation des édifices habités, soit à la désinfection des locaux. L'ozone peut être appliqué pour la stérilisation de bandages ou d'objets de pansements.

APPLICATION EN THÉRAPEUTIQUE.

L'ozone est un remède efficace contre la tuberculose. Il peut être employé sous forme d'inhalation. (Appareil Sharp ou Chadefaux).

APPLICATION A LA FABRICATION DES PARFUMS.

L'air ozoné est employé à l'usine de Courbevoie (Société française de l'industrie chimique) à la fabrication du pipéronal connu, en parfumerie, sous le nom d'héliotropine, obtenu par oxydation de l'isosafrol, de l'aldéhyde anistique ou aubépine (nom commercial) obtenu par oxydation de l'essence d'anis.

APPLICATION A LA FABRICATION DE LA VANILLINE.

On chauffe l'essence de clous de girofle, avec de la potasse en solution aqueuse, à l'aide de vapeur, afin de séparer par distillation certaines impuretés de la masse cristalline d'eugénate de potasse. L'eugénate de potasse est ensuite chauffé à une température de 300° avec un excès de potasse, ce qui produit l'isomérisation. Un traitement par l'acide sulfurique permet de séparer l'isoeugénol.

Ce produit est ensuite oxydé dans des barboteurs à aspiration dans lesquels circule l'ozone. On ne cherche pas à avoir une oxydation complète afin d'éviter la formation de trop grandes quantités de matières résineuses.

L'expérience permet de déterminer le degré d'oxydation à atteindre afin d'avoir le meilleur rendement économique. La vanilline est isolée par la combinaison bisulfique ordinaire. Une distillation dans le vide du liquide isolé du composé bisulfique permet la récupération de l'isoeugénol non altéré. Le résidu de la distillation, constitué par des résines, est utilisé par les fabricants de vernis.

La combinaissn bisulfique, décomposée par l'acide sulfurique, permet de dissoudre la vanilline dans la benzine et une cristallisation dans le vide donne la vanilline brute, que l'on purifie par plusieurs cristallisations dans l'eau.

Le rendement est d'environ 1 kg. de vanilline par 50 kg de clous de girofle.

Ce procédé est employé à l'usine de Courbevoie.

Des traces de vanilline suffisent pour donner l'odeur caractéristique de la vanille.

APPLICATION AUX BRASSERIES.

L'ozone active la fermentation normale et supprime les réactions parasites. Il permet en outre d'augmenter le rendement de la fermentation.

APPLICATION AUX INDUSTRIES DE L'ALCOOL ET DES VINS.

L'ozone sert à vieillir les alcools et les vins sans altération, et sert à la décoloration. Il détruit dans les produits distillés les odeurs empyreumatiques.

La stérilisation des tonneaux par l'ozone commence à être employée avec succès.

APPLICATION A L'INDUSTRIE DES MATIÈRES GRASSES.

Les huiles de coton ont la couleur et la saveur transformées par l'ozone, ce qui en permet l'emploi comme huiles alimentaires et comme succédanés de la margarine. Il en est de même de toutes les huiles d'origine végétale ou minérale.

Le rancissement des graisses d'origine animale est évité par l'ozone, et sont décolorées et blanchies. Leur consistance s'accroît, et le rendement, au point de vue de la saponification, augmente.

APPLICATION AUX SUCRES, FARINES, CÉRÉALES ET AMIDON.

L'ozone intervient dans la décoloration des jus sucrés, le blanchiment des cristaux de sucre, des farines, de l'amidon. Il assure en outre la purification des céréales en détruisant les champignons parasites.

L'ozone sert en outre au blanchiment des dentelles et plumes d'autruche, en laissant la souplesse et le ton naturel sans qu'on ait à craindre les effets corrosifs des blanchiments chimiques.

APPLICATION AU BLANCHIMENT.

L'ozone est utilisé dans les buanderies mécaniques au blanchiment du linge et à sa stérilisation.

APPLICATION A LA MÉTALLURGIE

L'ozone agit comme oxydant, ce qui permet le traitement des minerais très pauvres, et à des teneurs si basses qu'ils étaient jusqu'à maintenant abandonnés.

DEUXIÈME PARTIE

FOURS ÉLECTRIQUES

FOURS ÉLECTRIQUES EMPLOYÉS EN ÉLECTROCHIMIE ET EN ÉLECTROMÉTALLURGIE. — CONSTRUCTION DES FOURS. — ELECTROMÉTALLURGIE DES MÉTAUX. — FONTES ET ACIERS ÉLECTRIQUES. — FERRO-ALLIAGES. — COMPOSÉS MÉTALLIQUES. — PRODUITS NITRÉS SYNTHÉTIQUES. — COMPOSÉS DIVERS.

CHAPITRE I

FOURS ÉLECTRIQUES
EMPLOYÉS EN ÉLECTROCHIMIE
ET EN ÉLECTROMÉTALLURGIE

Historique

L'électrochimie, qui met en jeu la chaleur produite par l'électricité, est de date relativement récente, bien que les principes fondamentaux remontent à Davy (1813).

En 1853, Pichon imagina un creuset dans lequel 2 plaques de charbon disposées en regard étaient reliées aux bornes d'une pile très puissante. Mais les génératrices de courant étant encore inconnues, la fusion d'un produit était irréalisable. La dépense d'énergie étant importante, les piles ne pouvaient suffire.

Ce n'est qu'en 1878, qu'apparurent les premiers fours construits par la firme allemande Siemens et Halske. En 1890, Moissan se livra à une étude approfondie sur ceux-ci.

C'est à peu près à cette époque qu'en France MM. Héroult, Minet et Bullier organisèrent les premières usines de fabrication de l'aluminium et du carbure de calcium.

A l'étranger, Readman, Parker, Robinson, Girard et Street, réalisèrent la préparation du charbon graphitique et du phosphore. Acheson obtenait le carborundum, Goldschmist réalisait la soudure électrique.

Depuis, de nombreux fours ont ensuite vu le jour, ainsi que la perfection des fabrications et les mises au point donnèrent à l'industrie électrochimique et électrométallurgique, un nouvel essor.

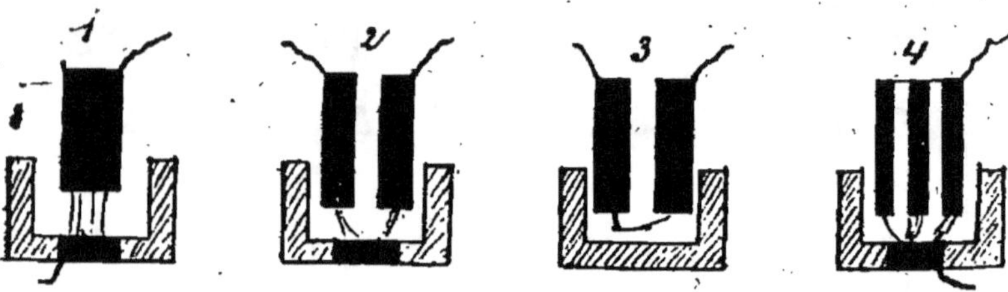

FIG. 42 à 46. — *Fours à courant alternatif monophasé ou courant continu.*

1. Four à 1 électrode verticale et 1 électrode (sole) fixe. — 2. Four à 2 électrodes verticales mobiles et sole conductrice. — 3. Four à 2 électrodes verticales et sole non conductrice. — 4. Four à plusieurs électrodes verticales et sole conductrice.

Les fours électriques peuvent se classer en 3 grands groupes :
Les fours à arc.
Les fours à résistances.
Les fours à induction.

Four à arc.

La chaleur est produite par un arc jaillissant entre 2 ou plusieurs électrodes, et échauffe le gaz ou les matières environnantes. Entre les électrodes en charbon on obtient les plus hautes températures (au voisinage de 3.500°). La plus grande partie, et presque la totalité de la chaleur dégagée se trouve transmise par radiation à la matière à chauffer.

Les fours à arc se divisent en plusieurs classes :

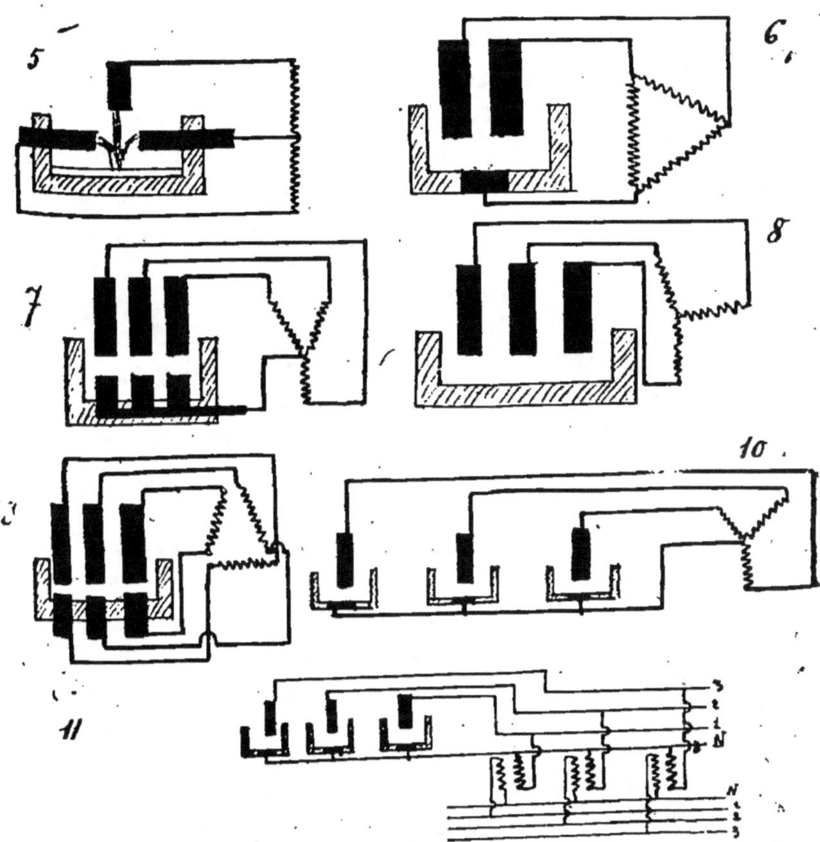

FIG. 47 à 53. — *Fours à courant alternatif diphasé ou triphasé.*

5. Four diphasé en fleur de lys. — 6. Four à 2 électrodes mobiles et sole conductrice. — 7. Four à 3 électrodes mobiles et point neutre à la sole. — 8. Four à 3 électrodes mobiles et sole non conductrice. — 9. Four à 6 électrodes et point neutre décomposé. — 10. Montage de 3 fours monophasés sur distribution triphasée. — 11. Même montage, mais avec le fil neutre aux soles.

Four à étincelle.

Des électrodes formées par des points métalliques sont disposées les unes sur un tambour, les autres sur un cylindre concentrique à ce tambour. Par suite de la rotation du cylindre, le contact entre ces électrodes de polarité différente, s'amorce, s'allonge puis se trouve coupé, la pointe suivante amorce de nouveau un arc et ainsi de suite. Ce dispositif n'est presque plus employé à l'heure actuelle.

Four à arc horizontal.

L'arc est produit entre deux électrodes en charbon placées horizontalement. Le mouvement d'air chaud soulevant la flamme lui a valu le nom d'arc voltaïque. C'est le principe utilisé dans les fours Stassano, Billon-Daguerre, Girard et Street, etc.

Four à arcs verticaux et hélicoïdaux.

Entre deux électrodes verticales placées dans le prolongement l'une de l'autre, il se produit un arc, si la tension est suffisante pour l'amorcer, et présente l'aspect d'une colonne lumineuse. En faisant arriver à la base un courant gazeux, l'arc est animé d'un mouvement hélicoïdal facilitant son contact avec le gaz.

Ce dispositif est employé dans le four Schönherr.

Four à arc en éventail.

On fait jaillir un arc entre deux électrodes en V, l'arc a tendance à monter, et si la tension est suffisante, continu à s'épanouir. Les fours Guye et Pauhing utilisent un dispositif de ce genre.

Four à arc en disque.

Si l'on emploie le courant continu, l'arc, jaillissant entre deux électrodes disposées perpendiculairement à un champ magnétique produit par un fort électro-aimant, prend la forme d'un demi disque.

Si l'on inverse le sens du courant, le demi-disque prend une position symétrique à la première. Avec du courant alternatif, l'arc présente la forme d'un disque complet, ce qui permet d'utiliser des arcs de grande puissance.

Les électrodes sont généralement en cuivre refroidies par une circulation d'eau. C'est la base du procédé Birkeland Eyde.

Fours à arcs rotatifs.

Si l'on place deux électrodes cylindriques coaxiales de façon à ce que leur axe commun soit dans le même sens que les lignes de force d'un champ magnétique, l'arc produit prend un mouvement de rotation dont la vitesse dépend de la valeur du champ. (Four Mocscki et certains fours Ferranti).

Four à arc en fleur de lys.

Si l'on alimente trois électrodes dont deux horizontales et une verticale, l'arc, engendré sous l'action du flux magnétique, a sa flamme

FIG. 54. — Four à arc rotatif en fleur de lys.

déviée vers le bas, et présente la forme d'une fleur de lys. (Four Rennerfeld).

Ce système permet de diriger la flamme vers un point déterminé.

Types divers.

On peut, soit faire jaillir l'arc au-dessus de la matière à traiter (fig. 55) soit entre une électrode

FIG. 55. — Arc au-dessus de la matière.

et la matière à traiter (fig. 56), qui est le type de four à arc le plus répandu, soit faire jaillir l'arc

FIG. 56. — Arc entre l'électrode et la matière à traiter.

autour du creuset contenant les matières à fondre (fig. 57). Ce type de four a encore de nom-

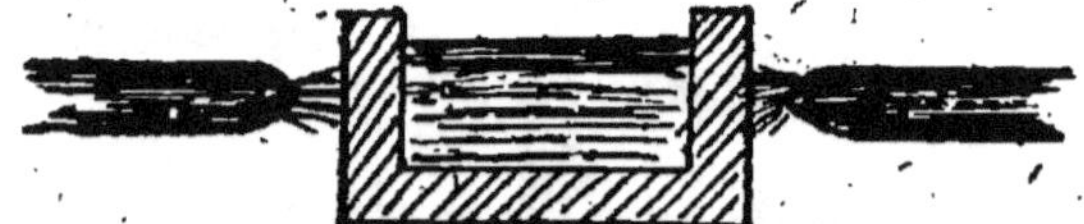

FIG. 57. — Arc autour du creuset contenant la matière.

breuses applications, car il permet d'éviter au contact de l'arc la carburation des matières à fondre, mais ne permet pas l'obtention de températures aussi élevées qu'avec les autres systèmes.

Inconvénients. — L'arc n'atteignant que la matière lui faisant face, la chaleur ne peut se transmettre aux autres parties que par conduction. De plus, la couche d'impureté ou de scories formée à la surface du bain rend encore plus difficile la diffusion de la chaleur de haut en bas.

Ces fours doivent être amorcés, et les électrodes rapprochées au fur et à mesure qu'elles se consument, d'où surveillance continue d'un ouvrier ou dispositif automatique de réglage.

Une partie de l'énergie étant employée à vaporiser la substance constituant l'électrode, il en résulte une perte, qui diminue le rendement.

Fours à résistance

La chaleur est produite (effet joule) par le passage d'un courant à travers une matière ou un mélange. Ces fours peuvent se classer suivant la disposition de la résistance :

RÉSISTANCE CONSTITUÉE PAR LA MATIÈRE A TRAITER.

Deux électrodes amènent le courant à la matière à traiter. Pour l'amorçage une électrode en matière conductrice peut réunir les deux électrodes (four à carborundum) (fig. 58), mais dans

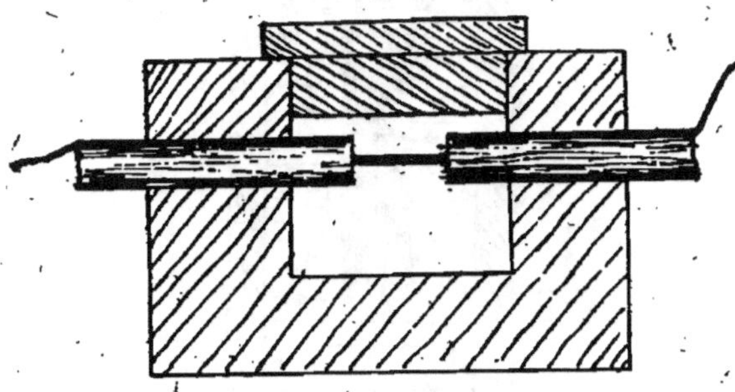

FIG. 58. — Four à carborundum.

le cas de matière suffisamment conductrice on se dispense de cette complication.

Dans certains cas les électrodes sont refroidies par une circulation d'eau.

RÉSISTANCE CONSTITUÉE PAR UNE MATIÈRE INTERMÉDIAIRE.

Un mélange semi-conducteur, traversé par le courant, entoure le creuset contenant les matières à fondre (fig. 59). Dans le four Toni, employé

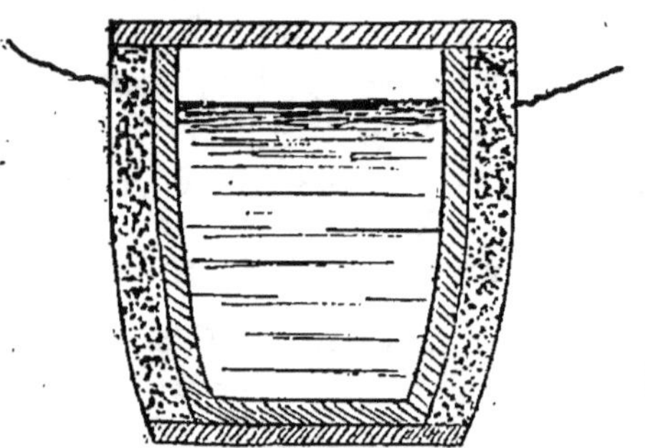

FIG. 59. — Four à mélange semi-conducteur.

pour la fabrication du silicium, une colonne placée dans l'axe du four, entourée de la matière à fondre est composée de disques en graphite séparés par une matière semi-conductrice (fig. 60).

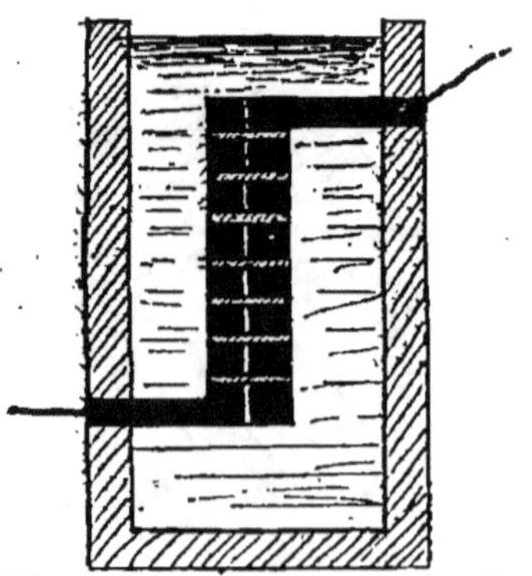

FIG. 60. — Four Toni.

Cette colonne constitue la résistance de chauffe.

RÉSISTANCE CHAUFFANT PAR RADIATION.

Une résistance chauffante est placée sur les parois ou sur la voûte du four (fig. 61). Les

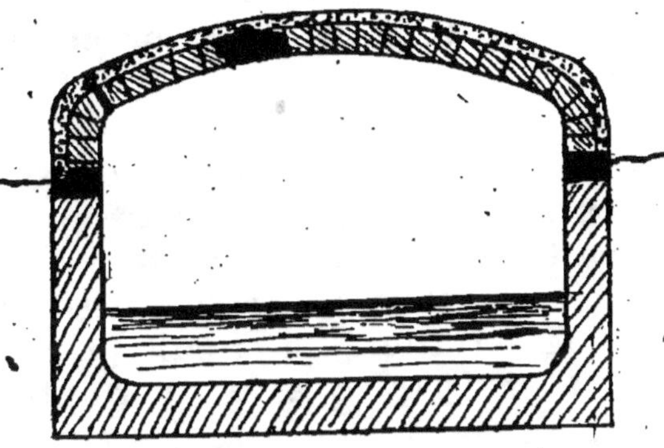

FIG. 61. — Four à voûte chauffante.

parois du four sont constituées par des briques ou ciment réfractaires afin d'éviter les pertes extérieures par radiation. On peut arriver à une température de 2.000° environ avec un rendement variant, suivant le calorifugeage, de 75 à 90 %.

Pour éviter la combustion des briques on maintient dans l'atmosphère du four un gaz inerte, généralement des vapeurs de pétrole.

Avantage et inconvénients de ces fours. — Températures atteintes très élevées et meilleur rendement que les fours à arc.

Nécessité de réfrigération constante des électrodes d'où pertes supplémentaires.

Dépendance du courant et de la résistivité de la matière à traiter suivant la température.

Rupture du circuit par le phénomène de pincement. Ce phénomène est dû à des actions électromagnétiques et électro-organiques particulières. Lorsque l'on augmente la densité de courant, une dépression prend naissance et s'accentue jusqu'à ce qu'elle atteigne le fond de la rigole. A ce moment on a rupture du circuit. Les deux portions du liquide retombent, rétablissent le courant, se séparent de nouveau et ainsi de suite.

Fours à induction

Généralités. — Ces fours sont de véritables transformateurs à courant alternatif, dans lesquels le circuit secondaire est constitué par une seule spire en court-circuit, et constitué par le bain métallique à traiter. Le circuit primaire est construit de telle façon que les courants circulant dans le circuit secondaire produisent la fusion de la matière (fig. 62-63).

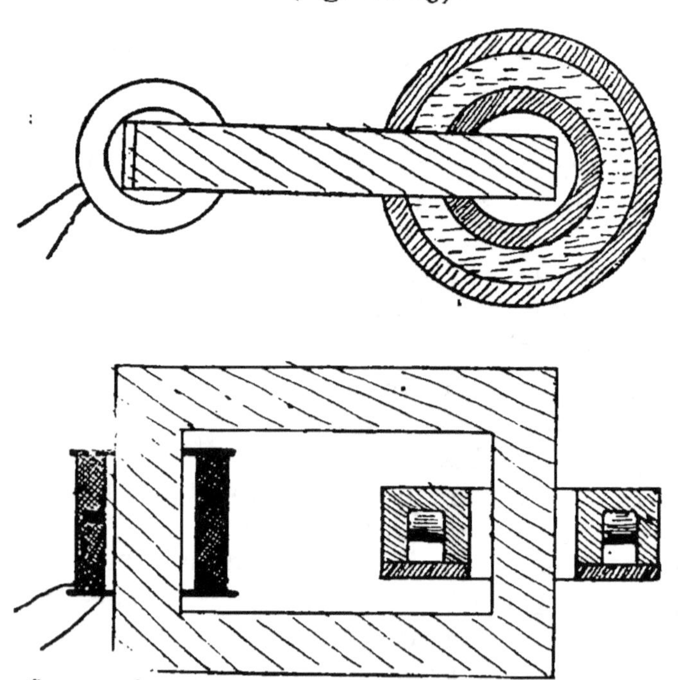

FIG. 62-63. — Four à induction.

L'amorçage se fait soit avec une certaine quantité de métal liquide (amorçage à chaud), soit avec un anneau métallique (amorçage à froid).

On peut employer une source mono, di ou triphasée.

Le four Schneider utilise les courants à haute fréquence, car l'efficacité de la chauffe pour une masse considérée est d'autant plus grande que la fréquence est plus élevée (fig. 64).

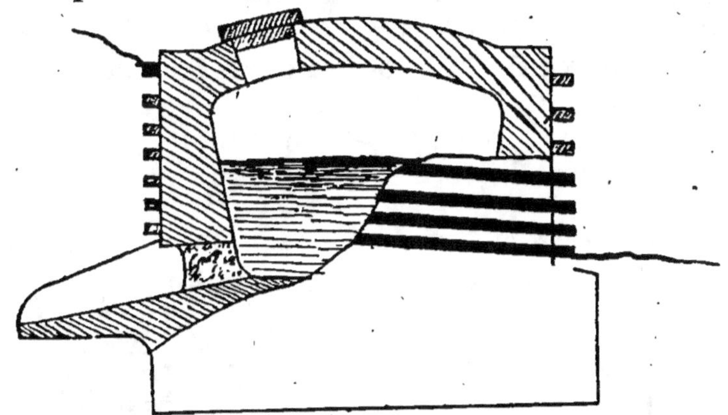

FIG. 64. — Four Schneider à haute fréquence.

Avantage et inconvénients de ces fours. — Plus d'ennuis dus à la rupture des électrodes et à la carburation qui en résulte. La température du bain est sensiblement uniforme.

Un mouvement de rotation du métal dû à l'action du courant prend naissance, et en donnant à la matière en suspension une composition particulière due à l'agglomération des particules qui sont portées à la surface du bain.

La consommation d'énergie et la surveillance sont moindres que dans les deux autres types de four.

Les laitiers ne sont pas complètement fondus, le décrassage difficile, les prix d'installation et d'entretien assez élevés.

Pertes plus ou moins importantes dues aux courants induits et aux courants de Foucault.

CALCUL D'UN FOUR A INDUCTION.

Les principaux éléments sont :

La puissance du four.

Le nombre d'ampères tours.

La section du noyau.

Le diamètre du creuset.

Les formules de M. Louis permettent de déterminer aisément les éléments.

Diamètre du creuset. — On adopte pour section du creuset la forme cylindrique ou cylindre conique.

Entre le côté C de cette section et le diamètre moyen D du creuset on a la relation (fig. 65).

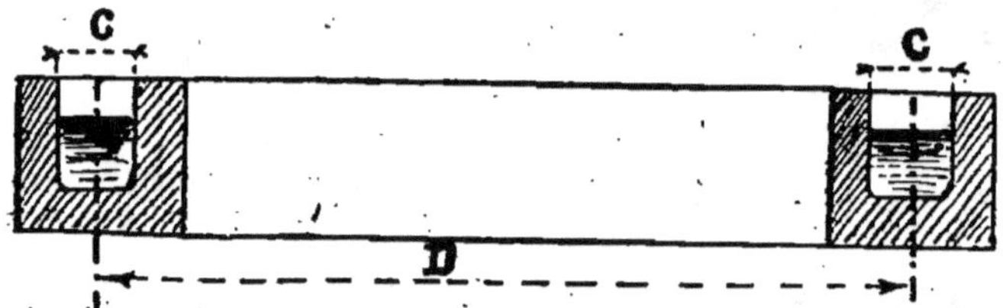

FIG. 65. — Creuset d'un four à induction.

$$C = \frac{D}{8} \text{ ou } \frac{D}{10}$$

Soit P la capacité du four en tonnes, d la densité du métal traité, on a si $C = \dfrac{D}{10}$:

$$(1) \qquad D = \sqrt{\frac{100\,P}{\pi\,d}}$$

Puissance du four. — Pour cela il faut connaître le nombre de coulées en un temps déterminé et la quantité.

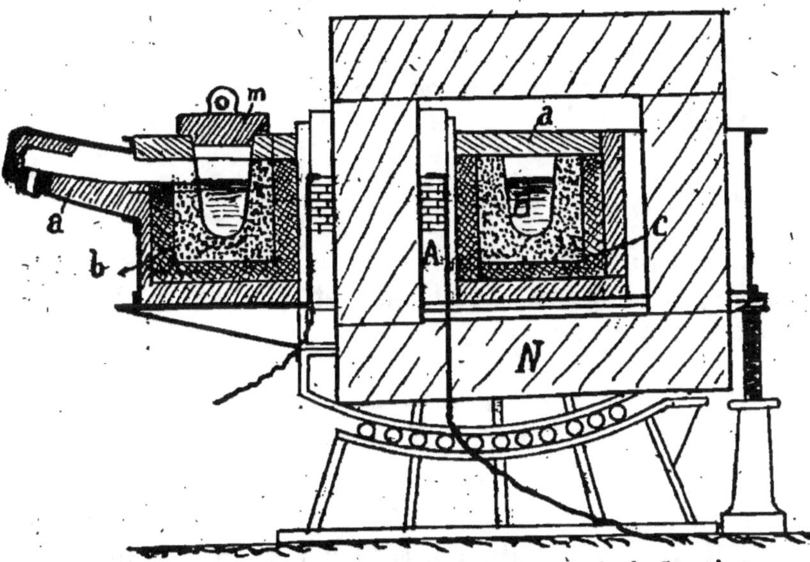

FIG. 66. — Coupe verticale d'un four à induction.
a. Briques réfractaires. — *b* Pisé en magnésie. — *c* Pièces moulées en magnésie, silice ou chromite. — M Couvercle du creuset. — A Bobine primaire. — Bain de métal.

Soit M le poids de la coulée en tonnes.
t le temps entre deux coulées en heures.
W la puissance du four en kilowatts.
K le nombre de kilowatts/heure nécessaires à la production d'une tonne de métal :
La puissance secondaire est :

$$(2) \qquad W = \frac{M\,K}{t}$$

La tension du secondaire U_2 est :

$$W = U_2\,I_2\,\cos\varphi$$

Mais :

$$I_2 = \frac{U_2}{R_2} \quad \text{et} \quad W = \frac{U^2_2}{R_2} \cos \varphi$$

I_2 intensité au secondaire.
R_2 résistance du secondaire.
D'où :

$$U_2 = \sqrt{\frac{R_2\,W}{\cos \varphi}}.$$

On a ainsi, connaissant la résistance secondaire, la tension secondaire et, par suite, l'intensité secondaire :

$$I_2 = \frac{W}{U_2 \cos \varphi}.$$

Calcul de l'inducteur. — Soit :
S la section utile en décimètre carré du noyau.
f la fréquence du courant en p. p. seconde.
β l'induction admise en gauss.
E la f.e.m. induite dans le bain en volts efficaces.
On a :

$$C = \frac{D}{10} = 0\ \text{m. } 25$$

$$S = 25 \times 25 = 625\ \text{cm}^2$$

La longueur moyenne du circuit est de :

$$l = \pi\,d = \pi \times 2\ \text{m. } 625 = 8\ \text{m. } 25$$

La résistance du circuit est de :

$$R = \varphi\,\frac{l\ \text{mètres}}{S\ \text{m. /m.}^2}\ 10^{-2}$$

$\varphi = 180$ microhms centimètres pour l'acier à $1.500°$ environ :

$$R = 180 \times \frac{8,25}{62500} \times 10^{-2}$$

$$= 0 \omega 000238$$

La puissance secondaire du four est de :

$$W = \frac{750}{6} \times 1,5 = 187,5 \text{ kw.}$$

La tension secondaire est :

$$U_2 = \sqrt{R_2 W} = \sqrt{0,000238 \times 187500} = 8 \text{ volts}$$

$$I = 33.000 \text{ ampères environ (avec } \cos \varphi = 0,7)$$

Section du fer. — Prenons $\cos \varphi = 0,7$:

$$\beta = 800 \text{ gauss et } f = 50 \text{ ppsec.}$$

$$S = \frac{250.000}{0,77} \times \frac{8}{8000 \times 50} = 6 \text{ dm}^2 \, 5 \text{ utile}$$

$$(3) \qquad S = \frac{25 \times 10000}{1,1 \times \cos \varphi} \times \frac{E}{\beta f}$$

On doit se fixer le facteur de puissance, généralement compris entre 0,7 et 0,75.

Le nombre de spires primaires est donné par la relation :

$$(4) \qquad n_1 = \frac{E_1}{E_2} \text{ car } n_2 = 1$$

La puissance W du four étant connue on peut en déduire l'intensité du courant I. On a :

$$(5) \qquad W = V I \cos \varphi$$

V étant la tension du réseau.

Connaissant I on peut déterminer la section des conducteurs constituant l'enroulement primaire.

APPLICATION NUMÉRIQUE. — Soit à calculer un four électrique produisant 4 tonnes d'acier par 24 heures, les coulées s'effectuant toutes les 6 heures, la tension du réseau d'alimentation étant de 500 volts.

Admettons que l'on coule les deux tiers du contenu du creuset à chaque opération, le contenu du creuset sera :

$$P = \frac{4000}{4} \times \frac{3}{2} = 1.500 \text{ kg.}$$

La densité de l'acier liquide étant de 7,5, le diamètre du creuset sera d'après la formule 1 :

$$D = \sqrt{\frac{1,5 \times 100}{\pi \times 7,5}} = 2 \text{ m. } 50$$

La section du métal à pleine charge est de :
Le rapport de transformation étant de :

$$\frac{33000}{630} = 53 \text{ spires}$$

L'intensité primaire étant de :

$$\frac{187,5}{0,85} = V_1 I_1 \cos \varphi$$

0,85 étant le rendement du transformateur, d'où :

$$I_1 = 630 \text{ A}$$

L'enroulement primaire sera constitué par des barres.

Ces calculs s'appliquent à un four à induction simple et varient suivant la forme du four et la nature du courant employé.

Fours de laboratoire

Il n'est guère possible de tracer une ligne de démarcation exacte entre les fours de laboratoire et les fours industriels. Cependant avant l'apparition du four industriel, un certain nombre de fours ont été étudiés spécialement pour les recherches de laboratoire. Nous allons passer rapidement en revue ces fours qui peuvent se classer en :

Four à résistance.

Four à arc.

Four à induction.

Fours à résistance.

Le courant traversant un fil résistant dégage de la chaleur. D'après la loi de Joule cette quantité de chaleur est :

$$Q = 0,24 \; R \, I^2 \, t$$
$$= 0,24 \; V \, I \, t$$

Car d'après la loi d'Ohm on a :

$$U = R \, I$$

R étant la résistance du conducteur, I l'intensité du courant qui y circule, t le temps de l'opération en secondes, Q la quantité de chaleur en petites calories.

Un kilowatt/heure dégage donc :

$$Q = 0,24 \times 1000 \times 3600$$
$$= 864.000 \text{ petites calories ou } 864 \text{ grandes cal.}$$

Une partie de cette chaleur a un effet utile, une autre est perdue par radiation, conductibilité.

Les fours de laboratoire de cette catégorie se composent en général d'un vase clos en produit réfractaire (terre réfractaire, quartz, etc.), complètement clos dans lequel on enferme le produit à traiter. Sur ce vase est convenablement disposé le fil résistant. Le tout est calorifugé à l'aide d'amiante, chaux ou autre produit.

Jusqu'à 600° on peut se contenter d'un enroulement en fil de fer, au-dessus de cette température on employait primitivement des fils de platine, mais à cause de son prix élevé on le remplace avantageusement à l'heure actuelle par un alliage de fer et de nickel, sans toutefois pouvoir dépasser 1200 à 1300°.

Quelquefois on emploie les fours à résistance canal. Ces fours se composent d'une plaquette en matière réfractaire dans laquelle sont faites des rainures. La matière à fondre est placée dans ces rainures et le courant est amené aux deux extrémités. En définitive, c'est la matière à fondre qui fait résistance (fig. 67).

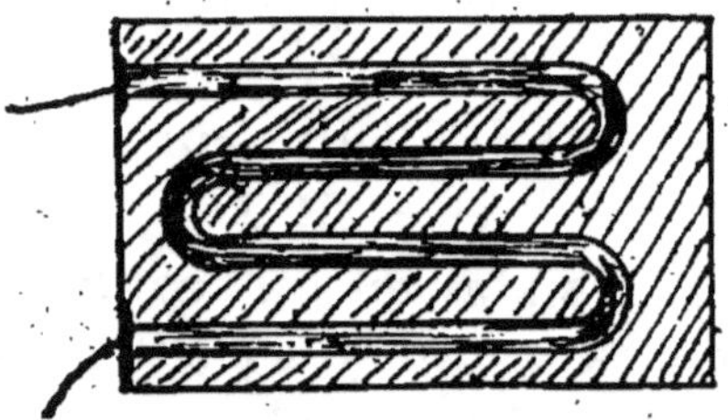

FIG. 67. — Four à résistance canal.

Four Charpy. — Sur un tube en matière réfractaire de 0 m. 60 de long est enroulé un fil de platine de 5/10 de m./m. de diamètre (spires écartées de 2 m./m.). Ce système est calorifugé et enfermé dans un tube en fer.

On peut obtenir avec un tel système des températures comprises entre 200 et 1300°.

Four Berthelot. — Ce four se compose d'un tube en porcelaine de 85 cm. de long sur lequel est enroulé en spirale un fil de platine de 6/10 de m./m. (spires écartées de 7 m./m.). Comme calorifuge plusieurs couches d'amiante, de fil d'amiante et de kaolin. Le tout est renfermé dans un tube en fer de 11 cm. de diamètre. La température atteinte avec 4 ampères et 110 volts est de 1000°.

Ce four a surtout été établi en vue des recherches personnelles de ce savant.

Four Hercens. — Dans ce four on emploie des lames minces de platine enroulées en spirale sur un cylindre en porcelaine servant de vase. Ce type de four est construit par la maison Poulenc.

Fours à arc.

Four Siemens. — Le premier four Siemens (1878) consiste en un creuset en matière non conductrice, chauffé par un arc jaillissant à l'intérieur.

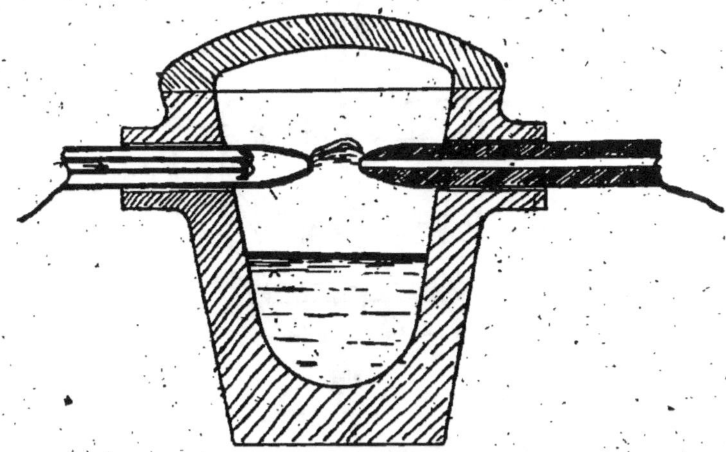

FIG. 68. — Four Siemens à électrodes horizontales.

Le creuset reçoit la matière à fondre, et deux ouvertures permettent le passage des électrodes. Généralement les deux électrodes sont en charbon. Dans certains cas on emploie une électrode métallique refroidie par circulation d'eau et une en charbon.

Pour des préparations spéciales une des électrodes est creuse, pour permettre le passage d'un gaz.

L'avancement des électrodes au fur et à mesure de l'usure se fait automatiquement par un dispositif approprié.

Dans un autre four (fig. 69), construit à peu près à la même date, les électrodes sont verticales, l'électrode supérieure étant refroidie par circulation d'eau. Le pôle inférieur arrivant en

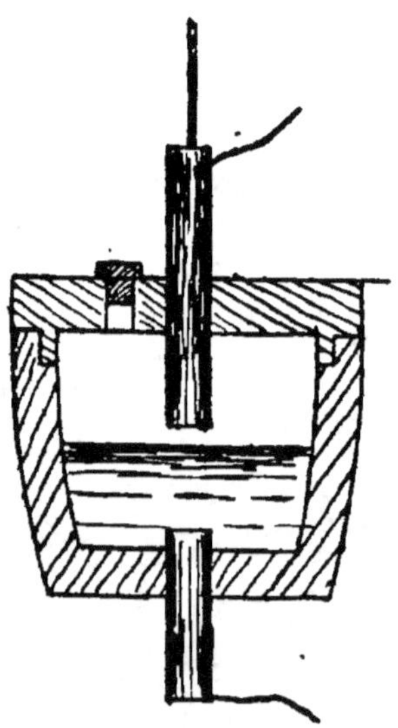

FIG. 69. — Four Siemens à électrodes verticales.

contact avec la matière à fondre. L'air jaillit entre la matière et l'électrode supérieure. Le creuset est entouré de charbon de bois concassé ou de matières calorifuges.

Four Clerc (1881) (fig. 70). — Un bloc en matière réfractaire, dans lequel est ménagé un certain nombre de canaux recevant les électrodes

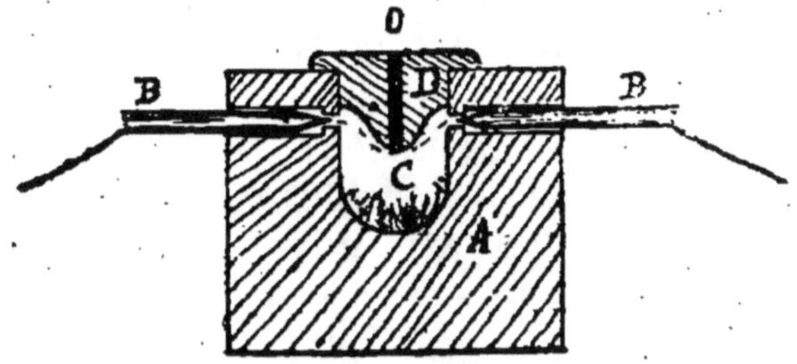

FIG. 70. — Four Clerc.
A Substance réfractaire. — B Electrodes. — C Creuset. — D Couvercle. — O Regard.

(baguettes de charbon), constitue le four. Au milieu du bloc une cavité sphérique destinée à recevoir les matières à traiter et sur laquelle on peut disposer un couvercle mobile.

Ce four est très employé en chimie pour l'étude de la chimie par voie sèche.

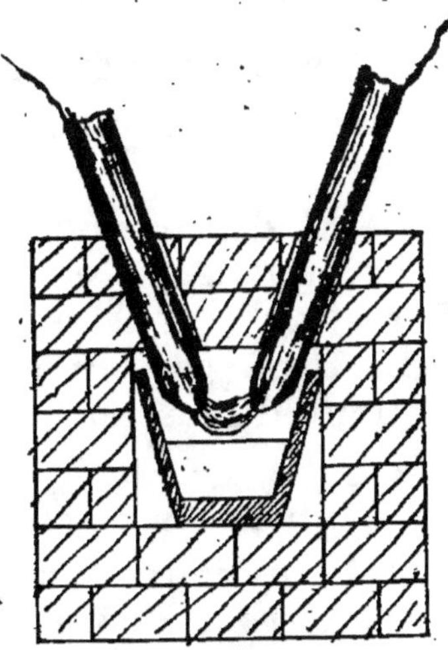

FIG. 71. — Four Minet.

Four Minet (1891) (fig. 71). — Un massif en briques réfractaires contient deux creusets s'emboîtant l'un dans l'autre et constitués par de la magnésie, de l'alumine, du charbon ou toute autre matière. Le plus petit contient la matière à fondre.

Les électrodes, disposées obliquement pénètrent par la partie supérieure du four. On peut avec ce dispositif atteindre des températures supérieures à 2500° .

Four Moissan et Chapelet (1893). — Le four est constitué par deux briques parfaitement dressées et appliquées l'une contre l'autre. Ces briques sont en chaux vive ou en pierre de Courson.

La brique inférieure contient une cavité constituant le creuset et une ouverture. Une rainure permet le passage des électrodes.

Ce four fut appliqué à la fabrication des borures, carbures et siliciures métalliques et à l'étude des propriétés du carbone.

Fours à résistances modernes.

Ce sont les plus couramment employés dans les laboratoires.

Ils se composent d'une enveloppe cylindrique à l'extérieur de laquelle est enroulé le fil chauffant ou Resistor.

Ce fil est constitué par un alliage de nickel chromé permettant d'atteindre 1000°, ou par du platine (1200°).

Le toùt est soigneusement calorifugé.

A l'intérieur du cylindre, on place le creuset contenant les matières à fondre, ou le métal à réchauffer (fig. 72).

Avec des fils de molybdène ou de tungstène chauffés dans le vide, on peut atteindre 1.800°.

Le molybdène et le tungstène s'oxydant très

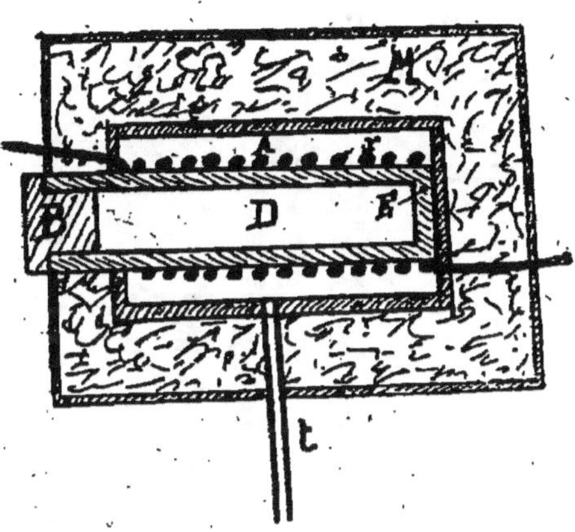

FIG. 72. — Four à résistance.

D Chambre de chauffage. — E Tube supportant le resistor. — r Resistor. — B Bouchon. — M Matières calorifuges. — t Tube servant à faire le vide dans la chambre A.

rapidement à mesure que la température s'élève, il est nécessaire de faire le vide pour en éviter la détérioration.

Four à haute fréquence

Four Ribaud (fig. 73). — Le four proprement dit est constitué par un tube en cuivre enroulé en hélice sur un cylindre en matière réfractaire. Une circulation d'eau à l'intérieur du tube en permet le refroidissement.

Un tube permet de faire le vide à l'intérieur du four. Ce four est basé sur la chaleur dégagée par courant de Foucault, à l'intérieur du métal à traiter. Les pertes sont proportionnelles au carré de la fréquence et au carré de l'induction. Il permet de chauffer la matière en évitant tout contact avec les électrodes, et en faisant le vide, l'oxydation du métal n'a pas lieu.

Avec un four Ribaud, on a pu fondre, en une minute, 60 grammes de fer doux (1.400 à

FIG. 73. — Four Ribaud.

1.500°) avec une puissance de 5 kws ; avec 8 kws, on obtient, en une minute, la fusion du platine.

L'alimentation se fait par l'intermédiaire de 2 transformateurs T_1 et T_2. Le premier (T_1) a son primaire branché sur le réseau. Le secondaire à prises multiples, permet de faire varier la tension de o à la valeur maxima (fig. 74).

Le transformateur T_2 est un transformateur élévateur. Le côté haute tension est réuni au four par l'intermédiaire d'un éclateur tournant,

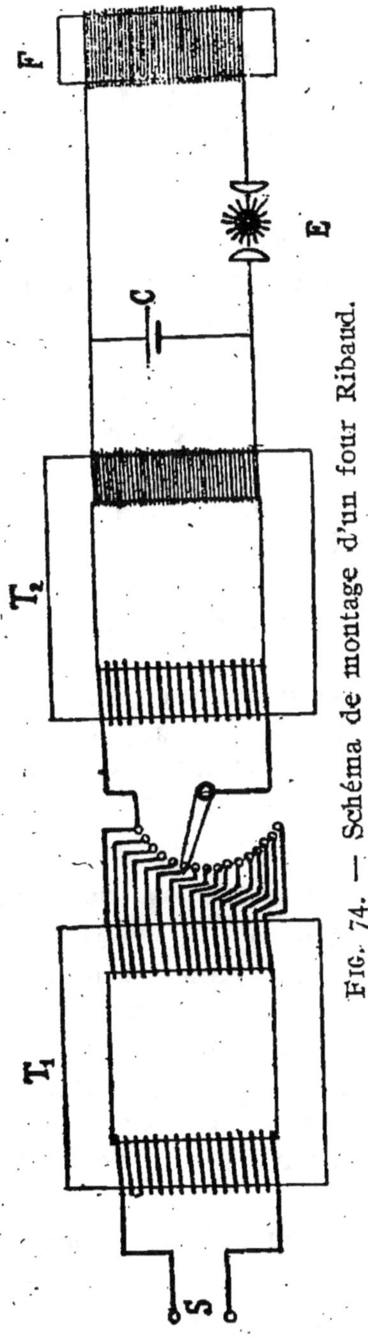

FIG. 74. — Schéma de montage d'un four Ribaud.

composé d'une roue en laiton à un grand nombre de branches tournant à une très grande vitesse. L'éclateur est constitué par deux demisphères, ayant une circulation d'eau à l'intérieur pour les refroidir.

Au passage des branches devant l'éclateur une étincelle jaillit. Des capacités sont branchées en parallèle avec l'enroulement du transformateur T_2.

Le four installé au service des inventions a son transformateur T_1 branché sur réseau à 120 volts. La tension secondaire peut varier de 0 à 120 volts.

Avec 2 à 300 étincelles par seconde, on à pu obtenir des fréquences variant de 75.000 à 400.000 périodes par seconde.

La capacité C est constituée par des capacités en parallèles, modèle T. S. F. Les armatures sont réunies par des lames de cuivre de 4 cmc.

La valeur de la tension du secondaire du transformateur T_2 (haute tension), est réglée en faisant varier le rapport de transformation du transformateur T_1.

Fours électriques industriels

Un four électrique industriel ne doit pas être construit plus grand que sa production ne l'indique, afin d'éviter les pertes supplémentaires de chaleur, ce qui diminue le rendement.

Pour la fonderie, les fours doivent être assez petits et facilement transportables et maniables. Un système à bascule doit être prévu pour la coulée.

Généralement, on refoule le métal fondu dans le moule en le comprimant jusqu'à la solidification complète. On ouvre ensuite le moule et on retire la pièce.

On peut employer le dispositif suivant :

Un creuset est chauffé au moyen d'un fil résistant ou de la grenaille de charbon qui l'entoure. L'air comprimé arrive sur un des côtés et refoule le métal par le tube vertical jusqu'au moule. Lorsque le moule est rempli, on coupe la communication du four au moule, et on envoie par un tube *a* de l'air comprimé qui comprime le métal pendant sa solidification et l'oblige à remplir complètement le moule.

Fours rotatifs.

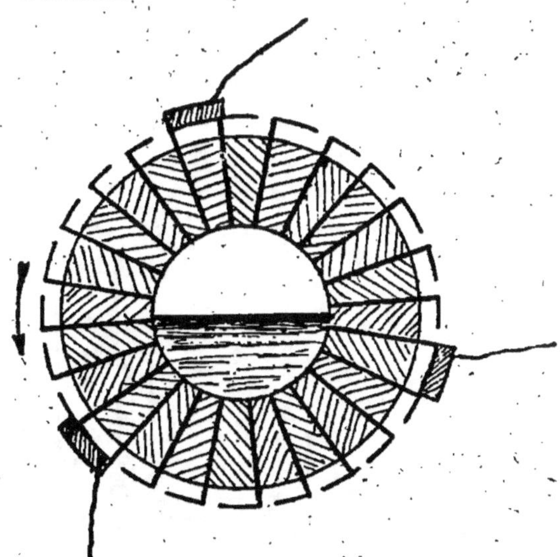

FIG. 75. — Four Igewski.

Le four Igewski destiné à la fusion des métaux comporte un tambour en fonte mobile sur son axe, et animé d'un mouvement de rotation (20 tours par minute environ). Le revêtement intérieur est en matière réfractaire. 24 électrodes sout insérées dans le revêtement et recourbées à leur extrémité extérieure. On a ainsi une sorte de collecteur sur lequel glissent des balais amenant le courant. On emploie du courant continu sous 200 ou 250 volts, ou du courant triphasé. On amorce le four en le chauffant à l'aide d'un brûleur, puis on introduit du carbonate de soude et on fait passer le courant dans la matière à traiter. Lorsque celle-ci est au rouge vif, on complète la charge.

Four à capacité multiple.

Ce four dû à M. Keller, se compose de 4 capacités réunies à un creuset central commun alimenté par les matières fondues provenant des réactions, s'effectuant dans les capacités. Ce creuset généralement disposé au-dessous du plan de fusion des matières, permet au courant de se fermer à travers la masse liquide qu'il renferme (fig. 76).

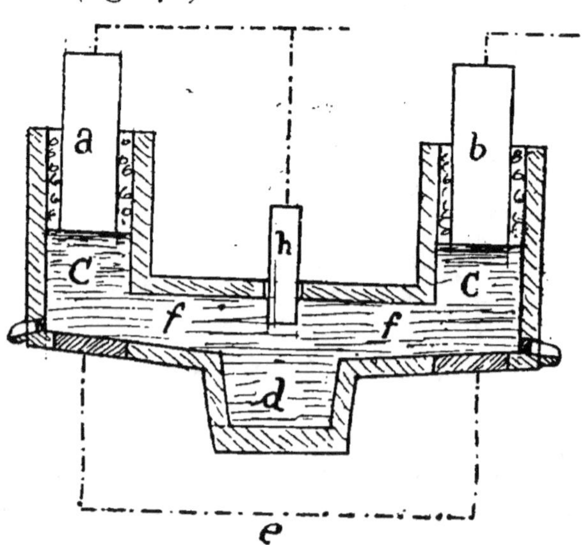

Fig. 76. — Four Keller à capacité multiple.

Pour éviter la rupture du courant au moment de la coulée, on réunit les capacités de polarité différente par des conducteurs électriques.

Une électrode supplémentaire placée verticalement au-dessus du creuset, permet de régler le passage du courant (en l'élevant ou en l'abaissant) nécessaire au réchauffage des matières.

Dans les réductions de minerai, on peut insufler dans le creuset un gaz quelconque nécessaire à l'épuration, sans que les électrodes soient oxydées, celles-ci étant éloignées. Le revêtement du creuset est alors prévu en conséquence.

On commence par remplir de matière les capacités. Le courant traversant une grande partie des matières, en occasionne la fusion, et le métal descend peu à peu dans le creuset qu'il remplit. Au moment de la coulée, le métal fondu se trouve dans les canaux réunissant les capacités au creuset central, l'intensité du courant diminue et tend à devenir nulle au fur et à mesure que le liquide s'écoule.

Grâce à la réunion de 2 électrodes de polarité différente, le courant peut alors passer par les soles et les canalisations électriques, et, en raison directe de la diminution de l'intensité du courant à travers la masse en fusion.

Fours à haute pression.

Le four consiste en une très forte armature en acier pouvant résister aux hautes pressions, soigneusement assemblée par des boulons. L'étanchéité est faite de telle façon que la pression intérieure l'augmente.

Les portes électrodes sont isolées de l'armature par du mica et comportent des presses étoupes garnies d'amiante, et étanches aux gaz. Un tuyau central permet l'insufflation ou le prélévement de gaz au centre même de l'arc.

Les joints sont faits avec de la pâte ou des cordons d'amiante imprégnés d'un mélange de suif et de graphite, avec interposition de rondelles.

Un four dû à M. Petavel résiste à des pressions de 2 à 3.000 kg. par cm².

Ces fours peuvent également servir pour des réactions nécessitant le vide.

Fours pour la production de poudres et de dépôts métalliques.

L'appareil le plus simple se compose d'un creuset A, en charbon ou en graphite contenant le métal à pulvériser, le creuset est enfermé dans un vase en quartz entouré de la résistance chauffante (charbon et chromite, grenaille de chrome,, kryptol, etc...), en relation avec la source de courant (fig. 77).

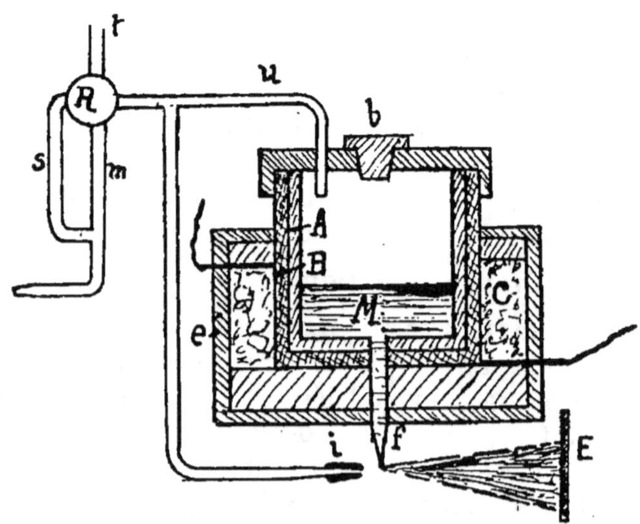

Fig. 77. — Four à métalliser.

Un revêtement en fer protège l'ensemble.

Un robinet à 4 voies relié à une conduite d'air comprimé, permet d'envoyer l'air dans un ou plusieurs tubes, ou dans deux en obstruant les autres. Au début de l'opération, l'air est envoyé dans les tubes *u* et V. L'air comprimé amené par le tube *u* presse le métal en fusion contenu dans le creuset et l'oblige à sortir par la conduite *f*. Là, l'air comprimé arrivant par le tube V le pulvérise au fur et à mesure de sa sortie et le répand sur la surface à métalliser E.

Si les tubes *t* et *s*, ainsi que *u* et V sont en communication, l'air sort par la conduite *s* et crée le vide dans le creuset, ce qui empêche le métal de sortir.

Fours électrothermiques et aluminothermiques combinés.

Pour la réduction des oxydes réfractaires, on emploie l'aluminium en poudre, mais la pou-

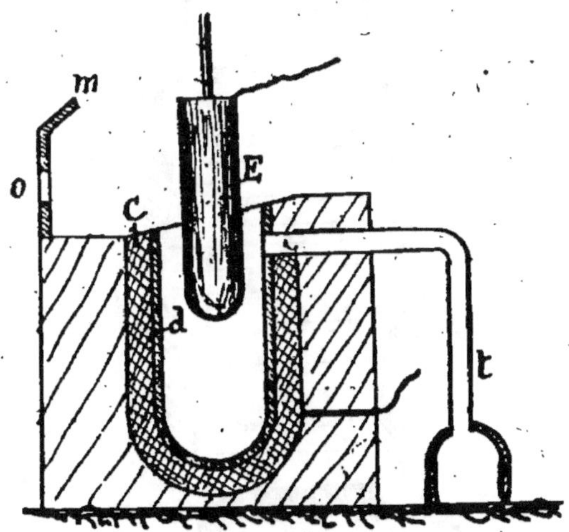

FIG. 78. — Four électrothermique.
C et *d* Sole conductrice. — *m* Masque avec regard *o*.
— *t* Evacuation des gaz. — E Electrode.

dre d'aluminium étant d'un prix élevé, on arrive à des résultats aussi intéressants en combinant cette méthode avec le four électrique, ce qui permet l'emploi de l'aluminium en lingots.

Le procédé généralement employé consiste en un four électrique à une électrode mobile et à un creuset de graphite avec brasque en magnésie reliée à une des bornes du circuit (fig. 78).

Une conduite permet l'évacuation des poussières, fumées ou gaz produits pendant la réaction. Un masque en tôle percé d'une ouverture protège l'opérateur tout en lui permettant de suivre la marche de la réaction.

Un système de contrepoids permet d'abaisser ou d'élever l'électrode.

Fours de trempe.

A bain de sels fondus. — La chaleur dégagée par le courant traverse une masse de sel

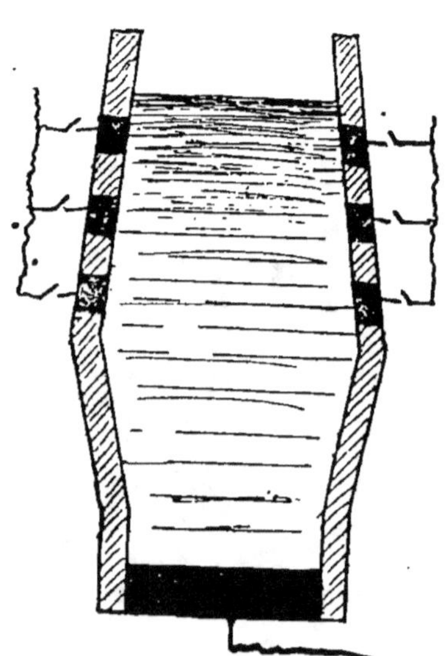

FIG. 79. — Four à bain de sels fondus.

en fusion. Une électrode supplémentaire sert à l'amorçage du four, car la conductibilité à froid de ces sels est à peu près nulle (fig. 79 et 80).

FIG. 80. — Four à bain de sel fondu.

La composition du bain varie suivant la nature de l'opération. On doit employer le courant alternatif pour éviter l'électrolyse.

Les objets sont plongés dans le bain, quelquefois chauffés avant, et l'opération terminée dans l'eau ou autre liquide, puis nettoyés pour enlever la couche de sel adhérente.

Fours à fil résistant.

Un tube cylindrique, en matière isolante portant un fil enroulé en hélice (platine ou alliage de nickel-chrome) relié à une source de courant, est enveloppé de matière réfractaire. Une

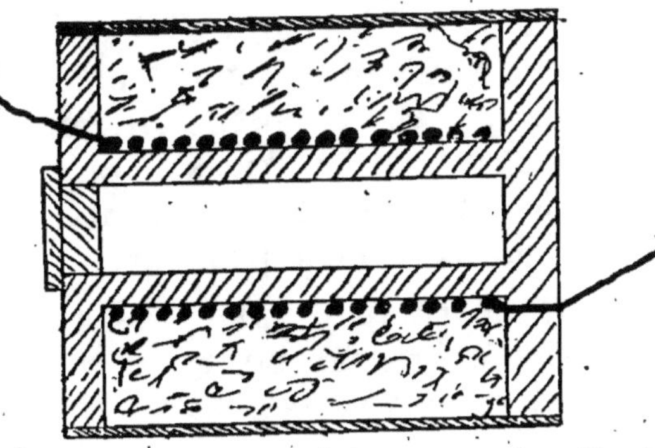

FIG. 81. — Four à résistance chauffante.

enveloppe métallique protège l'ensemble. Les extrémités sont constituées par des briques réfractaires. Un bouchon infusible permet d'obturer un des côtés. On peut ainsi atteindre 1.000 à 1.200° (fig. 81).

Ces fours sont employés à réchauffer les outils, pour les tremper.

Fours à résistance de graphite.

Ces fours sont constitués par une résistance graphitique portée au rouge par le passage du courant.

Le four Bailley. — Se compose d'une enveloppe en briques silicieuses, entourée de cendres de bois maintenues par une chemise en fer. La sole est constituée par des briques d'oxyde de chrome recouvertes d'une couche de chromite. La voûte est en briques silicieuses. Une série d'orifices, de petite section, permet d'introduire dans le four le métal à réchauffer.

Les électrodes en charbon ont 10 cm. de côté sur 1 m. 20 de longueur, et pénètrent obliquement dans la paroi postérieure du four. Le conducteur résistant entourant les électrodes, est constitué par une masse de coke concassé.

Les pièces à chauffer sont placées sur la masse de coke. Les briques silicieuses de la voûte devenant conductrices, par suite de l'élévation de température, sont isolées du coke par un matelas de chromite.

Un four de 40 kw. permet de réchauffer à 1.700° 50 kg. d'acier par heure, et le rendement calorifique est d'environ 50 %.

La garniture en chromite de la sole et la

charge de coke sont remplacées périodiquement.

Alimenté par un transformateur à plusieurs prises de tension, on peut en régler le débit.

Le four Lake, est à section variée.

Un creuset est protégé par une enveloppe réfractaire. L'enveloppe contient une résistance en charbon, et des pièces en graphite. Un couvercle ferme le creuset.

Une vis permet de rapprocher ou d'éloigner les blocs de graphite, ce qui fait varier la résistance du système.

Ce four n'utilise que le courant alternatif et permet d'atteindre des températures voisines de 2.000°.

Fours à résistance chauffante inférieure.

Ces fours, généralement employés pour la fusion de matières destinées à la préparation de produits tels que : encaustique, matière colorante, etc., comprennent une cuve métallique contenant les produits à fondre et à mélanger,

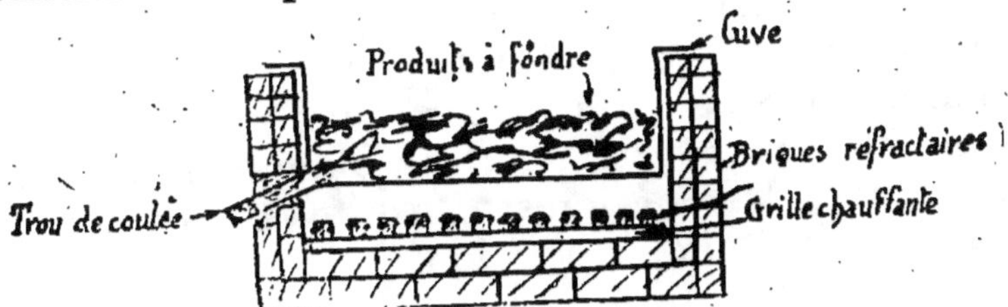

FIG. 82. — Four à résistance chauffante.

sous lesquels est placée une grille chauffante. Les parois sont constituées par des matières réfractaires. Dans ces fours, le calorifugeage doit être particulièrement soigné afin d'éviter les pertes de chaleur par rayonnement et, par suite, augmenter le rendement (fig. 82, 83, 84).

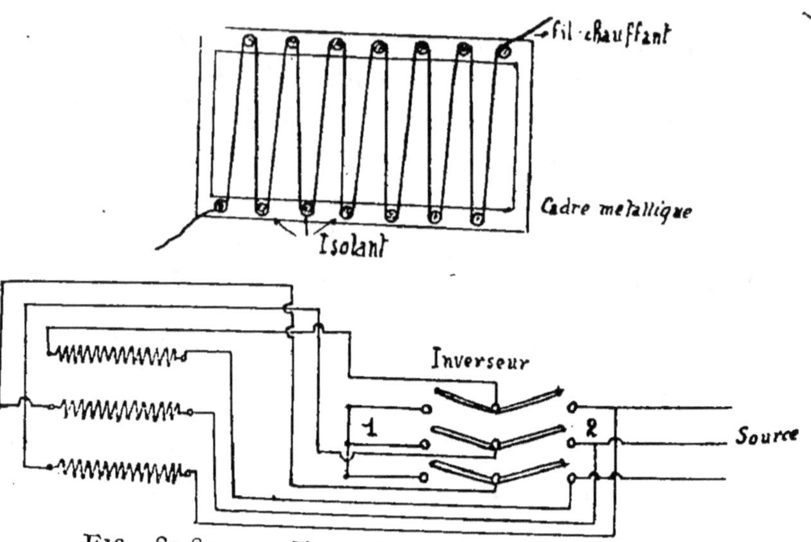

FIG. 83-84. — Four à résistance chauffante.

Lorsqu'on fait une grille triphasée on a intérêt à prévoir deux régimes de marche.

Pour cela, on peut obtenir les deux couplages, triangle ou étoile, à l'aide d'un inverseur.

Le premier couplage (couplage triangle, position 2 de l'inverseur), l'intensité est maximum, donc ou aura le chauffage maximum. On s'en servira au début pour obtenir rapidement la fusion des matières. Ensuite, on passera au couplage étoile, (position 1 de l'inverseur).

L'intensité devient $\dfrac{I}{\sqrt{3}}$ de façon à maintenir les matières en fusion et éviter une dépense inutile de courant.

Une mise au point permettra de déterminer le moment où l'on doit changer de couplage pour avoir le rendement maximum.

La grille chauffante se compose de fil nichrome ou autre alliage, maintenu par des poulies ou autre système isolant résistant à haute température (porcelaine, quartz, etc.) tendu sur un cadre en fer.

Le revêtement du four se compose d'une ou plusieurs rangées de briques réfractaires.

Fours utilisés en fonderie d'alliages

Fours à résistance.

Le four le plus ancien, est le *four Baily*, qui existe en 3 modèles : 50, 75 et 105 kw., avec production horaire de 150, 250 et 375 à 500 kg. de laiton.

Le *four Morgan*, est constitué par un creuset d'une composition spéciale, et qui doit être assez homogène pour que la répartition du courant dans celui-ci, constituant la résistance chauffante, se fasse d'une manière uniforme.

Un revêtement intérieur le protège contre les oxydations, et sa composition est telle que les courants parasites ne peuvent passer dans le bain. La durée d'un tel creuset pour la fusion du bronze et du laiton, est de 75 opérations.

Il existe un seul type de capacité 75 à 100 kg. de laiton. La puissance absorbée est de 30 kws, sous une tension variant de 30 v. (à froid), à 14 v. (à chaud).

Fours à arc.

Le *four Booth*, est formé d'un cylindre à axe horizontal, les 2 électrodes E pénétrant horizontalement et suivant l'axe du cylindre par les sections planes. Sur la périphérie cylindrique, un double chemin de roulement c isolé

électriquement, et reposant sur des galets G,
sert d'amenée de courant (fig. 85). Le four est
animé d'un mouvement de rotation continu, ce
qui permet d'utiliser le chauffage de la partie

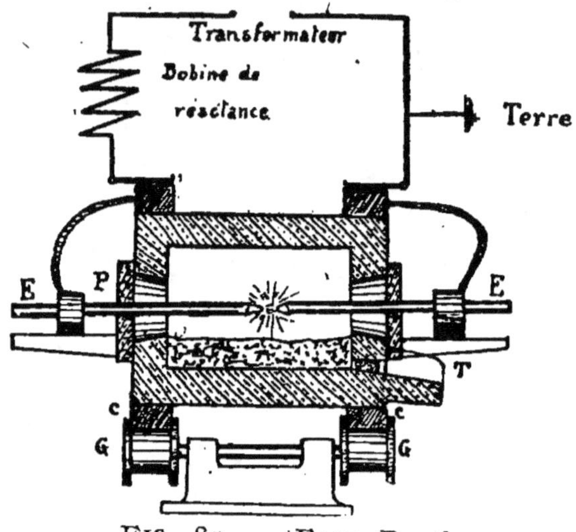

FIG. 85. — Four Booth.

non remplie, et de plus réalise, après fusion,
un brassage parfait des éléments constituant
l'alliage.

Une des électrodes pouvant tourner autour
d'une charnière sert de porte de chargement, P.

Du côté opposé, un trou de coulée T est ménagé.

L'alimentation se fait en courant continu ou
en courant monophasé.

La consommation est de 350 kw./h. par
1.000 kg. de laiton.

Le *four Détroit* plus répandu, est seulement
oscillant. Le trou de coulée à la porte cylindrique étant ménagé dans la partie cylindrique, l'amenée de courant se fait par câbles sou-
ples.

La consommation est de 320 kw./h. par 1.000 kilogrammes de laiton.

Le *four Brown Boveri*, est triphasé. On a 2 électrodes verticales, mobiles, la troisième étant à la sole du four. Les 3 électrodes étant

MATIÈRES FONDUES	Consommation en kw./h. par 100 kilos de matières pour une marche continue de		Consommation d'électrodes par 100 kilos de matières	Production journalière y compris le temps de remplissage et de vidange pour une marche continue de		Production en kilos par revêtement réfractaire
	8 h.	24 h.		8 h.	24 h.	
Cuivre............	42	39	0,08 à 0,2	1.350	4.300	
Laiton 72/28 obtenu par :						
Fusion des métaux composants.....	40	37	—	1.500	4.600	
Fusion de gros copeaux	43	40	—	1.450	4.700	130.000
Fusion de fins copeaux	55	52	—	900	2.800	
Bronze 85/15 obtenu par :						
Fusion des métaux composants.....	39	36	—	1.500	4.400	
Fusion des déchêts.	40	37	—	1.400	4.200	
Nickel pur	160	140	0,15 à 0,4	400	1.450	20.000
Alliage à 60 % cuivre et 40% nickel.	80	65	0,15 à 0,4	700	2.500	80.000
Alliage à 75 % cuivre et 25% nickel.	71,3	60	0,8 à 0,2	800	2.800	200.000
Argent monétaire.	21,3	19	—	1.600	5.500	200.000
Métal blanc à :						
78% d'étain, cuivre et antimoine....	8 à 10	7 à 9	0,06 à 0,01	3.600	11.000	400.000
86% de plomb, étain et antimoine....	6 à 8	5 à 7	—	4.500	14.500	400.000
Fonte grise obtenue par :						
Fusion de copeaux	85	78	0,25 à 0,6	720	2.400	80.000

dans un plan vertical, produisent des effets magnétiques qui assurent une circulation intense du métal en fusion, et par suite, une homogénéité parfaite de l'alliage produit.

La chambre de fusion a la forme d'un cylindre à axe horizontal.

Le facteur de puissance varie de 0,88 à 0,92 lorsqu'on intercalle une bobine de self dans le circuit d'alimentation, et s'élève de 0,93 à 0,97, si on la supprime.

Les principales caractéristiques de ce four sont exposées page 201.

Fours à induction.

Le four *Ajax Wyatt,* est un four à haute fréquence. La fréquence du courant employée est de 10.000 périodes.

L'enroulement primaire est constitué par un tube en spirale, dans l'intérieur duquel circule un courant d'eau pour le refroidissement. La température intérieure dépasse 2.500°.

Si la matière à chauffer est conductrice, on emploie un creuset isolant, dans le cas contraire, on emploie un creuset conducteur. Sur la figure 86 est représenté le mouvement, dû à l'action électromagnétique du courant, que prend la matière fondue.

Avec un four de 18 kw. on peut fondre 95 kg. d'or à raison de 5.600 gr. par kilowatt-heure.

On commence à chauffer au 1/10 du courant maxima puis on l'amène progressivement à sa valeur normale.

Le générateur à haute fréquence n'a pas de pièces mobiles.

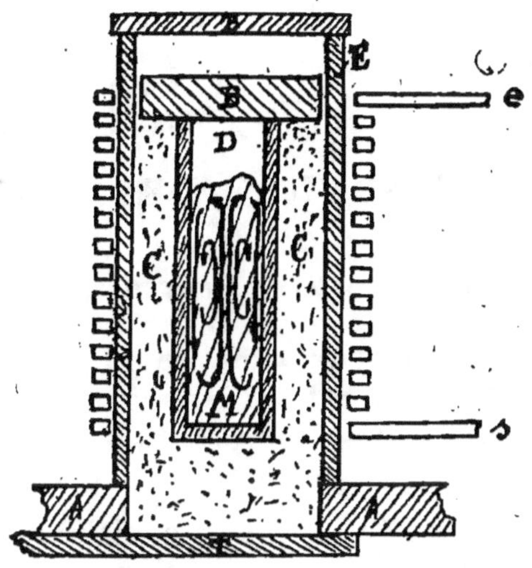

FIG. 86. — Four Ajax Wyatt.
E Enveloppe isolante. — B Couvercle. — C Calorifuge. — D Creuset. — M Matière à fondre. — A base de l'enveloppe. — T Tiroir. — e et s Entrée et sortie de la circulation d'eau.

Fusion du laiton

Consommations en kw. comparatives par tonne pour différents fours

Type de four	Marche continue	Marche de 8 h. à 10 h.p.j.	Pertes par fusion	Consommation d'électrodes ou de creuset
Baily	440	600	1,5	0
Morgan (creuset de 100 kg.)	475		1,5	2
Ajax Wyatt	275	350	0,5	0
Booth ou Detroit	350	400	1 à 2	1,75 à 2
Brown Boveri	400	430	2	1 à 2

CHAPITRE II

CONSTRUCTION DES FOURS

Matériaux réfractaires

Jusqu'à l'apparition des fours, les constructeurs ne demandaient guère aux matériaux de résister à de fortes températures et ces résultats étaient faciles à obtenir.

La conductibilité, la perméabilité aux gaz et la porosité n'étant pas négligeables dans les fours modernes, nous étudierons succinctement ces éléments.

Conductibilité. — Les remarquables travaux de M. Vologdine sur la conductibilité des matières réfractaires ont montré :

Que la conductibilité *des briques en terre réfractaire ordinaire* augmente avec la température de cuisson et la température de chauffage ;

Que l'augmentation de conductibilité avec les briques en bauxite n'est pas nette ;

Que la cuisson des briques en silice a une grande importance ;

Que la conductibilité des briques en fer chromé est très variable suivant la proportion de matière argileuse servant d'agglomérant ;

Que la conductibilité des briques en silice est à peu près deux fois plus grande que celle des briques en argile.

Porosité. — M. Vologdine a déterminé la porosité par le rapport :

$$p = \frac{Pm - Ps}{Ps} \times 100$$

Ps étant le poids d'un échantilon desséché.
Pm le poids de celui-ci imbibé d'eau.
p le poids de l'eau.
On trouve ainsi les chiffres suivants :

	Porosité	
	en poids	en volume
Briques réfractaires ordinaires.	17,08	30,85
Bauxite	22	41,49
Silice environ.................	27	42
Magnésie environ.............	19	37
Carborundum	17	35,2
Fer chromé moyenne..........	12	26

Perméabilité aux gaz. — Les chiffres de perméabilité sont très variables. D'une façon générale à une augmentation de densité correspond une diminution de perméabilité.

DIFFÉRENTS PRODUITS RÉFRACTAIRES.

Produits siliceux. — Lorsque la fabrication de la quartzite fondue au four électrique sera au point, il y aura probablement un grand parti à en tirer pour les petits fours.

Magnésie. — Les produits en magnésie pure conviennent aux températures élevées, toutefois leur porosité les expose, si l'on chauffe trop, à un retrait important. De plus leur résistance mécanique n'est pas élevée.

La magnésie moins pure, est plus résistante mécaniquement.

A. GARCIN. — *Electrolyse et Galvanoplastie.*   12

Carborundum. — Le carborundum est employé pour le chauffage en vase clos. Toutefois, en atmosphère oxydante, son oxydation commence de 1600° à 1800°. Mais par suite de la vitrification de sa surface, l'oxydation est automatiquement enrayée, ce qui permet dans certains cas d'employer le carborundum en atmosphère oxydante.

Chromite. — Ces produits sont neutres et fortement réfractaires. Est employé actuellement pour la fabrication des soles de fusion.

Carbone. — A l'état de plombagine, il sert à la fabrication de creusets.

Les creusets sont constitués par un mélange d'argile alumineuse grasse, de chamotte et d'une matière carbonée, mais l'emploi est limité au cas d'atmosphères réductrices.

Electrodes

Les électrodes doivent être :

1° Réfractaires pour ne pas être détériorées par les hautes températures ;

2° Bonnes conductrices de l'électricité à toutes les températures ;

3° Etre mauvaises conductrices de la chaleur afin d'éviter les pertes supplémentaires par rayonnement ;

4° N'exercer aucune action chimique sur les réactions que l'on désire provoquer dans le four.

Le carbone est la seule substance répondant à ces diverses qualités.

Quelques industries emploient des électrodes composées d'alliages de métaux ou de composés mixtes.

Electrodes (en carbone).

Les électrodes en carbone pour fours électriques se divisent en deux classes : électrodes en graphite et électrodes en carbone amorphe, ces dernières se subdivisent en deux ou plusieurs groupes d'après les procédés de fabrication.

Dans le *procédé par pilonnage* (1) l'électrode est obtenue en pilonnant et en comprimant dans un moule les matières premières ; puis, après séchage on les chauffe dans un four à calcination pour enlever les matières volatiles.

Matières premières. Agglomérants. — On emploie du coaltar propre, de qualité supérieure; l'agglomérant doit contenir au moins 40 % de carbone fixe et donner un résidu de coke dense et dur. Les brais de pétrole ou d'asphalte ne conviennent pas.

Carbone. — L'anthracite convient le mieux pour les électrodes en carbone amorphe. Il doit contenir au moins 80 % de carbone et ne pas donner plus de 5 % de cendres.

Quand on se sert de charbon de qualité inférieure, il est bon de le mélanger avec d'autres de faible teneur en cendres comme le charbon de pétrole ou du graphite de première qualité.

Coke. — Le coke ordinaire n'est pas essentiel dans la fabrication des grandes électrodes. Le coke de pétrole mélangé avec du charbon anthraciteux convient très bien.

Graphite. — Le graphite serait l'élément

----

(1) Walter L. Morisson, *Chemical and Metallurgical Engineering.*

idéal, mais à l'état naturel il est trop impur, et son alliage coûte trop cher.

Le graphite artificiel ne donne pas une conductibilité égale à celle des électrodes en carbone amorphe transformé ensuite en graphite par le procédé Acheson.

PRÉPARATION DES MATIÈRES PREMIÈRES. — Le goudron et le brai sont employés à l'état liquide. Le goudron est chauffé à la vapeur pour enlever toute trace d'humidité et les huiles les plus volatiles.

Les proportions de goudron et de brai dépendent de la forme et des dimensions des électrodes. Les meilleurs résultats ont été obtenus en mélangeant une partie de goudron et deux ou trois parties de brai.

Le groudron et le brai sont mélangés dans un bac et gardés liquides au moyen de la vapeur. On en ajoute une quantité déterminée au carbone de base, lequel a été préalablement chauffé et le tout est fortement malaxé.

Pour éviter les contractions, les fissures, les effritements des électrodes, il faut calciner les matières crues et les refroidir à l'abri de l'air. Le meilleur résultat est acquis quand la proportion des matières volatiles est égale ou inférieure à 0,5 %. La température doit atteindre 800°. On la mesure à l'aide de pyromètres et en contrôlant par des analyses. Une des meilleures méthodes de calcination est l'emploi de fours électriques à résistance, ce qui permet de régler l'allure de chauffe.

On emploie deux types de fours à résistances :

1° *Les fours horizontaux* intermittents.

2° *Les fours verticaux* d'une hauteur de 6 à 12 m. et d'un diamètre de 1 m. 30 à 2 m. La puissance absorbée varie de 360 à 750 kw./h. par tonne de charbon, suivant les dimensions du four et la proportion de graphite produit. Le courant est amené par deux électrodes annulaires espacées de 80 à 150 cm. suivant la tension employée. La densité de courant employée varie de 0,8 à 16 A/cm² sous une tension de 60 volts environ.

Les moules servant au moulage des électrodes sont en fonte légère ou en tôles renforcée aux angles en deux ou plusieurs parties réunies par des boulons.

La cuisson s'effectue dans des fours appropriés.

Mélange des matières premières. — Les matières crues calcinées sont broyées pour former une masse compacte puis criblées.

Les différentes grosseurs de grains sont chauffées et mélangées avec 15 à 20 % d'un agglomérant de brai et de goudron. Le four doit être chauffé de façon à maintenir la masse plastique sans dépasser 250° C, température à laquelle le goudron commence à se volatiliser. Après le mélange intime, opération qui dure 10 à 12 minutes, le produit est placé dans le moule pour être pilonné.

Pilonnage. — Le moule est d'abord chauffé puis sa surface intérieure huilée. On le remplit par couches successives de 20 à 25 cm.

Pour obtenir une hauteur de chute constante du pilon, une crémaillère fixée à la tige engrène avec un pignon actionné par un secteur denté à dents interrompues. La forme du sabot varie d'après le type d'électrodes.

COMPRESSION. — Si on fait suivre le pilonnage d'une compression, le moule est conduit à la presse. Une ouverture assez large est prévue au fond du moule pour le passage d'une tige reliée au piston de la presse. L'opération se fait en trois temps :

1° Pression exercée sur la partie inférieure de l'électrode ce qui la décolle du moule ;

2° Pression exercée sur les deux extrémités avec une force variant de 100 à 500 tonnes pour des diamètres variant de 20 à 60 cm. ;

3° Pression exercée sur la tête de l'électrode, avec une pression un peu plus faible que dans la deuxième phase de l'opération, de façon à détacher l'électrode du moule. L'électrode est ensuite portée au four de calcination.

CALCINATION. — Les électrodes sont placées dans le four au milieu de matières charbonneuses, assez poreuses pour permettre le dégagement des gaz des électrodes qui les entourent solidement et les recouvrent sur une certaine épaisseur.

Le four est chauffé progressivement jusqu'aux environs de 315° C, température maintenue de 48 à 96 heures suivant les dimensions des électrodes, de façon à éliminer peu à peu le goudron sans nuire à la conductibilité.

La température est ensuite portée progressivement à 700 ou 750° C pendant sept à dix jours, de façon que les points les plus froids atteignent 700° C.

Le four est ensuite éteint et le refroidissement dure cinq à six jours.

Lorsque la température croît trop rapidement, l'électrode se fissure par suite de la volatilisation rapide du goudron et arrive parfois à se briser. Il en est de même lorsque le mélange est trop pauvre en carbone, contient trop de matières volatiles où est imparfaitement calciné.

Electrodes graphitiques.

La fabrication de ces électrodes est basée sur la transformation du carbone amorphe en graphite, à très haute température. Il y a lieu d'ajouter des matières carbures.

Dans le *procédé Girard et Street* on soumet la pâte charbonneuse à l'action d'un arc, jail-

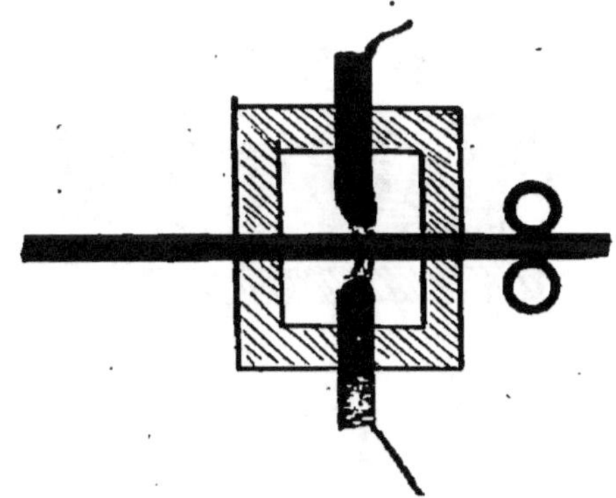

FIG. 87. — Procédé Girard et Street.

lissant entre deux électrodes et la pâte. Une enveloppe en matière réfractaire hermétiquement bouchée constitue la chambre de chauffe. L'avancement de la pâte à électrode est réglée.

Le *procédé Acheson* consiste à chauffer au four électrique un mélange de charbon amorphe (coke, anthracite) et d'un oxyde (alumine, silice, oxyde de fer), il se forme un carbure (1950°) capable d'être dissocié (2220°) à son tour en carbone cristallisé et en élément libéré par cette dissociation (aluminium, silicium ou fer).

L'alumine est la substance la plus active pour provoquer cette graphitisation.

Deux types de fours sont employés :

Le grand modèle est un four de 4 à 6 m. de long sur 1 m. 20 de haut et 1 m. 50 de large. Les petits côtés du four sont constitués par un assemblage définitif de briques réfractaires (50 à 60 cm. d'épaisseur). Les électrodes E passent à travers ces parois et sont réunies par une plaque de fer à laquelle arrive le courant (fig. 88).

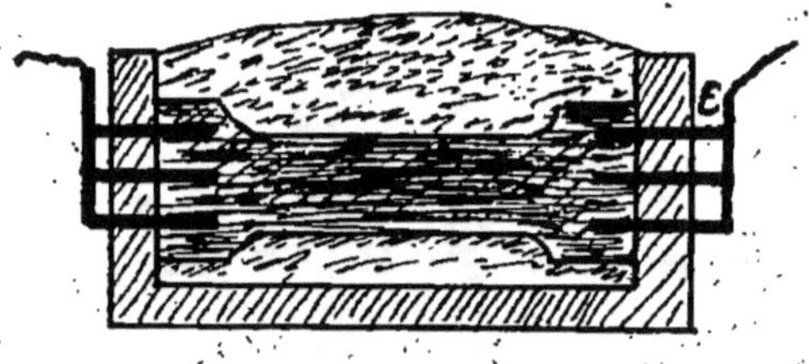

FIG. 88. — Procédé Acheson.

Le mélange de coke et d'oxyde où l'anthracite (riche en cendres) est introduit à la partie centrale du four. Sous l'action du courant, les oxydes se réduisent, forment des carbures qui se dissocient en laissant le carbone à l'état graphitique. Le phénomène se propage et après un temps suffisant toute la masse est transformée en graphite. Les impuretés servent à la production du phénomène cathalitique et se volatilisent ensuite.

Un autre dispositif consiste à mouler les

électrodes avec les matières premières, puis soumises à la cuisson dans un four ordinaire, elles sont entourées de charbon granulé dans

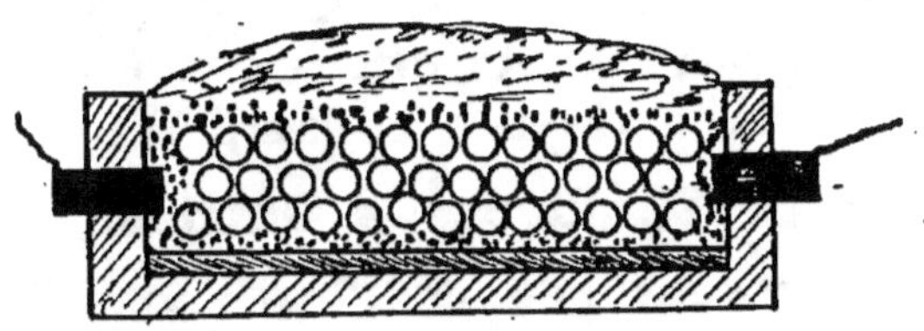

FIG. 77. — Procédé Acheson.

les fours électriques qui les transforment en graphite.

La Société française des électrodes emploie le four représenté à la figure 90.

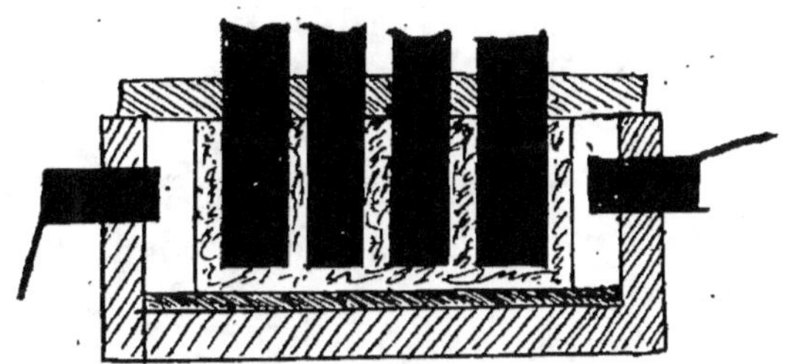

FIG. 90. — Procédé de la Société Française des Electrodes.

Pour un four de 10 m. de long on débute à 120 volts et 1.000 ampères. La tension descend rapidement à 20 volts on porte alors le courant à 5 ou 6.000 ampères et on laisse chauffer pendant 10 heures, on arrête l'opération et on laisse refroidir le four 12 heures. Les électrodes sont alors retirées et on les met refroidir dans des étouffoirs en tôle en les entourant de poudre de coke ou de matière calcaire.

Les électrodes à leur sortie du four ont une température de 8 à 900°.

La densité de courant à admettre dans les électrodes en charbon est de 3 à 4 ampères par centimètre carré. Par une réfrigération énergique on peut arriver à 10 ampères.

Electrodes métalliques et mixtes.

Les électrodes peuvent être constituées par des tubes métalliques à l'intérieur desquels on fait passer un courant d'eau.

Dans certains fours on emploie des électrodes massives de préférence de même nature que le métal à fondre.

Dans la fabrication du ferro-tungstène on emploie des électrodes composées de carbure ou de fonte de tungstène, qui entrent en fusion dès le four en marche, d'où leur nom d'électrodes coulantes.

On a songé à renforcer la conductibilité et la résistance mécanique des électrodes en carbone par des bandes de cuivre ou de fer, surtout pour les électrodes de grande longueur.

La Société française des électrodes ajoute à la pâte des métaux en poudre ou des oxydes et sels métalliques, qui, sous l'action d'une haute température ou de réaction chimique appropriées, mettent le métal en liberté.

Mode de fixation des électrodes.

Les électrodes sont toujours fixées sur leur support par des plaques métalliques, auxquelles sont fixés les câbles d'amenée de courant au moyen de boulons.

Par suite d'inégale dilatation du métal, surtout si celui-ci pénètre profondément dans l'électrode, on doit prévoir un certain jeu.

Pour les grands fours, la liaison des électrodes à la partie métallique du circuit peut se faire, soit en coulant autour de l'électrode un bloc de métal, soit en interposant entre les blocs constituant l'électrode des lames métalliques laminées, faisant saillie à l'extérieur et réunies au câble conducteur, soit en appliquant contre les électrodes des plaques intermédiaires, serrées par des mâchoires extérieures.

Constitution et garnissage des fours

Une enveloppe extérieure en brique est maintenue par une enveloppe en tôle consolidée par des cornières. Cette armature est pourvue d'un garnissage intérieur, de constitution variable, destiné à maintenir les matières en fusion.

Pour éviter les chutes de tension exagérées le four doit être aussi rapproché que possible de la source de courant. D'autre part les conducteurs d'amenée de courant doivent être aussi rapprochés que possible dans les canalisations d'amenée (sandwichage des barres). D'autre part la boucle, formée par les barres allant à l'électrode et à la sole doit être réduite le plus possible.

Bec de coulée.

Les becs peuvent avoir des formes assez différentes suivant les fours.

Dans les fours basculants les becs peuvent être horizontaux à l'état de repos, ou même être inclinés vers l'intérieur du four, la coulée étant produite par un mouvement de bascule.

Dans les fours fixes, l'écoulement de la masse en fusion s'effectuant par le bec de coulée, on l'obstrue pendant l'opération par un tampon d'argile ou de matière réfractaire. On peut encore employer d'épaisses plaques de fonte recouvertes de magnésie. Les becs sont généralement constitués par une tôle très épaisse épousant une forme déterminée.

Fils résistants employés dans les fours à résistances.

Les qualités et propriétés des divers alliages employés sont décrits ci-dessous.

ALLIAGE NICHROME. — Alliage résistant à l'oxydation, même à de hautes températures.

Le *Nichrome* n'est pas un alliage ordinaire de nickel et chrome; c'est un alliage spécial de ces métaux possédant toutes les caractéristiques requises d'un fil destiné à être soumis à de hautes températures. Le *Nichrome* est le premier alliage de nickel et chrome produit sur une échelle commerciale, et son apparition a, non seulement sauvé l'industrie des appareils de chauffage électrique, mais elle l'a actuellement créée.

Propriétés électriques et physiques du Nichrome. — Résistance spécifique électrique : 110 microhms par centimètre carré.

Coefficient de température de résistivité électrique : 0.000171 par degré C. ou 0.000095 par degré Fah.

Coefficient de dilatation linéaire : 0.0000116 par degré centigrade.

Poids spécifique : 8.15. Chaleur spécifique : 0.111. Poids de fusion : 2.700 Fah.

ALLIAGE NICHROME II. — Température normale de régime 1100° C.

Le *Nichrome II* a une résistance spécifique de 110 microhms par centimètre cube; son coefficient de température est de + 0.00016 par degré centigrade et il résiste énergiquement à l'oxydation.

Le *Nichrome II* se fournit également sous forme de fil aplati.

Pour calculer la conductibilité du *Nichrome II*, se servir de la table indiquant la conductibilité du *Nichrome*, en y apportant les corrections suivantes :

Pour les températures inférieures à 300° C. la conductibilité du *Nichrome II* est inférieure de 2 % environ à celle du *Nichrome*. De 300° à 600° C. ces deux métaux ont la même conductibilité. Pour les températures supérieures à 600° C. la conductibilité du *Nichrome II* est supérieure de 2 % environ aux chiffres indiqués dans la table.

ALLIAGE SUPER-NICKELIN. — Alliage remplaçant le nickel-argent sans en avoir les limitations.

Le *Super-Nickelin* est un alliage de cuivre et nickel exempt de zinc ou autre métal volatilisable à une haute température. Il est durable, ne s'oxyde pas et, placé dans des conditions atmosphériques variables, se montre infiniment supérieur au nickel-argent.

Propriétés du Super-Nickelin. — Résistance spécifique électrique : 42.5 microhms par centimètre cube.

Coefficient de température de résistivité électrique : 0.00105 par degré Fahrenheit.

Poids spécifique : 8.9.

ALLIAGE KROMORE. — Le Kromore est sans

égal au point de vue de la durée parmi les alliages de *nickel et chrome.*

C'est un alliage direct de nickel et chrome, lequel marque un progrès nouveau dans la production d'un article pouvant soutenir victorieusement l'effet oxydant de hautes empératures.

Le *Kromore* se comporte d'une façon parfaite quand il est soumis à des températures atteignant 1150° C. et c'est avec une entière confiance qu'on en recommande l'emploi dans les fourneaux, fours et grilleurs de modèle ouvert et, en général, partout où il convient au plus haut point d'obtenir des résultats constants et sûrs. Le *Kromore* est, de sa nature, particulièrement doux et docile. Nous insistons tout particulièrement sur ces diverses application du *Kromore* afin que l'on ne confonde pas cet alliage avec notre nichrome, alliage plus populaire et d'un usage universel dans le cas de températures ne dépassant pas 1000° C.

Le *Kromore* est livré sous la forme de fil, ruban ou bandes.

Propriétés électriques et physiques. — Résistance spécifique : environ 100 microhms par centimètre cube.

Coefficient de température de résistivité électrique : 0.000134 par 1° F. ou 0.000242 par 1° C.

Poids spécifique : 8.9.

ALLIAGE ADVANCE. — *Advance* et un alliage de résistance constante, même à de hautes températures.

Advance est le produit Standard généralement connu comme un alliage de cuivre et nickel sans addition de zinc. La propriété caractéristique de cet alliage, est d'offrir une résistance pratiquement constante, même quand il est soumis à des températures variables. De plus, il ne s'oxyde pas.

Propriétés de l'alliage Advance. — Résistance électrique spécifique : 49 microhms par centimètre cube.

Coefficient de température de résistivité électrique : pratiquement nulle.

Tension thermo-électrique contre cuivre : de 4,25 à 4,4 millivolts environ entre 0° et 100° C. ou de 6,6 millivolts entre 0° et 150° C.

Coefficient de dilatation linéaire : 0,0000144 par degré centigrade.

Poids spécifique : 8.9.

Ces produits sont fabriqués en Angleterre.

En France *les aciéries d'Imphy* sont seuls fabricants de fil Nichrome, dont les caractéristiques sont :

	ALLIAGE RNC 1 Microhms cm/cm 2	ALLIAGE RNC 2 Microhms cm/cm 2
Résistivité..............	95 à 100	105 à 110
Coefficient de température	0,0003 à 0,00035	0,00015 à 0,00020
Densité	8,1	8,2
Point de fusion..........	1.450°	1.450°
T..... limite	...°	1.000°

La The Electrical Alloy Compagny, compagnie américaine, fabrique plusieurs alliages dont les principaux sont :

Alliage de nickel et de chrome « Rayo », dont les principales caractéristiques sont :

Résistance spécifique : 95,7 microhms par centimètre cube.

Poids spécifique : 8,05.

Coefficient de température : 0,00018 par degré centigrade.

Point de fusion : 1540° C. environ.

Température de régime : 1100° C.

Alliage de nickel chrome Calido, dont les caractéristiques sont :

Résistance spécifique : 99,8 microhms par centimètre cube.

Poids spécifique : 8,15.

Coefficient de température : 0,00036 par degré centigrade.

Point de fusion : 1540° C. environ.

Température de régime : 1000° C.

Ces alliages par suite de leur très faible coefficient de température présentent un allongement très faible.

Ils sont presque uniquement employés dans les appareils de chauffage.

Facteur de puissance d'un four.

Le cos φ d'un four est, en général, compris entre 0,82 et 0,95.

Pour les fours monophasés, on doit chercher à réduire au minimum la chute de tension inductive du circuit secondaire en réduisant, le plus possible, la surface embrasée par les barres de connexion.

Lorsqu'on fait travailler un four à faible puissance, par exemple à mi-charge, son facteur de puissance devient bien meilleur, il passe, par exemple de 0,91 à 0,96.

L'explication de ce fait est la suivante :

Le circuit secondaire est constitué par les barres de connexion qui ont une résistance chimique r et un coefficient de self total L (spire

ABCD) et par la résistance plus ou moins ohmique de l'arc ou du mélange soumis au courant, R étant alors la résistance qui donne lieu à la production d'énergie calorifique utile RI^2 par effet Joule (fig. 91).

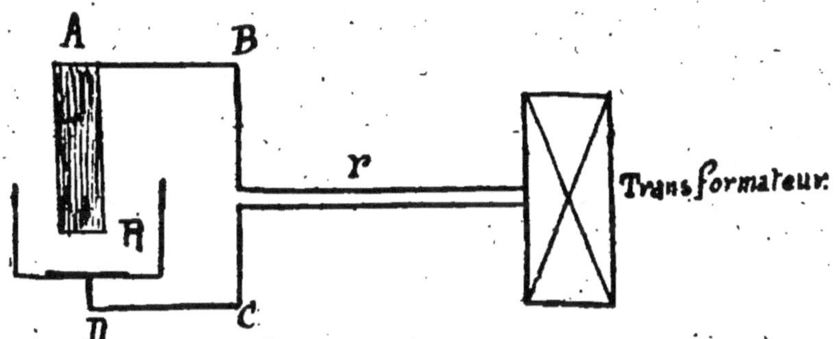

FIG. 91. — Schéma d'alimentation d'un four.

Le déphasage de l'intensité sur la tension est alors donné par la formule : L.

$$tg\varphi = \frac{\omega L}{R + r}$$

Or, lorsqu'on remonte l'électrode pour avoir la demi-charge par exemple, L augmente bien légèrement, mais c'est R qui varie le plus et augmente proportionnellement à la diminution de puissance — r d'ailleurs presque négligeable, ne change pas.

Il s'ensuit que le quotient $tg\varphi = \dfrac{\Omega L}{R + r}$ doit diminuer et, par suite, cos φ augmente, et c'est ce que les mesures nous ont fait constater.

Donc pour avoir un décalage faible, il faut augmenter la résistance et la tension, et diminuer l'intensité.

A l'heure actuelle, on a tendance à augmenter la tension aux bornes des fours, toutefois dans les limites s'accommodant avec la fabrication.

On démontre, à l'aide de diagrammes, que la puissance d'un four est égale à :

$$P = \frac{U^2 \sin \varphi \cos \varphi}{L\,\Omega}$$

On aura la puissance maxima pour $\sin \varphi = \cos \varphi$, c'est-à-dire pour $\varphi = 45°$. La puissance maxima a donc lieu pour :

$$P = \frac{U^2}{L\,\Omega} \times 0,5$$

Pour réaliser un four très puissant il faut soit augmenter la tension, ou ce qui est plus difficile diminuer la réaction $L\,\Omega$.

On démontre ainsi que la puissance d'un four est égale à :

$$P = L\,\Omega\,I' \frac{\sin \varphi}{\cos \varphi}$$

ALIMENTATION DES FOURS

Alimentation par courant continu.

Pour l'alimentation de petits fours, on peut employer des génératrices analogues à celles employées pour l'électrolyse, mais on doit veiller avec soin aux contacts et à la commutation. A l'heure actuelle, ce moyen est de moins en moins employé, et tend à être définitivement abandonné en faveur du courant alternatif.

Alimentation par courant alternatif.

L'alimentation peut se faire de deux façons :
1° *Alimentation directe*. — Le ou les fours

sont directement branchés sur l'alternateur. Celui-ci sera à basse tension et à forte intensité. De plus, la chute de tension doit être assez grande de façon à limiter l'intensité de court-circuit.

Nous ne croyons pas que l'on ait dépassé dans les alternateurs à basse tension 1.000 kws. la construction devenant trop difficile, car les barres atteignent des sections trop grandes, les courants de Foucault devenant intenses et, de plus, les forces magnétiques produites peuvent produire de très fortes vibrations. Aussi, il est préférable d'employer des alternateurs à moyenne tension, et de mettre des transformateurs abaisseurs que l'on peut, plus facilement, placer près des fours.

2° Alimentation par l'intermédiaire de transformateurs. — Des transformateurs abaisseurs placés près des fours abaissent la tension. Ce système d'alimentation tend, de plus en plus, à être employé.

Le secondaire du transformateur comporte plusieurs prises de façon à pouvoir, selon les fabrications, avoir les tensions voulues. Un système quelquefois employé par les industriels ayant des groupes électrogènes, travaillant uniquement sur les fours, consiste à faire varier la tension de l'alternateur, par son excitation, de façon à régler la tension secondaire des transformateurs.

Lorsque l'on a un réseau mixte composé d'éclairage et force motrice et de fours, il est bon de mettre un régulateur de tension (système B B C, Routin ou autre), de façon à éviter les variations brutales de tension.

Les transformateurs doivent être à chutes de tension élevée pour limiter le courant de court-circuit.

Essais des fours

Pour une marche rationnelle, une installation d'électrométallurgie doit comprendre des appareils de mesure, afin de se rendre compte de la marche du four.

Dans le cas du courant continu, un voltmètre et un ampèremètre sont suffisants.

Dans le cas d'alimentation directe en courant alternatif, on met un voltmètre, un ampèremètre et un wattmètre. Le gros fil du wattmètre et l'ampèremètre sont alimentés par un transformateur d'intensité, généralement constitué par un tor placé sur les barres d'amenée du courant.

Dans le cas d'alimentation par transformateur, il est préférable de brancher les appareils du côté haute tension par l'intermédiaire de transformateurs de mesure (fig. 92). La tension

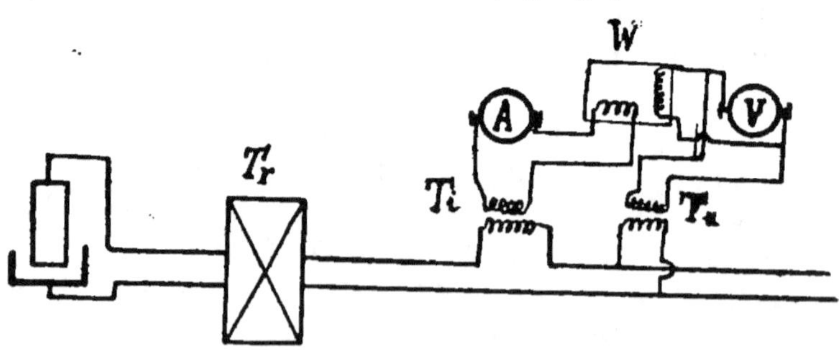

FIG. 92. — Essai d'un four.

du four étant déduite d'après le rapport de transformation des transformateurs. Il est, en effet, évident que la mesure de fortes intensités (du côté basse tension), de l'ordre de 10 à 20.000 ampères, présente beaucoup de difficultés et risque d'être faussée avec les moyens dont on dispose.

Ces appareils comprennent quelquefois des appareils enregistreurs, qui permettent de se rendre compte à un moment quelconque, du cos φ du four, et ensuite du cos φ moyen. Un compteur permet en outre de se rendre compte de l'énergie consommée par une fabrication.

Pour faire l'essai d'un four, on pèse exactement les matières premières. D'autre part, on note pendant la fabrication, et à des intervalles réguliers. (Tous les trois quarts d'heure par exemple), la tension, l'intensité et la puissance absorbées. D'autre part, on note la quantité de produits fabriqués. On peut donc, à l'aide de ces éléments déterminer :

1° Les cos φ moyen, pendant la fabrication ;

2° Les variations de puissance pendant les diverses phases de la fabrication ;

3° La quantité de matière produite par kw./h.

4° La quantité de matière produite en fonction des matières brutes ;

5° Déterminer la chute de tension dans le four.

En outre, ces mesures peuvent servir pour la mise au point d'une fabrication rationnelle d'un produit.

Soit U *ef* la tension aux bornes du four I *ef* l'intensité, et P la puissance. Le cos φ du four est donné par la relation.

$$\text{Cos } \varphi = \frac{P}{U\,ef\,I\,ef\,\sqrt{3}}$$

D'autre part, on peut construire le diagramme des chutes de tension. On connaît la tension U *ef* et le décallage φ. On peut donc déterminer RI et ωLI par suite R et ωL.

R étant la résistance du four L sa self et ω la pulsation.

On peut donc se rendre compte de l'ordre de grandeur de ces deux valeurs.

Pour déterminer les chutes de tension dans les barres d'amenée, on peut, d'une part, mesurer l'intensité circulant dans les barres, d'autre part, mesurer aux extrémités des deux points entre lesquels on veut connaître la chute de tension, la différence de potentiel à l'aide d'un millivoltmètre. La résistante R est donnée par le rapport $\dfrac{U}{I}$.

Rendement d'un four.

On appelle rendement thermique d'un four le rapport de la quantité de chaleur théorique nécessaire à la réduction, à celle dégagée par le courant électrique pour une quantité de produit déterminée.

Connaissant la réaction nécessaire à la réduction, on peut calculer la quantité de chaleur théorique. D'autre part, une mesure de puissance permet de se rendre compte de la quantité de chaleur dégagée par effet joule.

Connaissant le nombre de kw./h. P nécessaire à produire n kilogs de produits. Le nombre de calories dégagées est de :

$$T_2 = P \times 865.$$

Un kilowatt/heure dégageant 865 grandes calories.

D'autre part, soit t, la quantité de chaleur nécessaire à la réduction de 1 kg. de produit. Pour n kg. la quantité de chaleur sera :

$$T_1 = n \times t.$$

Le rendement du four sera donc :

$$n\ \% = \frac{T_1}{T_2} \times 100.$$

CHAPITRE III

ÉLECTROMÉTALLURGIE DES MÉTAUX

Électrométallurgie du zinc

Le procédé habituel consiste en un grillage de la blende (sulfure de zinc) ou une calcination de la calamine (hydrosilicate de zinc), qui amènent le métal sous forme d'oxyde ou de silicate dans des vases clos où ils sont mélangés avec le charbon réducteur. L'oxyde de carbone qui se dégage avec les vapeurs métalliques les diluant dans un volume gazeux d'environ 1.400 litres par kg. de zinc à liquéfier, rend particulièrement difficile la liquéfaction des vapeurs.

Le fait du traitement dépendant uniquement de la proximité du minerai et du combustible, mais la plupart des régions zincifères étant en pays de montagne éloignés des mines, l'éloignement des ports et des voies navigables, oblige un transport onéreux par route ou par voie ferrée du minerai ou du combustible.

Dans de telles circonstances, la houille blanche peut remplacer avantageusement la houille noire, ce qui permet de créer des fonderies électrothermiques à proximité des mines.

Le prix de revient, en dehors des frais de transport, des procédés électrothermiques peut être avantageusement comparé aux méthodes employées pour l'extraction du zinc.

Les premières recherches de l'extraction électrothermique du zinc, datent de 1885. Les frères Cowles expérimentèrent la réduction des minerais de zinc par le charbon dans un four à résistance. Le premier four industriel fut installé en Scandinavie, par De Laval. Le minerai préalablement grillé entrait dans un four à arc par l'intermédiaire d'une trémie et d'une vis sans fin. La réaction était produite par l'arc, et les vapeurs de zinc s'échappaient par un conduit vertical, les laitiers étant évacués par un orifice placé à la partie inférieure du four. Depuis, d'autres fours furent étudiés.

On peut classer les méthodes de réduction en :

a) Méthode de réduction par le charbon.

b) Décomposition du sulfure de zinc par le fer.

Méthode de réduction par le charbon.

Four Johnson. — Le premier four construit par Johnson est un four à résistance. En 1910, il fut remplacé par un four à arc et à résistance bien mieux étudié, et dans lequel le chauffage est obtenu par la résistance que la charge offre au passage du courant. Ce four se compose de : (fig. 93).

Deux électrodes E verticales, mobiles, traversent la voûte du four, l'autre électrode E est fixée à demeure à la sole. Le minerai est introduit en A. La température atteinte est de 1.350 à 1.400°.

Un condensateur C consistant en une colonne de coke maintenue incandescente par le passage du courant à une température de 850° environ.

Une chambre de condensation D dans laquelle arrive le zinc liquéfié. Cette chambre

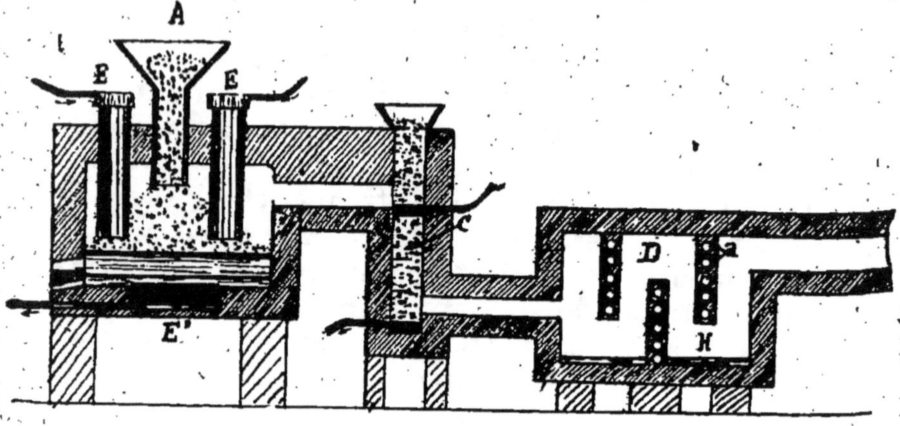

FIG. 93. — Four Johnson.

comprend des murs traversés par des canaux *a* destinés à maintenir une température déterminée.

Le zinc est recueilli en H.

Le minerai ne doit contenir que peu de gangue. Les sulfures doivent être grillés, et les carbonates calcinés.

|Le zinc condensé liquide contient toujours un peu de plomb. Un affinage dans un second four électrique permet d'obtenir un métal à 99,9 % de pureté.

La matte est traitée à part.

Un four installé en 1918 à Hartford permet de traiter 3 à 5 tonnes de minerai par 24 heures.

Procédé Fulton. — Ce procédé est l'objet du brevet américain n° 1.213.180, en date du 1er février 1917.

On emploie un four à résistance, dont la charge constitue elle-même la résistance. La charge est constituée par des briquettes formées de 50 à 60 % de leur poids de minerai calciné, de 30 à 40 % de coke et de 10 à 20 % de coaltar, le tout finement pulvérisé. Lorsqu'on a obtenu un mélange homogène des matières premières, on le chauffe au point de fusion du coaltar, qui se ramollit, et recouvre complètement chaque particule de minerai et de coke. Le mélange est ensuite mis dans des moules, et soumis à une pression de 35 kg. par cm², afin de les rendre solides.

Les hydrocarbures volatils de la substance liante, qui dilueraient la vapeur de zinc pendant la distillation et se mêleraient à la condensation, sont éliminés par un chauffage pouvant varier de 400 à 700° C. Un chauffage un peu élevé rend les briquettes meilleures conductrices du courant.

Les briquettes ainsi obtenues ont une résistance spécifique de 0,07 ohm/cm³.

Les électrodes sont disposées les unes à la suite des autres, de façon à former une résistance continue entre les électrodes et possèdent le trait caractéristique de garder leur forme et leur volume pendant la distillation.

Le courant est fourni à la chambre de distillation par un transformateur réglable, de façon à pouvoir amener progressivement la température du four à environ 700 à 800° C. Le courant est ensuite augmenté assez rapidement.

La vapeur de zinc se dégage en remplissant l'atmosphère du four, passe entre les électrodes et à travers les ouvertures de la grille, et se rend au condenseur. La température de la vapeur étant maintenue entre 500 et 600° au moyen de résistances en charbon. La vapeur de zinc rencontre des tables de condensation et circule entre elles et les parois.

Les grandes surfaces ainsi offertes, contribuent à condenser la vapeur en un liquide qui se dépose au fond du condenseur.

L'oxyde de carbone dégagé pendant la distillation des briquettes sort, et brûle à l'entrée dans le fond du condenseur. Le zinc liquide est évacué. Lorsque la distillation est terminée, ce qui est indiqué par l'extinction de la flamme à l'ouverture, le condenseur est descendu au moyen d'appareils hydrauliques, et les briquettes sont éteintes au moyen d'un jet d'eau et enlevées de la grille. On les remplace, le condenseur est remonté dans sa position primitive, et on est prêt pour recommencer l'opération.

Four de Trollhattán. — Les fours essayés de 1911 à 1913 sont du type à résistance. Le procédé de fusion consiste à charger le minerai avec des additions de lit de fusion et d'anthracite. Le minerai renfermant à la fois du zinc et du plomb, les deux métaux sont volatilisés à la fois en partie sous forme de métal et de poudre.

La poudre est mélangée avec du minerai et sert à la recharge du four. La première fusion est donc un procédé de concentration, qui, dans une seconde opération, est réduit à l'état métallique.

La grande difficulté réside en la condensation des vapeurs de zinc.

Décomposition du sulfure de zinc par le fer

Procédé Cote et Pierron. — Dans ce procédé on fait réagir le fer sur la blende fondue. Le fer s'unit au soufre pour donner du sulfure de fer et le zinc se dégage en vapeur. On a la réaction :

$$ZnS + Fe = Zn + FeS$$

Avec les blendes plombifères, on réduit le minerai à l'état de grains grossiers, on le mélange avec de la grenaille ou de la limaille de fer, et on ajoute un fondant convenable.

On introduit le mélange dans un four électrique, où une marche préalable a permis de chauffer les parois au rouge.

Le plomb se précipite, il est évacué de l'appareil. On met ensuite le courant. Le fer déplace le zinc qui, volatilisé, se rend au condenseur à peu près débarrassé du plomb. Le sulfure de fer vient former au fond du four une masse liquide recouverte de laitier.

Le sulfure de zinc et les laitiers sont évacués. Les parois intérieures du four étant au rouge blanc, on introduit une nouvelle charge que l'on traite de la même manière.

Le four Cote et Pierron installé à Ugine (Savoie), en 1913, est un four à arc et à résistance (fig. 94).

Une cuve cylindrique A en pisé de pâte d'électrode, ayant les dimensions suivantes :

Diamètre intérieur .... 1 m. 20
Diamètre extérieur .... 2 m. 25
Profondeur .... 1 m. 10

est reliée par des barres a à un des pôles de la source de courant, par l'intermédiaire de la carcasse en tôle d entourant le four. La voûte est constituée par une matière d'un seul bloc qui, même au rouge, est isolée électriquement des parois conductrices du four. Une électrode cylindrique de 50 cm. de diamètre et 2 m. 25 de long traverse la voûte du four et se trouve

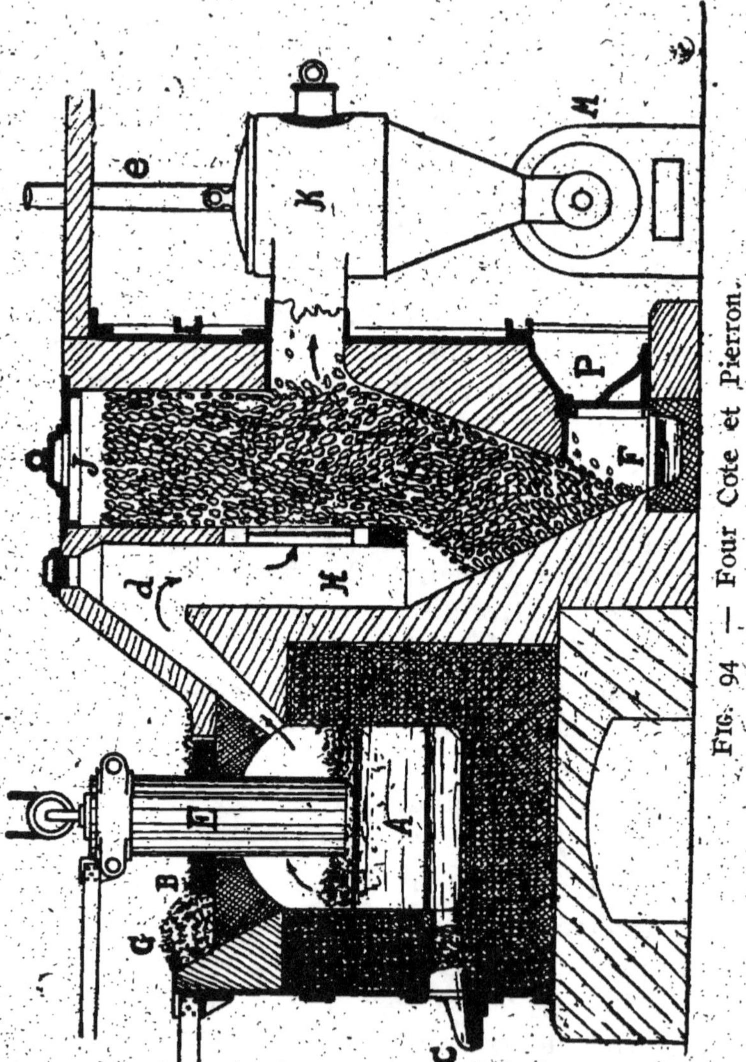

FIG. 94. — Four Cote et Pierron.

reliée par un collier d'acier et des lames de cuivre à l'autre pôle de la source. Le transformateur étant placé très près du four, on réduit au minimum la boucle d'induction. La tension d'alimentation du four est de 52 à 56 volts. Le facteur de puissance, par suite de la disposition des barres d'amenée, reste voisin de l'unité.

Une couronne de briques mobiles B convenablement disposée. assure l'étanchéité du joint de passage de l'électrode E dans la voûte.

Deux orifices symétriques placés de côté de l'électrode (en avant et en arrière du plan de la figure). permettent l'introduction rapide du minerai dans le four A. Les charges G sont préparées sur la voûte du four en attendant leur introduction.

Les laitiers et le sulfure de zinc sont évacués par le trou de coulée C.

Les charges se font environ toutes les 2 heures et comportent en moyenne 300 kg. de minerai.

Les vapeurs de zinc se dégagent par le canal d dont une partie se liquéfie dans le compartiment H du condenseur, dont la température est convenablement réglée.

De même la silice, la chaux, le fer, etc., volatilisés dans le four se déposent. Les vapeurs traversent ensuite une colonne J composée de gros morceaux de charbon portés au rouge. On a une filtration de vapeurs dont une grande partie se condense et vient se rassembler au fond F du condenseur. Le zinc fondu est recueilli dans cette partie. Le restant des vapeurs de zinc pénètre dans un barillet K, où elles se condensent en poudre très pure et peu oxydée. Une porte P permet de retirer le charbon encrassé par la filtration.

Du barillet K la poudre vient dans un four M chauffé électriquement de 430° à 450° où la fusion de la poudre s'opère à l'aide d'un fondant. Les gaz non condensables s'échappent par un tuyau *e* débouchant à l'air libre.

La consommation d'énergie, dans un four de 500 ch., est de 2.000 à 2.200 kw./h. par tonne de minerai à 35 % en moyenne, il ne reste que 1,5 % de zinc dans les laitiers ; le zinc titre 99,93 % ; les pertes totales sont de 8 à 9 %, souvent de 6 à 7 %; la consommation d'électrode est de 12 kg. par tonne de minerai.

Pour la fabrication du blanc de zinc le condenseur H est réglé en allure plus chaude de façon à retenir moins de métal. Le barillet *b* est remplacé par un appareil brûlant à l'air les vapeurs de zinc.

Les vapeurs de zinc brûlées sont filtrées et donnent un oxyde pur et blanc que l'on recueille dans des chambres.

Le zinc obtenu est voisin de 99 %.

Four Peterson. — Deux électrodes inclinées E traversent la voûte du four et sont serrées contre les parois par joints en amiante *f* (fig. 95).

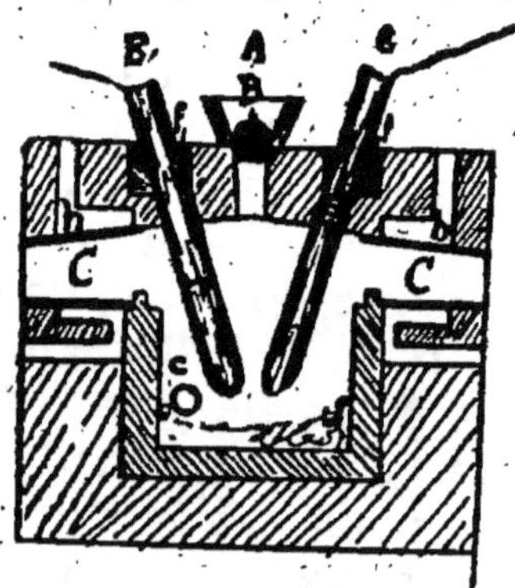

FIG. 95. — Four Peterson.

La charge se fait par une trémie A qui est fermée par un morceau d'électrode B formant bouchon. Les condenseurs C sont entourés de chambres à air *h* qui peuvent être fermées et permettent de régler la température. Un trou de coulée *c* permet de retirer les scories.

Le zinc condensé par ce système a un titre variant de 99,3 à 99,8 %.

Types divers de fours. — Le four Thomson Gerald est un four à voûte chauffante absorbant 150 kw. environ. Il date de 1911 et a fonctionné plusieurs mois en Haute-Silésie en donnant des résultats satisfaisants.

Le four Snyder (1908) est destiné au traitement de la blende plombifère. Le minerai est d'abord réduit par un grillage, puis additionné de coke ou d'un fondant.

Le four composé d'une cuve de forme rectangulaire se compose d'une électrode verticale E

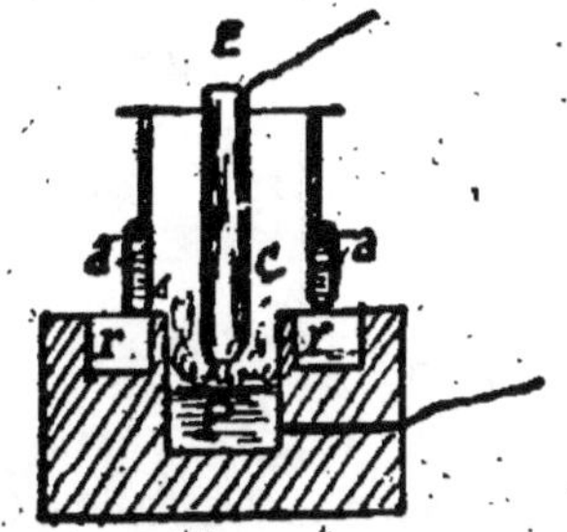

FIG. 96. — Four Snyder.

autour de laquelle est répartie la charge C. La seconde électrode est constituée par du plomb fondu P remplissant un creuset à la partie inférieure. Le plomb s'écoule dans un creuset. L'oxyde de carbone s'échappe à travers le minerai et vient brûler à la partie supérieure. Le zinc vient se condenser sur des canaux *a* et s'écoule dans des rigoles *v* diposées sur les côtés du four (fig. 96).

Les vapeurs de zinc entraînées par l'oxyde de zinc se condensent à l'état de poussière dans la masse du minerai.

Sulfure de zinc. — Ce produit est très employé en peinture, on emploie le procédé Côte et Pierron qui consiste à réduire la blende au four électrique avec formation de sulfure de fer et de zinc ou d'oxyde de zinc. On a :

$$ZnS + Fe = Zn + FeS$$

où :

$$ZnS + Fe + O = ZnO + FeS$$

Le sulfure de fer obtenu par l'une de ces réactions est introduit dans un appareil mélangeur contenant de l'acide sulfurique, on obtient de l'acide sulfhydrique ou du sulfate ferreux :

$$FeS + SO^4H^2 = H^2S + SO^4Fe$$

Le zinc et l'oxyde de zinc sont dissous dans la solution d'acide sulfurique constamment régénéré. On a :

$$ZnO + SO^4H^2 = SO^4Zn + H^2O$$

et :

$$SO^4Zn + H^2S = SZn + SO^4H^2$$

L'avantage du traitement au four électrique est d'éviter d'avoir à séparer de volumineux précipités et d'utiliser la blende sans grillage préalable.

Electrométallurgie de l'aluminium (1)

Les fours employés pour l'électrolyse de l'alumine sont de plusieurs modèles.

Certains se composent d'un pisé en carbone reposant sur un revêtement en briques réfractaires (fig. 97). Dans l'ensemble du garnissage

____

(1) Voir page 76, électrolyse de l'aluminium.

sont placés des fers plats reliés au pôle négatif. Un trou de coulée est percé sur l'un des côtés. Le pisé semi-conducteur de l'électricité a sa conductibilité augmentée par la présence des fers.

FIG. 97.— Four à aluminium avec pisé semi-conducteur.

Les électrodes, de fabrication particulièrement soignée peuvent être montés ou descendus.

Au moment de la mise en train d'une cuve neuve on a un fort dégagement de vapeurs de goudron dues à ce que le pisé doit subir sur place une cuisson.

FIG. 98. — Four à aluminium avec cathode en carbone.

Dans beaucoup d'usines on préfère employer un four composé d'un faisceau d'électrodes prismatiques traversant le fond du four et reposant sur une plaque en fer (fig. 98). A chacune de ces électrodes correspond une anode verticale mobile de section moindre. Le dégagement de vapeurs de goudron est ainsi bien atténué.

Il faut compter sur 30 à 40 kw./heure par kilogramme d'aluminium et le rendement peut varier entre 58 et 76 % suivant les fours.

Electrométallurgie des métaux

Baryum. — Un mélange de baryte et de charbon placé dans un four électrique, traversé par un courant d'hydrogène pour éviter l'oxydation, permet au métal de se volatiliser lentement. Les vapeurs sont recueillies dans un récipient où elles se condensent. On a les réactions :

$$BaO + 3C = C^2Ba + CO$$
$$C^2Ba = 2C + Ba$$

Dans le procédé Matignon on chauffe de la baryte et du silicium, à 1200° le silicium prenant la place d'une quantité équivalente de baryum. On a :

$$3BaO + Si = SiO^3Ba + 2Ba$$

La réaction a lieu dans le vide. On obtient du métal à 98,5 %.

Carbure de glucinium. — On chauffe au four électrique de la glucine GlO et du charbon.

Le glucinium métallique est obtenu en électrolysant un mélange de fluorure de glucinium et du sodium fondu.

Etain. — Le minerai est mélangé à un fondant. On emploie un four à cuve triphasé dans lequel sont disposées 3 électrodes. La charge forme autour de la zone de réaction, un cône dans lequel les électrodes brûlent librement, entourés des gaz incandescents servant de résistance.

Deux trous de coulée placés à différentes hauteurs sont prévus pour l'étain et pour les scories.

Le four est chauffé au préalable par un feu de bois ou de coke. On introduit la charge composée de 15 kg. de culm. par 100 kg. de minerai. Au début on a une tension de 60 volts et 1.000 ampères par phase, ensuite la tension baisse à 40 volts et on applique le courant normal (2.500 A).

La première coulée a lieu une demi-heure après et la coulée de scorie quelques heures après.

La pureté du métal obtenu varie de 90 à 98 % suivant la richesse du minerai traité.

Cuivre. — On fait fondre le minerai dans un four électrique ayant un avant creuset destiné à la séparation de la matte de cuivre et de la scorie.

Le pourcentage élevé de fer et de silicium permet son emploi dans la fabrication du ferro-silicium.

Le four électrique est également employé pour la fusion du cuivre et de ses alliages.

Pour éviter l'oxydation on recouvre le métal d'une couche de verre fondu. La consommation d'énergie est d'environ 300 kw./h. par tonne de métal fondu.

Mercure. — On chauffe du cinabre et de la chaux au four électrique. Tout contact du minerai avec l'air doit être évité à l'intérieur du four. Les vapeurs mercurielles passent dans des réfrigérants. Le mercure se liquéfie et il est recueilli.

On mélange deux parties de chaux pour une partie de mercure contenu dans le minerai.

CHAPITRE IV

FONTES ET ACIERS ÉLECTRIQUES

Historique

Le Français Pichon fut breveté en 1853. Dans son brevet, il spécifiait « l'application de la lumière électrique à la métallurgie du fer pour fondre et réduire toute espèce de minerai ». Ce fut le premier brevet relatif à la tentative de réduction du minerai de fer par le four électrique.

Le four Pichon se composait de deux paires d'électrodes en charbon placées l'une au-dessous de l'autre. Le minerai pulvérisé tombait au sein des arcs et une fois fondu se réunissait dans un creuset.

En 1862, l'anglais Mouckton indiqua la carburation électrique pour la fabrication de l'acier, mais les moyens de production de l'énergie électrique ne permirent pas à l'industrie d'employer les appareils construits.

En 1878, apparaissent les fours Lane Fox, Edwars, Lontin et Bertin et en 1879, le four Siemens.

De 1885 à 1887, Meuges, Cross, Reuleaux firent des projets qui ne furent jamais exécutés.

C'est vers cette époque qu'apparut, en Italie, le premier four à induction dû à Ferranti.

Vers 1892, De Laval construit un four à arc et à résistance pour l'affinage de l'acier, puis ce sont les fours d'Urbanitzky (1893), de Taussig (1894).

Ce n'est que l'année 1898 qui voit se réaliser l'application industrielle de l'électrométallurgie du fer, grâce aux fours Keller, Héroult, Ginet, Leleux et Stassano.

Le premier four industriel à induction est construit en Suède (1899), par Kyellin.

A partir de 1900, Héroult perfectionne son four, Girod, Keller, Chaplet construisent des fours à électrodes, Rœchling, Charpy, Saladin-Schneider des fours à induction et la fabrication électrique de l'acier peut être considérée comme résolue industriellement.

En ce qui concerne la fonte, il faut envisager la proximité des gisements et des usines, la richesse des régions d'exploitation à houille blanche, l'éloignement des mines de charbon, etc.

Actuellement il existe des appareils plus ou moins rapprochés des hauts fourneaux et pouvant être employés industriellement à la fabrication de la fonte.

En 1903, à Livet (Isère), avec un four Keller et à Froges (Isère), avec un four Héroult furent faits une série d'essais, suivis par une mission Canadienne,

Les essais de 1905 à 1908, montrèrent la possibilité de production de la fonte sous certaines conditions.

Les essais effectués en Suède de 1907 à 1912 permirent la mise aux points d'appareils dont les résultats furent tels qu'actuellement ils fonctionnent dans différents centres industriels de Suède, de Norvège et des Etats-Unis.

Fontes électriques

Les essais faits au Canada à la suite des essais suivis par la mission Canadienne à Livet et à Froges ont permis de démontrer :

1° La possibilité de remplacer le coke par du charbon de bois fabriqué avec les déchets des scieries ou des matières de seconde qualité ;

2° L'obtention des fontes peu sulfureuses avec des minerais assez riches en soufre ;

3° L'utilisation des minerais assez conducteurs du courant, tels que la magnétite.

Ces résultats ont permis de mettre au point un four industriel.

Le mélange intime du minerai, combustible et fondant, se fait préalablement au chargement.

Four Californien Noble-Héroult.

Le four installé à Pitt-River (Californie), se rapproche du haut fourneau électrique de Trollhättau. C'est un four triphasé à 6 électrodes de 1.500 kw. (fig. 99).

Les électrodes E sont en graphite et ont un diamètre de 21 cm. 6, et pénètrent assez profondément dans le cône formé par la descente des matières premières M dans le creuset C du four.

C'est donc un four à résistance.

Le minerai est placé dans une trémie A où il est séché et chauffé par les gaz, captés au sommet du four par un tuyau T. La combustion des gaz se fait lorsque ceux-ci ont effectué un certain parcours de façon à échauffer les matières descendantes.

Un wagonnet V, se déplaçant sur une voie circulaire peut recevoir alternativement les matières venant de la trémie A' ou de la trémie A.

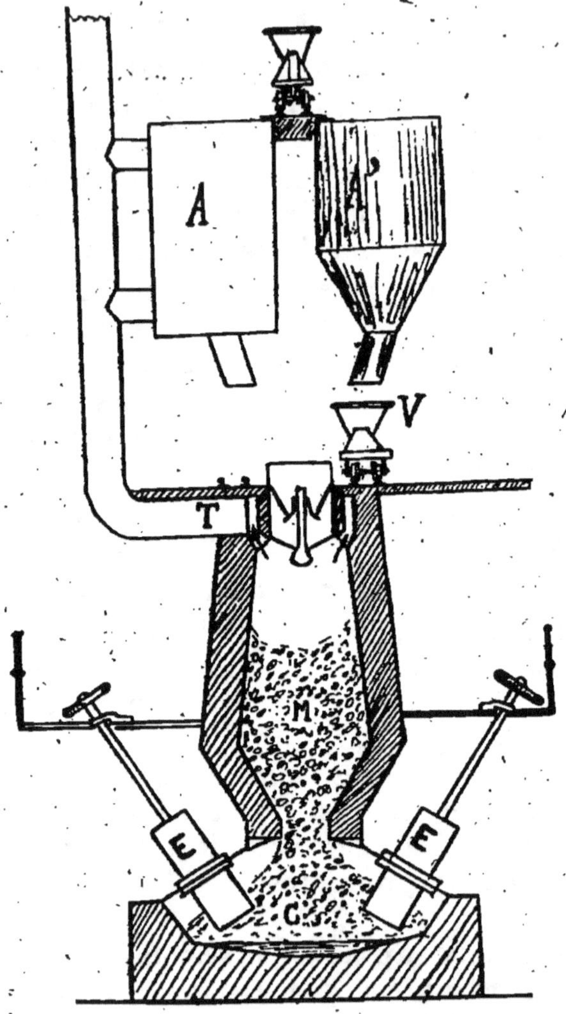

FIG. 99. — Four Noble-Heroult.

La composition de la fonte obtenue est :

Carbone total................ 2,9 à 3,3 %
Carbone combiné............ 1,2 %.
Carbone graphitique........ 1,7 à 3,6 %
Manganèse .... 0,02 à 0,4 %

Silicium	1 à 3,7 %
Phosphore	0,02 à 0,04 %
Soufre	0,01 à 0,05 %

Four Keller.

C'est à Livet qu'est l'usine principale utilisant les brevets Keller pour la fabrication de la fonte synthétique.

Le procédé est basé sur l'introduction du carbone et du silicium dans un lit de fusion formé de tournure d'acier.

Les fontes synthétiques ainsi préparées sont exactement dosées et très pures, de plus elles sont à peine sulfureuses.

Le four Keller, de capacité plus haute que les fours ordinaires, utilise les gaz de réduction au séchage des matières premières.

On emploie les életrodes en série ; plusieurs électrodes de même polarité peuvent être mises en parallèle afin d'augmenter la puissance.

Pour assurer la circulation prolongée des gaz réducteurs au travers de la charge dans le sens de la hauteur, il faut que le creuset de fusion soit beaucoup plus haut que dans les fours ordinaires. Le foyer de travail placé à la partie inférieure de l'électrode se trouve surmonté d'une couche élevée de matières, au travers de laquelle les gaz réducteurs doivent passer pour sortir du four. Leur contact prolongé avec les matières facilite la réduction de l'oxydation. Une partie de la chaleur des gaz est cédée aux matières.

Les gaz brûlent par des ouvertures O et les flammes produites sont reçues et dirigées sous un plan métallique incliné E sur lequel des-

cendent les matières à traiter (fig. 100). De plus
la trémie contenant la charge est entourée d'une

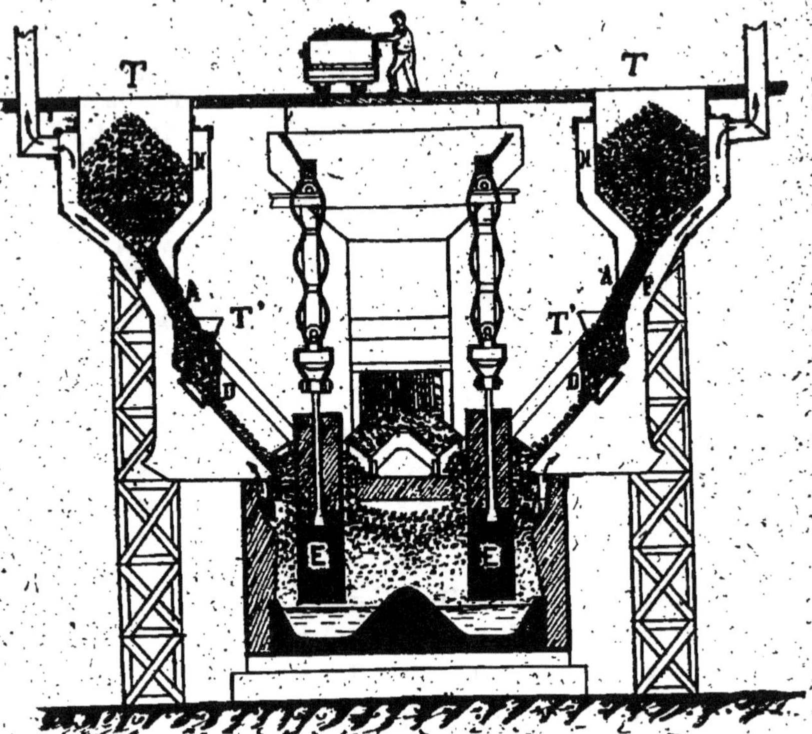

FIG. 100. — Four à fonte Keller.

double paroi en tôle H dans laquelle circulent
les gaz brûlés avant de s'échapper. On réalise
ainsi un séchage progressif des matières à traiter
en même temps qu'une chauffe préalable qui facilite l'action réductrice des gaz lorsqu'ils arrivent dans le corps du four. De plus l'hygiène du
personnel ouvrier surveillant la marche du four
est notablement améliorée.

La charge M contenue dans les trémies T

arrive par le conduit A à une trémie intermédiaire T' distributrice. Des plans inclinés permettent la répartition de la charge autour des électrodes E. Une trappe d'arrêt D permet l'alimentation automatique du four au fur et à mesure de la fusion des matières.

HAUT FOURNEAU ÉLECTRIQUE DE TROLLHÆTTAU. — Le haut fourneau électrique de Trollhättan fut une application des expériences de 1910-1912 dans le but de produire économiquement de la fonte sur une grande échelle.

Les électrodes E sont placées à la partie inférieure, de façon à les soustraire au poids de la charge et d'obtenir une température élevée à l'extrémité inférieure de la colonne de minerai, tout en étant assez éloignées des parois du four. (fig. 101).

La cuve se compose de 2 troncs de cône A et B réunis par leur plus grande base. On peut ainsi augmenter le volume de la cuve sans modifier les dimensions du creuset C. Le four se charge en D au moyen d'une plateforme F. Un plancher P sert aux diverses opérations nécessaires à la bonne marche du four.

La prise de gaz se fait en T.

Le four est alimenté à une tension variant de 40 à 90 volts par du courant biphasé.

Le rendement du four est d'environ 70 %, dont 19 % environ de pertes par rayonnement, le reste étant perdu dans l'eau de refroidissement et dans les canalisations d'alimentation du four.

La température de sortie des gaz varie de 205° à 30°, soit en moyenne 76°.

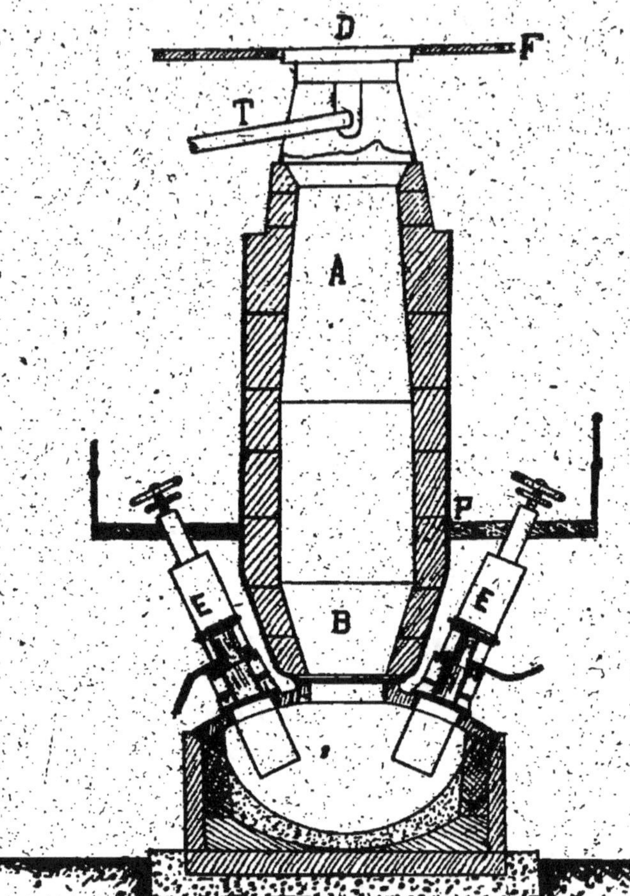

FIG. 101. — Four à fonte de Trollhätan (Suède).

Aciers électrothermiques

Méthodes utilisées.

On peut employer pour la fabrication de l'acier une des cinq méthodes :

1° *Marche en simple fusion*. — Le four reçoit les matières à la température ordinaire et les fond peu à peu. Il n'y a que les réactions dues aux impuretés. On fait les additions finales nécessaires pour recarburer et désoxyder le métal.

2° Marche en fusion de riblon avec affinage. — Cette marche comprend six phases:

La fusion et l'oxydation des impuretés dues au passage du courant.

Le décrassage fait après arrêt du courant

La récarburation en ajoutant à la surface du bain la quantité de carbone nécessaire.

La désoxydation et la désulfuration obtenues par addition de ferro-silicium et de ferro-manganèse, de silice et de chaux, de façon à former un laitier extra-calcaire ou silicate bicalcique.

La mise au point du carbone en faisant des additions d'agglomérés (fonte et charbon ou limaille de fonte, charbon et goudron).

La coulée.

Ces opérations durent de six à huit heures.

3° Marche en superaffinage. — On parachève l'épuration du métal au four électrique.

4° Marche en affinage de la fonte. — On se sert de fonte déjà épurée à l'aide d'un mélangeur actif.

5° Réduction du minerai suivie d'affinage. — Ce procédé permet d'obtenir toute nuance d'acier ou de fer en partant du minerai mélangé au charbon.

Four Héroult

C'est un four à arc, dont la partie électrique est séparée de la partie métallurgique. La sole n'est pas conductrice, les arcs jaillissant entre les électrodes et la surface du bain (fig. 102).

On peut employer une voûte sans l'exposer

à une usure trop rapide, les électrodes au-dessous desquelles jaillissent les arcs constituant une sorte d'écran.

Le four peut être mono ou triphasé.

Les principaux avantages de ces fours sont :

1° Analogie avec le four Martin basique, sole homogène et compacte, pas d'électrodes noyées dans les parois.

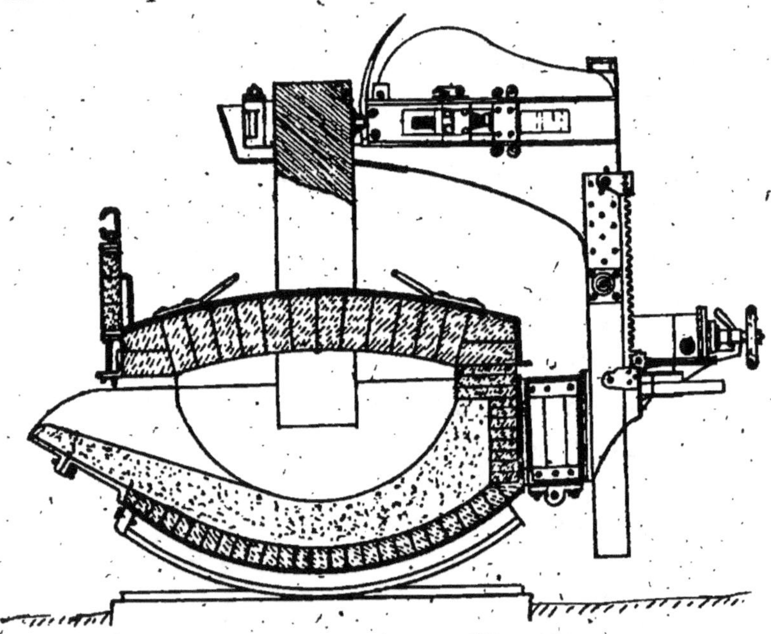

FIG. 102. — Four Heroult.

2° Indépendance de la partie électrique et fonctionnement simple.

3° Voûte soustraite au rayonnement direct des arcs et chaleur développée au centre du bain, ce qui augmente la durée du garnissage des parois.

4° Chaleur dégagée également dans la scorie, ce qui permet un affinage actif.

5° Possibilité de rendre l'atmosphère du four oxydante, neutre ou réductrice.

6° Facteur de puissance élevée (0,85 à 0,9).

Four Girod

Le creuset du four Girod est de forme circulaire ou oblongue dans lequel le métal atteint de 20 à 30 m. de hauteur.

Le courant traverse sous forme d'arc la distance séparant les électrodes supérieures E du bain, puis le bain et sort par les électrodes e ou inversement (fig. 103).

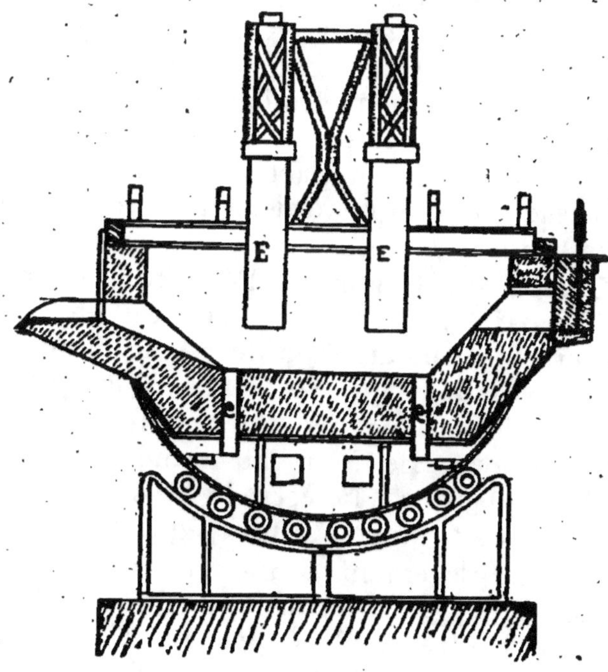

FIG. 103. — Four Girod.

Les électrodes supérieures peuvent être multiples et montées en parallèle.

La disposition des électrodes *c* oblige le courant à traverser la charge dans toute sa longueur.

Ce four fonctionne à arc entre les électrodes et le bain et par résistance pour la traversée du bain.

Le facteur de puissance varie de 0,8 à 0,9.

Foûr Keller

La sole de ce four est constituée par un pisé armé formé par des barres A de 25 à 30 m./m. verticales, régulièrement disposées et écartées de 25 m./m. environ. Une plaque métallique disposée au fond réunit ce faisceau remplissant le fond du four et sur lequel repose l'acier liquide. Les interstices entre les barres sont comblés avec un pisé fortement damé à chaud. Le tout, constituant un bloc compact, est renfermé dans une carcasse métallique qui peut être refroidie par circulation d'eau.

Le courant venant de l'électrode supérieure E se répartit dans toute la section de la sole, et traverse le métal liquide dans toute la section pointillée pour se rendre à la sole.

La sole conductrice permet un amorçage facile du four. Le four est fermé par une voûte, et le réglage de l'électrode E se fait automatiquement au moyen d'un régulateur.

Le remplacement d'une électrode se fait très rapidement grâce à un dispositif en T tournant qui peut être déplacé par rotation. A l'extrémité de chaque branche du T est suspendue une électrode (fig. 104).

Le four peut être mono ou triphasé. Dans le cas de courant triphasé à couplage étoile, le point neutre est réuni à la sole.

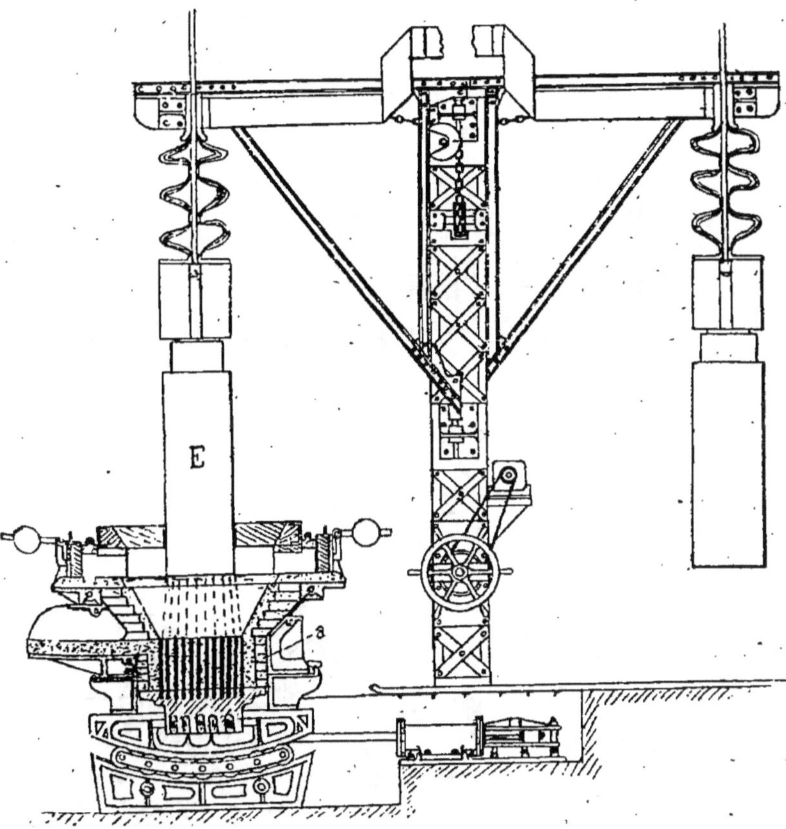

FIG. 104. — Four à acier Keller à sole conductrice.

Une disposition appropriée des barres d'amenée de courant tendant à réduire au minimum
la boucle d'induction permet d'améliorer le facteur de puissance du four.

Four Chaplet

Ce four se compose d'une cuve A, dans laquelle se produit l'arc destiné à la fusion des
matières (fig. 105-106). Une ou plusieurs élec-

trodes amènent le courant en traversant le couvercle en voûtes, qui peut être en magnésie
ou en carbone, à condition d'être isolé de la

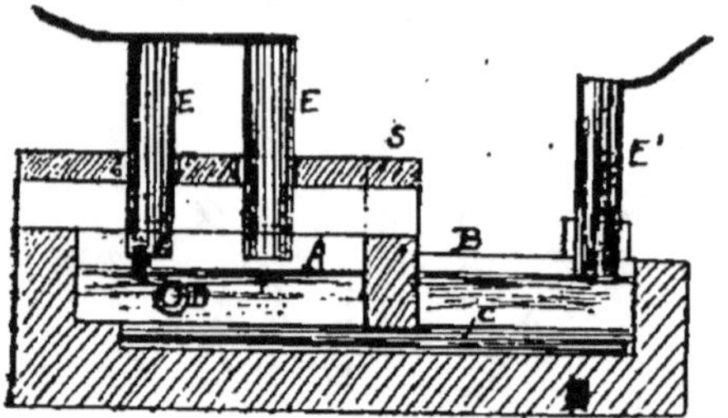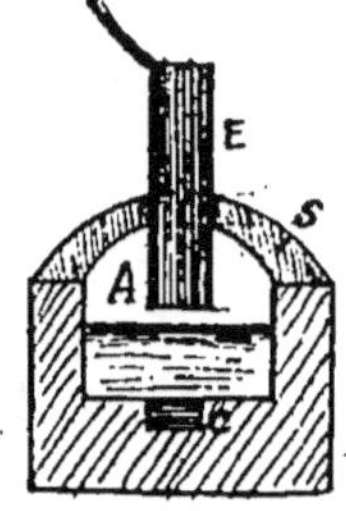

FIG. 105-106. — Four Chaplet.

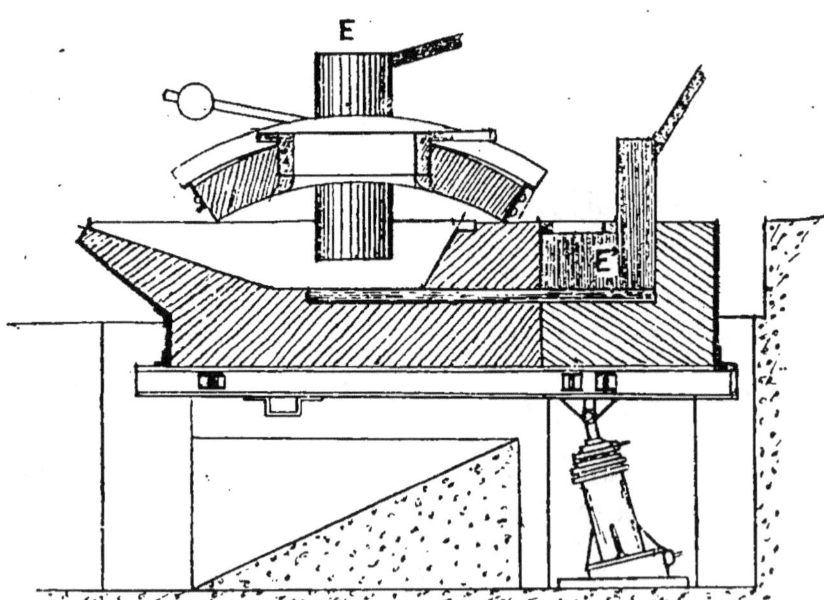

FIG. 107. — Four Chaplet oscillant.

cuve ou des électrodes. Le courant sort par une
électrode E'. Un canal C rempli de matières
conductrices (fer acier) réunit les deux cuves

A et B au moment de la mise en route du four. Ce canal est construit de façon à éviter sa vidange lors d'une coulée, ce qui désamorcerait le four. Un trou de coulée D permet l'évacuation de la cuve A des matières traitées.

Dans le four oscillant, l'électrode E' constituée par des largets de fer aboutit à une rigole toujours remplie de métal solide ou fondu, ce qui assure la connexion électrique entre la charge et l'électrode (fig. 107).

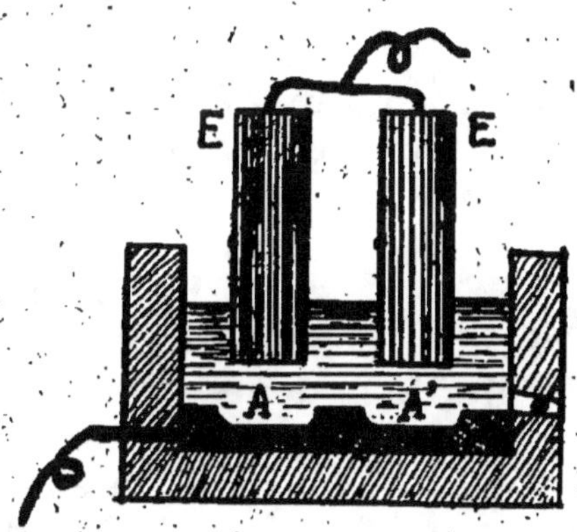

Le garnissage du four est en magnésie dans la cuve et en silice dans les autres parties. L'électrode E est en graphite.

Un vernier hydraulique placé à l'opposé du bec de coulée permet d'incliner le four pour évacuer le métal fondu.

Four Stassano

Le four tournant est constitué par une enveloppe métallique A se terminant en tronc de cône à sa partie supérieure et garnie intérieurement de matières réfractaires R. La chambre de fusion C, de forme cylindrique, disposée au centre de cette enveloppe, est fermée par une calotte sphérique. Des ouvertures ménagées dans la paroi permettent le passage des électrodes E. Les extrémités de ces électrodes doivent pouvoir entrer en contact au centre de la chambre de fusion et de façon à permettre la production d'un arc à une distance convenable de la sole du four (fig. 108).

Un manchon métallique M à double enveloppe sert à guider l'électrode correspondante. Un courant d'eau circule entre les parois de la double enveloppe et sert au refroidissement.

Les prises de courant étant disposées à la partie inférieure de l'enveloppe métallique, un câble souple D en permet le raccordement avec l'électrode.

Des cylindres à pression hydraulique H permettent le réglage des électrodes.

L'ensemble du four repose sur une couronne métallique munie de roues tronconiques qui reposent et peuvent tourner librement sur une pièce circulaire en fonte en forme de tronc de cône très évasé. Des piliers P en maçonnerie supportent cette pièce, qui est inclinée, de sorte que l'axe du four est lui-même incliné. A la partie inférieure de l'enveloppe métallique du four est fixée une roues dentée E engrenant avec un pignon p qui porte un arbre a, commandé à son tour par un engrenage tronconique b qui permet d'imprimer un mouvement de rotation à l'ensemble du four. Une série de balais portant sur des bagues permet d'amener le courant de la source aux électrodes.

Les produits volatils s'échappent en T par le haut du four. Une ouverture O permet la

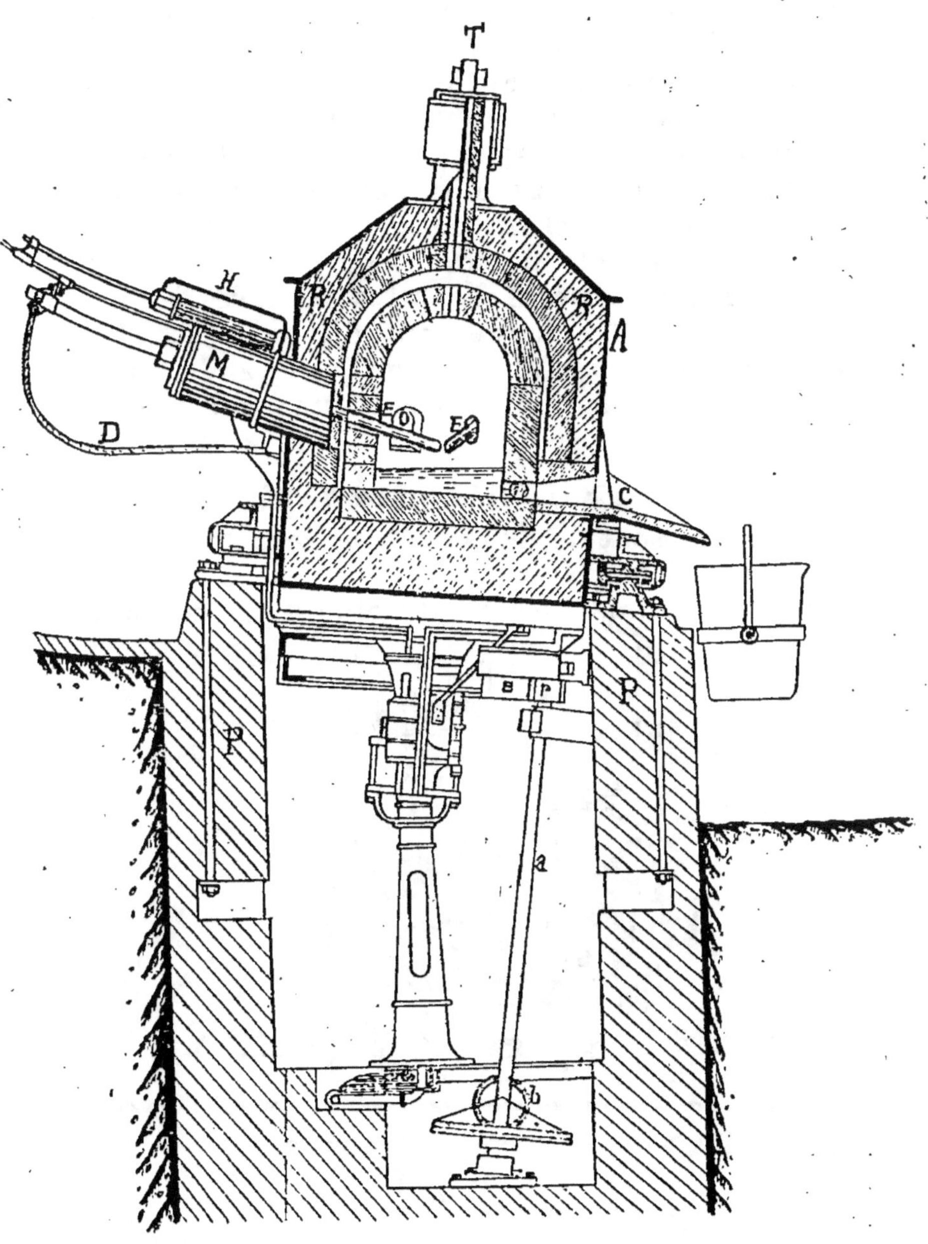

Fig. 108. — Four Stassano.

charge du four et un trou de coulée C permet l'évacuation du métal fondu.

Grâce à cette disposition l'air ne circule pas librement dans le four et on a dans la chambre de fusion une atmosphère parfaitement neutre. De plus les matières à traiter n̄e sont pas en contact avec les électrodes.

Dans le modèle de four fixe la sole a une forme rectangulaire. Les portes destinées à l'introduction de la charge sont disposées sur les petits côtés du rectangle. Sur les grands côtés se trouve le trou de coulée et un orifice pour l'évacuation des scories.

Fours Rheinmetall

Ces fours sont de deux sortes : le premier est identique au four Héroult et n'en diffère que par quelques détails de construction : le courant

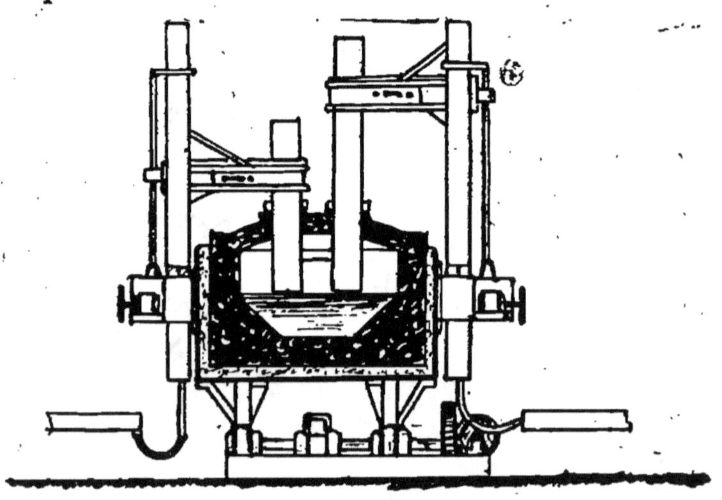

FIG. 109. — Four Rheinmetall.

triphasé est amené à trois électrodes supérieures et le point neutre est réuni à la sole du four. Les figures 109 et 110 montrent sa disposi-

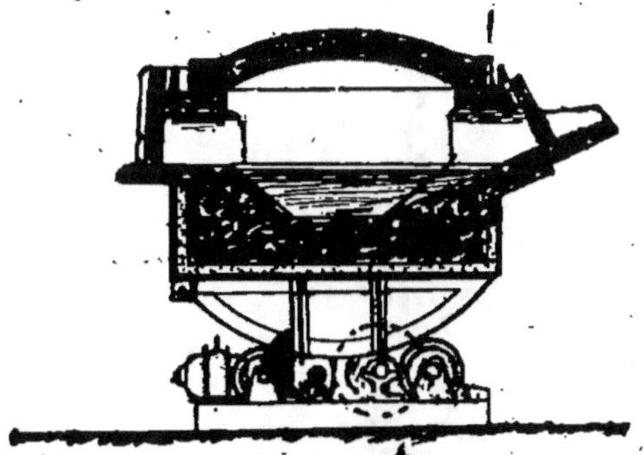

FIG. 110. — Four Rheinmetall de 0,5 à 3 tonnes.

tion. Ce four est construit pour des capacités de 0,5 t. à 3 t. d'acier. Le second modèle est prévu pour des capacités supérieures à 3 t. ; son pivotement dans le sens vertical est obtenu par un moteur électrique actionnant une roue d'engrenage et des secteurs dentés ; des rouleaux C supportent le poids du four (fig. 111).

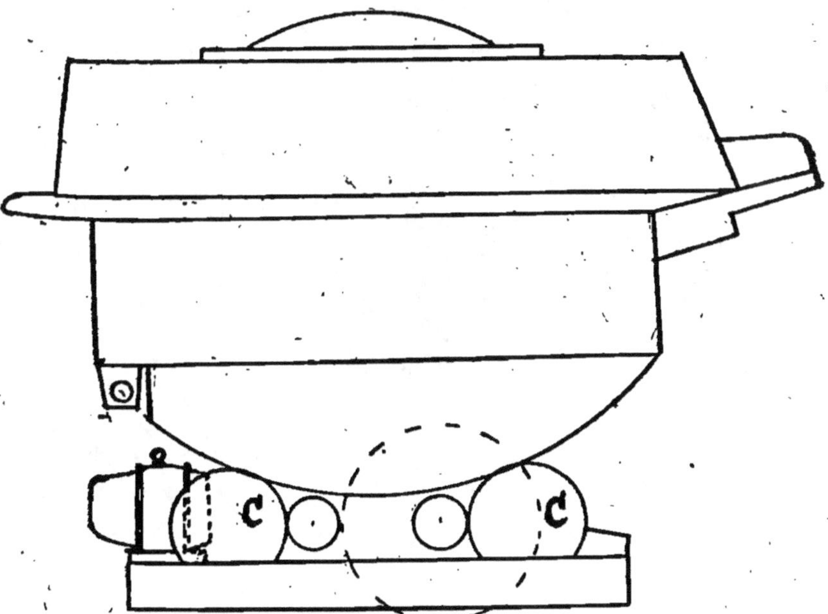

FIG. 111. — Four Rheinmetall de plus de 3 tonnes.

15.

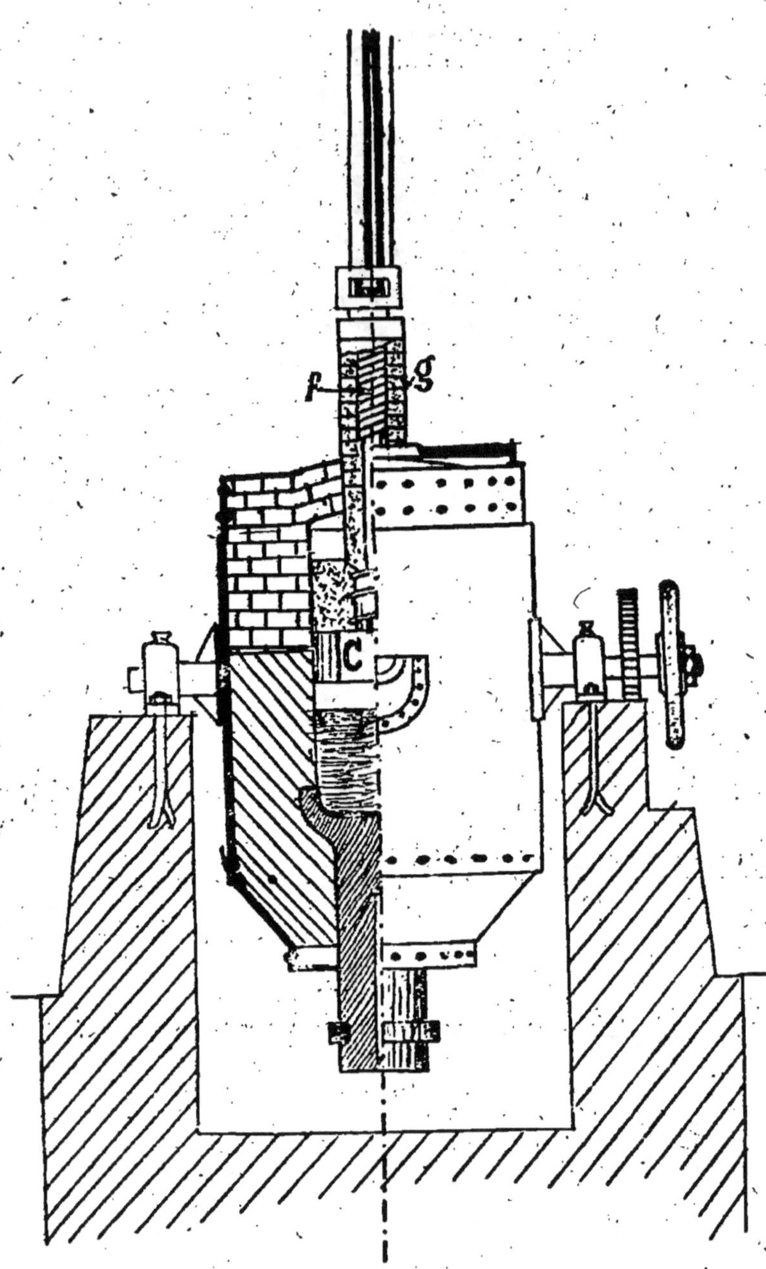

FIG. 112. — Four Rheinmetall, système Russ.

Les électrodes sont des électrodes artificielles en graphite ou en charbon. Une variante de construction est représentée par la figure 112 : dans ce cas, l'électrode C a sensiblement le même diamètre que le diamètre intérieur du four et est creusée en forme de cuvette, ce qui permet d'utiliser au mieux la chaleur produite et de fatiguer beaucoup moins les parois du four. La queue f de l'électrode a une section beaucoup plus faible, ce qui évite la déperdition de chaleur, elle est d'ailleurs recouverte d'un manchon isolant g. Le diamètre étant de 100 m./m. et la longueur de 2 m., la résistance moyenne, si cette queue d'électrode était en charbon, serait de 0,016 ohm et la chute de tension pour un courant de 2.000 A. serait de 32,5 V. ; la perte d'énergie pour une opération de cinq heures serait de 215 kw-h. Pour éviter cette perte, on a constitué cette queue en métal de grande conductibilité ; on a ainsi obtenu un rendement extraordinairement élevé. De plus, ce four a un facteur de puissance très élevé. Dans les grands fours, chaque électrode possède un système de réglage indépendant.

Four Nathusius

C'est un système combiné de four à arc et à résistance. Il se compose de 3 électrodes en charbon disposées verticalement et agissant à la surface du bain et disposées suivant un triangle équilatéral (fig. 113).

D'une façon symétrique sont disposées, dans la sole du four, 3 électrodes en acier. Les connexions sont représentées sur la figure...

On a ainsi une circulation de courant très rapide, ce qui permet un chauffage énergique du bain.

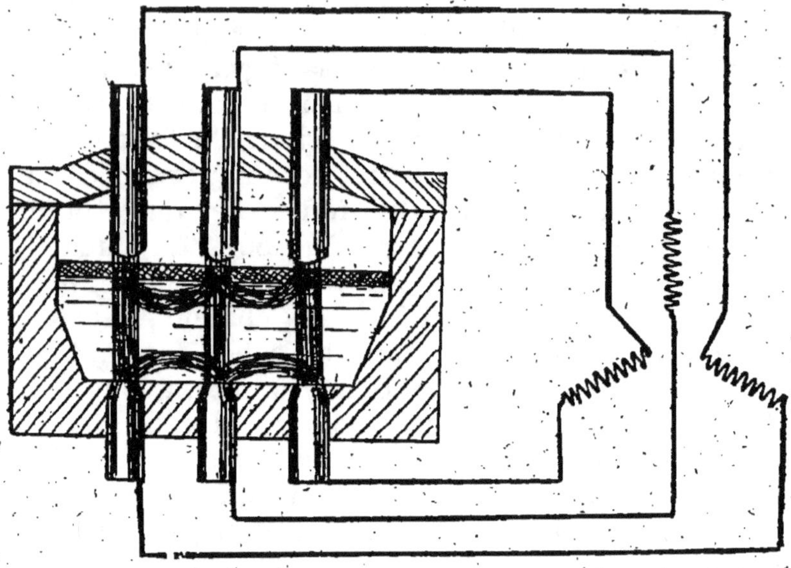

FIG. 113. — Four Nathusius.

De plus, les électrodes étant disposées très près l'une de l'autre, les 3 arcs sont chassés vers l'extérieur, en raison des effets de répulsion électrodynamique des courants de même sens.

Four Rennerfeld

Ce four est original par la nature de l'arc qu'il utilise.

Il se compose d'une carcasse cylindrique en tôle d'acier garnie intérieurement de silice, de charbon ou de magnésie.

Le portes de chargement ou de déchargement sont disposées latéralement , ou aux extrémités du four.

On emploie du courant diphasé. (Dans le cas d'alimentation par un réseau triphasé, on le transforme en diphasé par un transformateur genre Scott.) Chaque phase est réunie aux 2 électrodes horizontales E. L'électrode verticale E' étant réunie au commun (fig. 114).

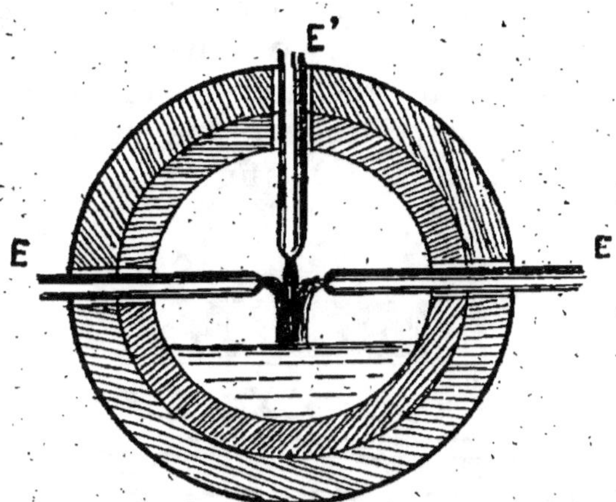

FIG. 114. — Four Rennerfeld.

L'arc affecte la forme d'une fleur de lys, et la chaleur dégagée est ainsi dirigée vers le métal, bien qu'elle ne soit pas en contact avec lui.

La hauteur des arcs des charbons à la surface du bain varie de 15 à 30 cm., et peut être réglée.

Ce four a surtout été utilisé en Allemagne, en Scandinavie, et en Russie.

Four à induction Rœchling-Rodenhauser

Ce four se rapproche du four Kjellin, mais le chauffage se fait à la fois par induction et par résistance.

Le canal de fusion affecte la forme d'un 8 dont chacune des boucles C entoure les branches du noyau inducteur H. La partie centrale D, réunissant les boucles, se trouve élargie et constitue la chambre de travail. C'est dans cette chambre qu'agit le chauffage par résistance, qui se fait à l'aide d'un enroulement spécial B, monté lui-même inductivement.

Le circuit magnétique est constitué par des tôles en fer doux. Des canaux de ventilation sont ménagés pour faciliter le refroidissement. Chaque noyau porte une bobine primaire A, et la bobine de chauffage B (fig. 115, 116 et 117).

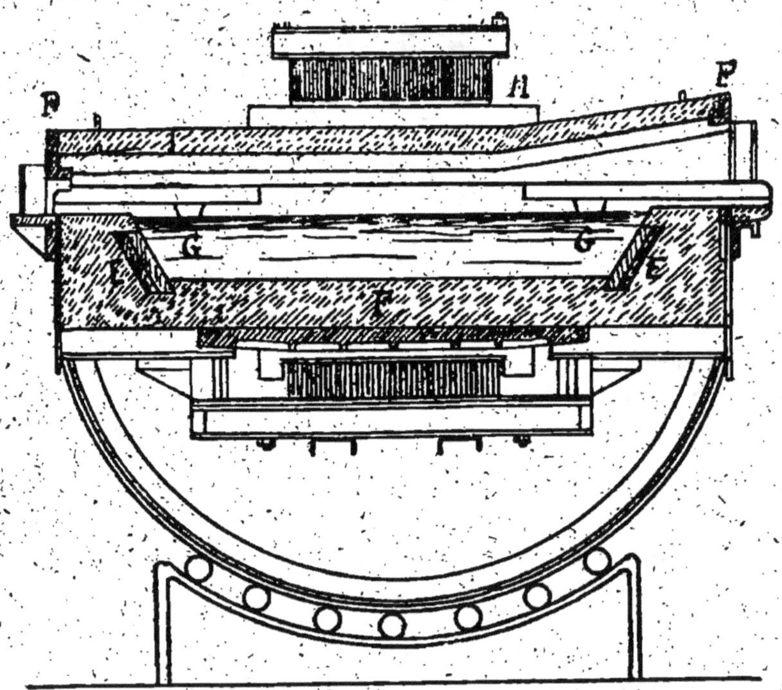

FIG. 115.— Röchling-Rodenhauser (coupe transversale).

La masse du four F est composée de briques réfractaires de magnésie de 10 à 12 % de goudron que l'on tasse autour d'un moule épousant les formes des canaux et de la chambre de fusion.

Des couvercles R recouvrent les canaux, afin d'éviter les pertes par radiation. Une circulation d'air frais est établie autour des bobines au moyen des tuyaux N_1 par lesquels l'air arrive.

Les électrodes E amenant le courant dans la résistance, sont en tôle d'acier, et recouvertes d'un mélange b, de magnésie, dolomine et gou-

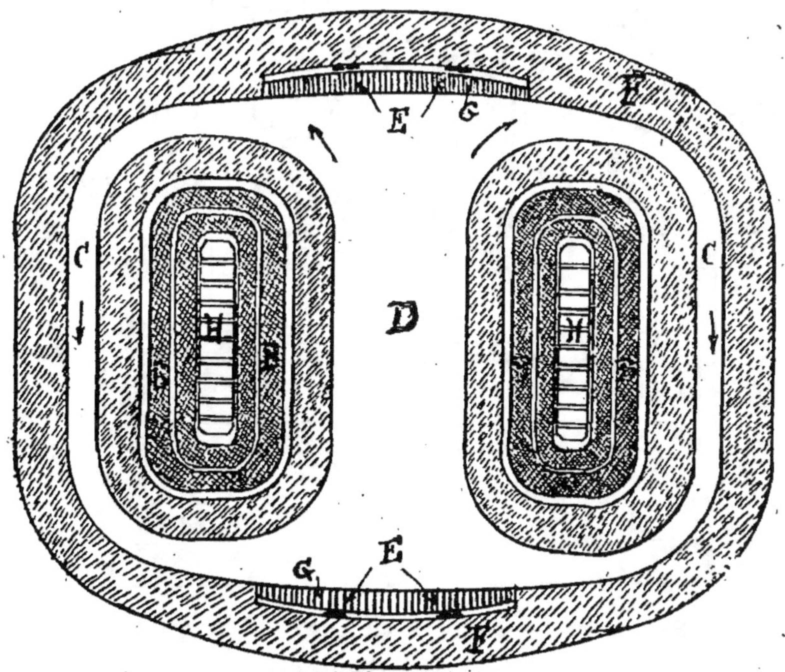

FIG. 116. — Four Röchling-Rodenhauser
(coupe horizontale).

dron, qui ne devient conducteur qu'à partir d'une certaine température.

Le four est monté sur des galets Q roulant le long d'un rail concave. Son inclinaison est obtenue à l'aide de pistons hydrauliques.

Pour la mise en route du four, on place dans

les canaux des plaques en fer doux que l'on porte en alimentant les enroulements inducteurs à 8 ou 900°. On enlève ensuite ces anneaux, et on le charge avec de la fonte brute liquide, puis on continue le chauffage. Une fois

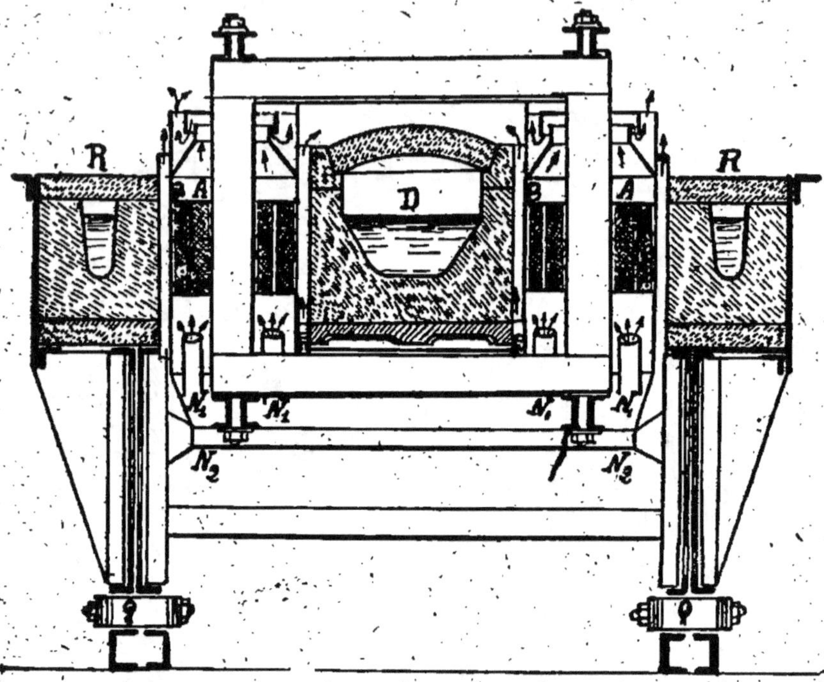

FIG. 117. — Four Röchling-Rodenhauser
(coupe longitudinale).

la température obtenue, on coule une partie du métal.

Dans un four alimenté à 5.000 volts, 15 périodes, la consommation varie de 200 à 300 kws-heures par tonne d'acier.

La principale particularité de ce four consiste à l'emploi de deux bobines. La première constitue le primaire d'un transformateur dont le secondaire est constitué par le bain de métal. La deuxième bobine sert au chauffage de la zone D.

Le facteur de puissance de ce four varie entre 0,85 et 0,88.

L'inconvénient de ces fours est une dégradation assez rapide des parois, due à ce que le métal en fusion est en contact avec elles, ce qui a pour effet d'agrandir la section des canaux. Il en résulte une diminution de chauffe. On doit donc choisir des matériaux réfractaires de première qualité, et soigner particulièrement le revêtement.

Un recensement des fours à acier fait en 1922, donne les nombres suivants :

Fours Héroult .... 310 dont 28 en France
Fours Rennerfeld .....   99 dont 2 en France
Fours Greaves Etchells. 90 dont 8 en France
Fours Snyder   7   pas en France
Fours Von Braitn ....   6 dont 1 en France

L'Amérique vient en tête avec 177 fours Héroult, 14 fours Rennelfeld, et 25 fours Greaves Etchells.

CHAPITRE V

ALLIAGES FERRO-MÉTALLIQUES

Ferro-Chrome

On emploie un four électrique à sole conductrice. Mais, lorsqu'on veut obtenir des alliages à moins de 2 % de carbone, il faut éviter l'action, généralement carburante, de la sole conductrice, et utiliser des revêtements non siliceux, car les laitiers formés contiennent de l'oxyde de chrome.

On n'arrive à ces résultats que par des fusions répétées.

La méthode habituelle consiste à réduire un minerai de chrome par du charbon. On mélange généralement dans les proportions :

Chromite à 50 % environ .... 100 kg.
Anthracite à 10 % de cendres .... 21 kg.

On obtient un rendement de 1 tonne environ par kilowatt pour un alliage à 70 % de chrome, et 8 % de carbone.

Le four employé jouant un rôle important dans la pureté de l'alliage, on doit éviter les fours à électrodes plongeant dans le bain, car les électrodes recarburent l'alliage au lieu de lui enlever du carbure. Il est préférable d'utiliser un creuset en chromite qui joue un rôle favorable à l'élimination du carbone.

Le four Chaplet permet de remplir ces conditions.

Ferro-Silicium

Seuls les alliages riches sont préparés au four électrique.

Le principe du procédé repose sur la réduction de la silice par le carbone en présence du fer. On a :

$$SiO^2 + 2C + nFeSi + 2CO \nearrow$$

En pratique, on prend un poids de charbon (coke) égal à celui de l'oxygène, du minerai quartzeux à réduire.

Pour la production d'un ferro-silicium à 50 % de silicium, on emploie :

Quartz .... 100 kg.
Coke .... 51 »
Tournure de fer .... 45 »

Le coke peut être remplacé par de l'anthracite à 10 % de cendres.

On peut employer les fours à électrodes mobiles et à sole conductrice, les fours à 2 électrodes en série avec sole conductrice ou non, les fours triphasés, où les fours à résistance à électrode fixe. Dans ce dernier type de four, le réglage de la puissance s'effectue par variation de tension. (En général, la tension peut varier de 200 à 500 volts.)

Les creusets sont du type ouvert de façon à ce que les gaz de réduction puissent se dégager facilement à la partie supérieure. Ils sont de faible profondeur, et la sole est de préférence en charbon.

Les figures 118 et 119 représentent un four à ferro-silicium, type circulaire. L'armature A constituant l'enveloppe, et le fond de la sole S sont en fonte.

La garniture du four G est en briques siliceuses. La sole est formée d'une pisé de graphite et de goudron P dans lequel sont noyées les barres D en fer servant à amener le courant.

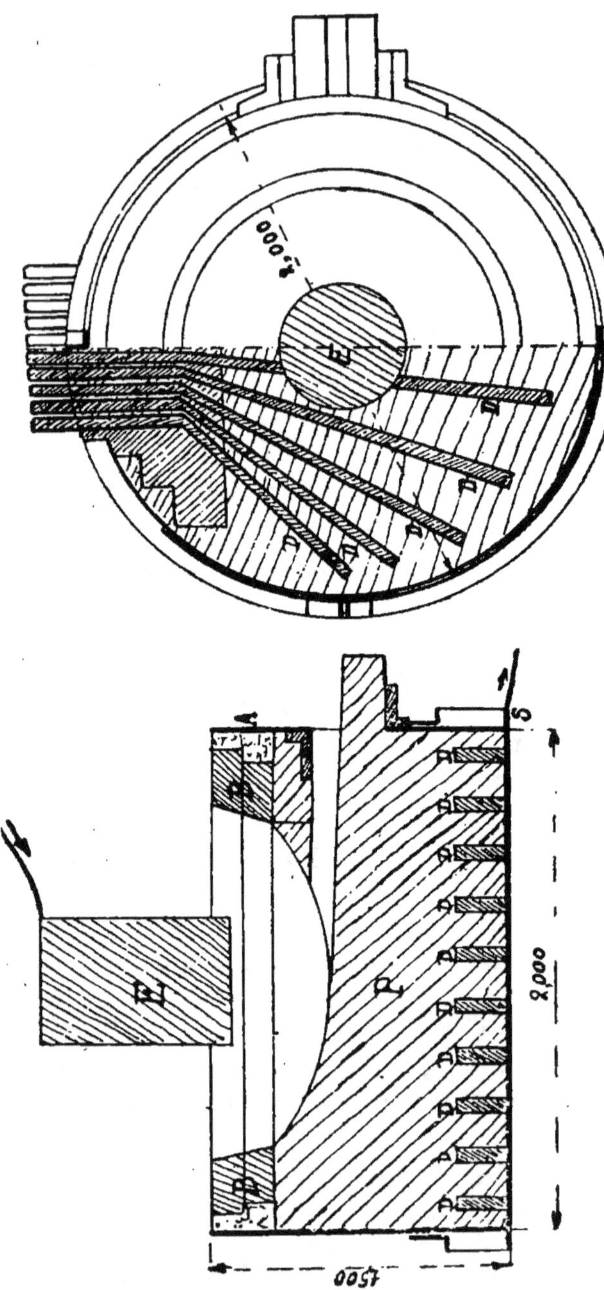

FIG. 118 et 119. — Four à ferro-silicium circulaire.

Avec du charbon de bois, on peut employer un voltage de 60 à 80 volts. Avec le coke et l'anthracite, on emploie une tension variant de 25 à 35 volts.

L'intensité du courant doit être suffisante pour obtenir un bon rendement, mais pas trop élevée, afin d'éviter les pertes par volatilisation.

La puissance des fours varie de 500 à 2.500 chevaux. Le creuset doit être d'autant plus petit que la teneur en silicium est élevée. Ainsi, pour un four de 1.000 chevaux, le creuset a 2 × 2 mètres pour une teneur en silicium de 50 %, et n'a plus que 1 m. 50 × 1 m. 50 pour un alliage à 90 %.

Pour certaines teneurs (30 à 40 % et 47 à 63 o/o de silicium), l'alliage se désagrège et tombe en poussière au bout de quelques semaines, ou même, de quelques jours, suivant l'impureté de l'alliage. L'humidité facilite la désagrégation.

Ferro-Manganèse.

Les fours employés sont généralement du type four à carbure, avec revêtement extra magnésien ou calcaire, sole en graphite ; les conducteurs électriques sont noyés dans la sole.

Le creuset est très profond, de façon à obtenir un rendement maximum en chaleur et en quantité ; les gaz chauds dégagés au fond de la cuve réchauffent les matières introduites dans le four (fig. 120 et 121).

Les parois sont épaisses afin d'éviter les pertes par rayonnement, et en matières très réfractaires et exemptes de silice, afin d'éviter une désagrégation rapide, car sous l'influence de la chaleur et en présence du bioxyde de manganèse, on aurait scorification du minerai avec la silice du revêtement.

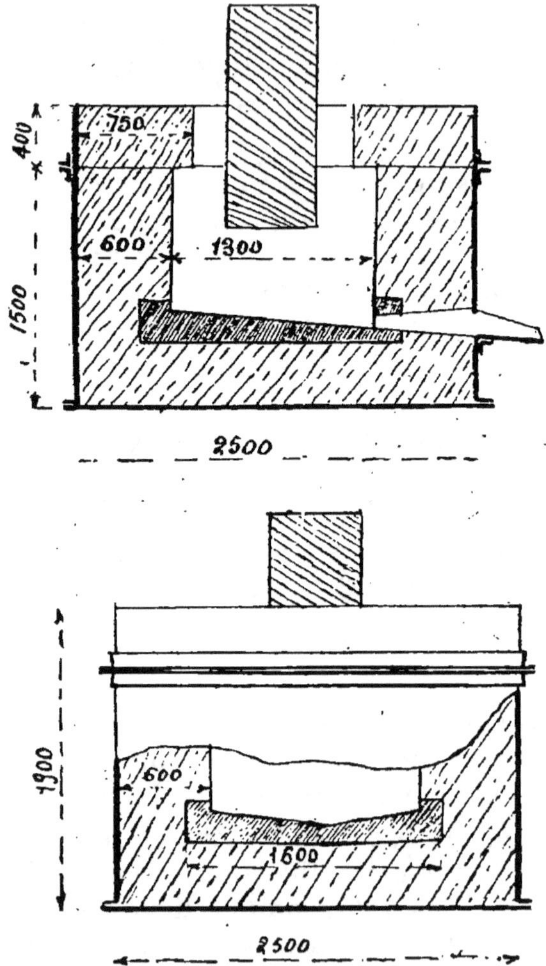

FIG. 120 et 121. — Four à ferro-manganèse.

Le revêtement en briques de magnésie très-réfractaires atteint une épaisseur de o m. 60 à o m. 75, suivant la puissance du four.

Une enveloppe en tôle rivée consolide extérieurement ce revêtement.

Les électrodes sont en anthracite, la densité de courant admise est d'environ 4 ampères par centimètre carré.

La charge est d'environ :

Minerai	2200 kg.
Coke	476 »
Fer	40 »
Spath	variable suivant le minerai.

Un four de 500 chevaux donne environ 3 tonnes de ferro-manganèse à 80 % de manganèse par 24 heures.

Pour une usure normale, la densité de puissance maximum, pour laquelle le rendement est le meilleur est, d'après des résultats industriels, de 350 à 370 watts par décimètre cube de cavité.

Pour la mise en route d'un four, on remplit le four de coke et on le chauffe généralement pendant 4 heures en le mettant sous tension, puis on introduit les briquettes de minerai et de fer et le coke nécessaire à la réduction.

Le chargement s'effectue peu à peu.

L'électrode plonge d'environ 4 à 7 centimètres dans le bain, les fours marchant à résistance.

Pour un four de 500 HP., on marche de 8.000 à 8.500 A. sous 40 à 50 volts.

Le manganèse, au fur et à mesure de sa formation, est protégé de l'oxydation, d'abord par les laitiers réfractaires, puis par le bain de fer dans lequel il se dissout peu à peu.

La coulée se fait toutes les 2 ou 4 heures.

Le ferro-manganèse employé dans la fabrication d'aciers spéciaux peut être refondu au four électrique.

Ferro-Vanadium

On emploie de préférence les fours à résistances périphériques, qui donnent un bon rendement.

Ces fours permettent de maintenir à l'état fondu un alliage à 80 %, et de conserver une température à peu près constante. L'alliage obtenu ne renferme que 0,5 % de carbone.

Il faut tabler sur 3.000 kw-heure environ par tonne de ferro-manganèse, à 80 %.

Ferro-Molybdène

On traite au four électrique le minerai de molybdène MoS^2, par le charbon.

Le minerai fond peu à peu, le soufre se dégage, puis le métal isolé se sature de carbone et perd le soufre restant.

Le ferro-molybdène ainsi préparé a la composition :

Fer .... 2,1 %
Molybdène .... 91,3 %
Carbone .... 7,2 %

L'union directe du fer et du molybdène à une température élevée fournit un alliage très pur :

On peut affiner la fonte de molybdène en présence de bioxyde de molybdène et de fer. On a la réaction $4\,CMo^2 + 2MoO^2 + 5Fe = 5Fe, 10\,Mo + 4CO$.

Les électrodes du four de raffinage sont en fonte ou en carbure de molybdène. Le lit de fusion est composé de fer et de bioxyde de molybdène.

Une tonne de minerai à 56 % de MoS^2 (molybdènite) peut fournir environ 430 kg. de bioxyde de MoO^2.

L'obtension d'une tonne de ferro-molybdène à 80 % nécessite, d'après ce procédé :

Bioxyde de molybdène .... 1.000 kg.
Tournure de fer .... 225 »
Coke .... 300 »

La dépense d'électrode de carbone est d'environ 90 kg., et celle d'énergie électrique, d'environ 6.000 kw-h.

On peut aussi obtenir le ferro-molybdène en opérant la réduction du bioxyde de molybdène par le ferro-silicium, en présence de chaux :

$$2MoO^2 + FeSi^2 + 2CaO = 2MoFe + 2SiO^3 Ca$$

Il faut environ 1.050 kg. de bioxyde et 450 kg. de ferro-silicium à 53 % par tonne de ferro-molybdène à 80 %.

La dépense d'énergie est de 1.000 kw-h. environ.

Ferro-Titane

On obtient le ferro-titane par réduction électrothermique du rutile T_iO^2. Le produit obtenu est ensuite affiné en présence d'oxydes.

Les alliages les plus employés renferment 15 à 30 % de titane et 1 à 2 % de carbone.

Ferro-Tungstène

On traite généralement le wolfram TuO^3 par le charbon. On emploie comme lit de fusion le mélange :

Volfram à 70 % de TuO^3 .... 100 kg.
Anthracite à 10 % de cendres ...... 250 kg.

L'alliage obtenu a environ la composition :

Tungstène	51 %
Fer	11,5 %
Manganèse	3 à 9 %
Carbone	1,5 à 4 %

Pour obtenir un alliage plus pur on peut affiner l'alliage de ferro-tungstène carburé obtenu en traitant le Wolfram par le charbon, en utilisant la réaction qui se produit à haute température entre le minerai et le ferro-tungstène carburé.

On place le ferro-tungstène carburé, cassé en morceaux, dans le four et on le recouvre de minerai.

Le carbone de l'alliage est brûlé peu à peu par l'oxygène de l'acide tungstique provenant du minerai, tandis que le tungstène augmente le pourcentage de l'alliage. On arrive ainsi à avoir un alliage ayant à peu près la composition :

Fer	12 %
Tungstène	87,4 %
Carbone	0,38 %
Silicium	0,13 %
Soufre et phosphore...............	0,02 %

Le ferro-tungstène est surtout employé pour la fabrication d'aciers spéciaux.

Ferro-Aluminiums

Les ferro-aluminiums se préparent au four électrique, soit par addition d'aluminium dans un bain de fer fondu, soit par réduction de l'alumine en présence du fer.

Jusqu'à 20 % d'aluminium l'alliage est magnétique, aussi emploie-t-on ces alliages dans la construction électrique (toles de dynamos), en raison de leur faible hystérésis.

Les alliages les plus courants sont de 10 à 20 % d'aluminium.

Ferro-Nickel

On opère la réduction directe de la garniérite au four électrique, l'alliage obtenu a la composition approximative :

Fer	51,4 %
Nickel	40,8 %
Silicium	4,33 %
Carbone	1,15 %
Divers	2,36 %

Les ferro-nickel préparés à Froges, en partant de la garniérite, renfermant 40 % de nickel, 2 o/o de carbone et moins de 2 % de silicium.

Ces alliages sont employés dans la préparation des aciers au nickel.

Ferro-Cérium

On l'obtient par union directe du fer et du cérium dans un four électrique à creuset graphitique.

Une couche protectrice de sel marin fondu évite l'action de l'oxygène de l'air.

L'alliage obtenu contient 70 % de cérium et 30 % de fer.

La principale utilisation est comme pierre pyrophorique.

Ferro-Bore.

Le ferro-bore industriel est obtenu en partant du borate de chaux que l'on réduit par le charbon au four électrique :

$$B^8Ca^2O^{11} + 11C = B^6Ca^2 + 11CO$$

Le borure de calcium ainsi obtenu mis en présence de sulfure de fer donne :

$$B^6Ca^2 + SFe = FeB^6 + 2SCa$$

Après la fusion la masse se sépare en deux lits. Le bore s'empare du fer et partiellement du soufre.

On peut le purifier par une nouvelle fusion en présence de borate de chaux.

On doit opérer avec un excès de carbone et de sulfure de fer.

On obtient un alliage contenant environ 65 % de fer, 32 % de bore, 2,8 % de carbone, les autres impuretés étant principalement le soufre et le phosphore.

Ferro-Phosphore

On réduit au four électrique le phosphate de chaux par l'action simultanée du carbone et du fer, en présence d'un troisième agent (silice par exemple) capable de scorifier l'oxyde de calcium à la température de réaction. On a :

$$P^2O^8Ca^3 + 4Fe + 5C + 3SiO^2$$
$$= 2PFe + 3SiO^3Ca + 5CO$$

La tension varie de 25 à 30 volts et une puissance de 70 à 80 watts par centimètre carré de section droite de l'électrode.

On compte environ 80 kg. d'électrodes par tonne d'alliage et une consommation en énergie électrique de 6.400 kw.

La quantité de matières premières employées par tonne d'alliage est :

Phosphate de calcium à 70 % de P^2O^5. 1.800 kg.
Silice .... 900 kg.
Minerai de fer........................ 400 kg.
Coke .... 600 kg.

Ferro-alliages complexes

On peut fabriquer au four électrique des alliages renfermant plus ou moins d'éléments additionnels, tels que le ferro-silico-nickel, le ferro-silico-chrome, le ferro-silico-aluminium, etc., s'employant surtout en métallurgie concurremment avec les alliages binaires.

CHAPITRE VI

ALLIAGES DIVERS
OBTENUS AU FOUR ÉLECTRIQUE

Cupro-Manganèse

Le cupro-manganèse s'obtient par la réduction du bioxyde de manganèse par le charbon en présence du cuivre au four électrique. Le manganèse mis en liberté par le charbon s'allie au cuivre et l'alliage résultant est recueilli au fond du creuset à l'état fondu.

Les cupro-manganèse (généralement à 2 à 8 % de manganèse) sont employés pour la fabrication de pièces (hélice de navire, barres d'entretoises des locomotives, tubes, etc.), exigeant une grande ténacité même à des températures élevées.

Bronzes au Manganèse

Ces bronzes sont obtenus facilement au four électrique par union des divers éléments : cuivre, étain et manganèse. Leur dureté est intermédiaire entre celle de l'acier doux et celle de l'acier trempé.

Leur composition varie de 80 à 90 % de cuivre, 8 à 15 % d'étain et 1 à 5 % de manganèse.

Laitons au Manganèse

On les prépare au four électrique, soit en ajoutant, quelques instants avant la coulée, à l'alliage cuivre-zinc fondu, du cupro-manganèse, soit en réduisant l'oxyde manganèse par le charbon en présence du cuivre et en ajoutant ensuite le zinc nécessaire.

Ces laitons sont employés :

En pièces moulées pour la fabrication des hélices, tubes lance-torpilles, des gouvernails, cylindres hydrauliques et, en général, toutes les pièces devant supporter intérieurement de fortes pressions.

En pièces forgées pour les arbres d'hélice, les boulons, les tiges de pistons et tiroirs, les frettes.

En barres étirées pour les pièces de décolletage nécessitant une forte résistance mécanique.

Ces alliages ne sont pas attaqués par l'eau de mer.

Cupro-Chrome

On opère au four électrique la réduction du siliciure de chrome par l'oxyde de cuivre, en ajoutant au mélange un peu de cuivre et de la chaux.

Cet alliage est utilisé pour la fabrication des fils télégraphiques et téléphoniques.

Cupro-Silicium

On opère la réduction de la silice par le charbon en présence de cuivre. La tension aux bornes du four est de 35 à 40 volts et le rendement est voisin de 1 kg. d'alliage à 20 à 30 % de silicium par cheval-jour et tombe à 500 gr. pour des teneurs élevées.

Manganin ou constantan

Ce métal a la composition :

Cuivre	58 %
Nickel	41 %
Manganèse	1 %

Il est employé pour la fabrication de fils pour boîtes de résistance.

Nickel-Silicium

La fabrication au four électrique ne présente aucune difficulté. On opère, soit par la réduction du charbon de bois sur un mélange d'oxyde de nickel et de silice, soit par réduction de l'oxyde de nickel sur le carborundum. Pour éviter l'excès d'une trop grande teneur en carbone on opère la réduction du mélange dans un four à deux électrodes avec sole.

On amorce la réaction sur un bain de nickel fondu.

Nickel-Chrome

On opère sur du siliciure de chrome.

On a :

$$SiCr^2 + 2NiO + (n-2)\,Ni + CaO = Cn^2Nin + SiO^3Ca$$

Pour la composition des fils résistants, le nickel entre dans une proportion de 80 à 95 % et le chrome de 20 à 5 %.

Pour la fabrication des essais spéciaux au nickel on emploie l'alliage :

Nickel .... 25 %
Chrome .... 73,75 %
Carbone .... 1 %:
Silicium .... 0,25 %

Aluminium-Platine

On emploie pour la fusion un four électrique à creuset formant résistance.

On fond d'abord l'aluminium et on introduit ensuite un fil de platine qui se dissout lentement dans le bain en formant l'alliage désiré.

Ces alliages sont surtout employés en bijouterie.

Aluminium-Chrome

On introduit une certaine quantité d'aluminium, ou un mélange de chrome et d'aluminium nécessaires à l'amorçage de l'arc. Dès que la masse métallique est fondue on charge progressivement le four avec un mélange d'alumine et de chromite. Une fois que l'alliage liquide est en quantité suffisante, on procède à la coulée. Le chrome durcit fortement l'aluminium et le pourcentage de chrome dans l'alliage le plus recommandable à ce point de vue, est de 2 à 2,5 %.

Aluminium-Manganèse

On réduit la cryolithe et l'oxyde de manganèse, mais les alliages obtenus ne sont pas très purs.

Phospho-Manganèse

On mélange les matières suivantes que l'on traite au four électrique :

Phosphate de chaux à 68 % d'anhydride phosphorique .... 1.750 kg.

Minerai de manganèse à 50 % de manganèse .... 1.450 kg.

Silice .... 600 kg.

Coke .,............................... 800 kg.

La dépense d'énergie est de 7.000 kw./heures environ et l'usure des électrodes de 80 kg. par tonne d'alliage.

Alliages pour filaments de lampes électriques.

Pour l'alliage titane-tungstène on part d'un mélange de nitrite de titane et de trioxyde de manganèse pur, finement pulvérisés.

On en fait une pâte homogène à l'aide d'un peu de parafine et on comprime le tout de façon à former des filaments. Ceux-ci sont chauffés dans un four à résistance, où un courant d'hydrogène réduit l'oxyde de tungstène qui reste mélangé avec du nitrite de titane. Le filament est alors monté à l'intérieur de l'ampoule, dans laquelle on fait ensuite le vide. On chauffe ensuite le filament à l'aide d'un courant électrique. Celui-ci porté à une haute température, diminue de section et de longueur, car le nitrite de titane se dissocie et le métal libéré s'associe au tungstène pour donner un métal très pur.

L'alliage osmium-irridium s'obtient en immergeant un filament de carbone dans un électrolyte composé d'osmiate de potassium et d'un peu de chlorure d'irridium. Le filament de carbone est relié au pôle négatif d'une source électrique. L'électrode positive plongeant dans le bain. On obtient un dépôt osmum-irridium sur le support en charbon. Monté ensuite dans l'ampoule, où l'on fait le vide, on brûle le charbon en faisant passer un courant électrique.

Pour les filaments zirconium tantale, on chauffe un mélange intime de zirconium et d'oxyde de tantale, dans une atmosphère neutre ou dans le vide, en faisant passer un fort courant dans le filament. L'oxyde de tantale est réduit, et le métal libéré se mélange au zirconium pour former l'alliage.

On obtient d'une façon analogue les alliages osmium-tungstène, zirconium-tungstène, etc.

On emploie la voie électrothermique pour ces préparations.

Siliciures

Silico-calcium.

On opère industriellement d'une façon analogue à celle employée pour la fabrication du carbure de calcium.

On réduit la silice par le carbure de calcium en présence de charbon. On a :

$$CaC^2 + 2SiO^2 + 2C = Si^2Ca + 4CO$$

Les proportions sont :

Carbure de calcium............ 64 parties
Silice .... 120 parties
Charbon .... 24 parties

La difficulté réside dans la fusion du carbure de calcium.

On peut remplacer le carbure par le fluorure de calcium :

Silice .... 600 parties
Charbon .... 225 parties
Fluorure de calcium............ 300 parties

Dans ce dernier procédé le rendement industriel n'est pas très satisfaisant à cause de la grande fusibilité du fluorure qui coule au fond du creuset du four.

L'alliage obtenu (à 15 % de silicium et 85 % de calcium) contient environ 0,8 % de fer.

Silico-aluminium.

On opère la réduction de la silice par l'aluminium au four électrique.

Pour des alliages à 5 % de silicium, on peut se contenter d'introduire de la silice dans un four Héroult à aluminium. La silice est réduite en même temps que l'aluminium donne l'alliage.

On a toujours un peu de fer dans l'alliage.

Silico-manganèse.

On peut obtenir au four électrique cet alliage par trois procédés :

1° Réduction du silicate de manganèse naturel ;

2° Réduction des minerais oxydés de manganèse par la silice ;

3° Réduction simultanée des minerais silicatés et oxydés.

Dans le premier procédé, on a toujours des traces de fer et les qualités de matières utilisées, par tonne d'alliage sont les suivantes :

Silicate de manganèse naturel à 38 %
de manganèse .... 2.900 kg.
Coke de réduction.................. 420 kg.
Electrodes .... 60 kg.

La dépense d'énergie est d'environ 7.000 kw./heure.

Dans le deuxième procédé on introduit d'abord dans le four le mélange d'oxyde de manganèse et de charbon, puis dès que l'amorçage s'est produit, on recouvre d'un mélange de silice et de charbon. La tension entre électrodes est de 35 volts environ. On a la réaction :

$$2MnO^2 + SiO^2 + 6C = SiMn^2 + 6CO^2$$

Dans le troisième procédé on emploie un mélange de bioxyde et de silicate de manganèse, ce qui permet de mieux uniformiser le lit de fusion par rapport à la dose de silice.

La production d'une tonne de manganèse nécessite :

Minerai bioxydé à 50 % de manganèse 1.000 kg.
Silicate à 38 % de manganèse...... 1.000 kg.

Coke de réduction.................... 625 kg.
Consommation d'électrodes.......... 65 kg.
Consommation d'énergie électrique en-
viron .... 6.700 kw/h

La réaction qui se produit vers 1350° est la suivante :

$$SiO^3Mn + MnO^2 + 5C = SiMn^2 + 5CO$$

L'alliage obtenu renferme 75 % de manganèse et 25 % de silicium, avec un peu de carbone et de fer.

Siliciure de titane.

A la température du four électrique le silicium s'unit au titane pour former un alliage bien cristallisé.

La dureté de l'alliage est aussi grande que celle du diamant, aussi l'emploie-t-on pour la taille et le polissage des pierres précieuses.

Fabrication du carbure de calcium

Le carbure de calcium découvert en 1892 par Moinau est à l'état pur un corps transparent et incolore. Le produit commercial est formé de cristaux opaques, brillants et mordorés, de couleur brune. Les cristaux sont très durs. Le point de fusion non déterminé est probablement supérieur à 2500°.

Il est préparé en chauffant au four électrique un mélange de chaux et de charbon. La réaction est la suivante :

$$CaO + 3C = C^2Ca + CO$$

Dans les fours industriels on admet que le carbure de calcium se produit à une température minimum de 2000°. Les gaz s'échappant du four contiennent 75 % d'oxyde de carbone.

Les fours sont composés d'une électrode mobile que l'on peut relever ou abaisser et d'une sole conductrice (fig. 122).

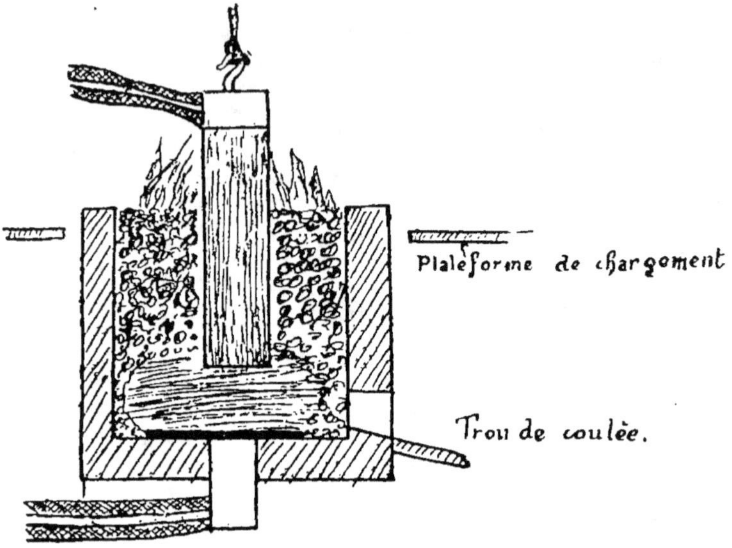

FIG. 122. — Four à carbure.

Au début l'électrode est au voisinage de la sole. On ajoute progressivement la chaux et le charbon, en ayant soin de relever l'électrode.

D'après une étude détaillée de M. Keller présentée au Congrès international de d'acétylène de Paris (1900), avec un four de 7.500 ampères sous 20 volts, un mélange de 100 kg. de chaux et de 65 kg. de charbon donne 6,2 kg. de carbure par kilowatt jour avec un dégagement d'acétylène de 300 litres par kilogramme de carbure.

Avec 100 kg. de chaux et 60 kg. de charbon et la même dépense d'énergie on a un dégagement de 290 litres d'acétylène par kilogramme de carbure.

Au début, l'électrode mobile étant descendue, on amorce avec la sole; puis on charge légèrement. Immédiatement on a production d'une légère couche de carbure qui se répand sur la sole, et qui étant bonne conductrice du courant, maintient l'arc, et par suite, le carbure liquide. On charge de nouveau et on remonte un peu l'électrode. La température s'élève peu à peu, la quantité de carbure liquide augmente jusqu'à ce qu'elle soit suffisante pour procéder à la coulée. Pour cela on égalise avec soin une nouvelle charge de matière pour éviter que les flammes d'oxyde de carbone se produisent le plus loin du centre et ne viennent pas lécher l'électrode. On ouvre alors le trou de coulée, le carbure liquide s'échappe et vient dans des lingotières où le carbure se refroidit rapidement au contact de l'air. On baisse l'électrode. Le carbure est ensuite concassé et mis en fût métallique de 50 ou 100 kg. après un triage.

On emploie pour le mélange, soit du charbon de bois, soit du coke ou de l'anthracite. Le mélange est concassé grossièrement.

On compte qu'il faut environ 950 à 1.000 kg. de chaux et 600 à 700 kg. de coke par tonne de carbure produite avec une consommation d'environ 30 kg. d'électrode.

Dans le four Siemens et Halske l'oxyde de carbone est récupéré au moyen d'un tuyau, et amené par des conduites métalliques à son lieu d'utilisation.

Pour la fabrication du carbure industriel il faut compter :

Coke .... 600 à 700 kg.
Anthracite .... 640 à 720 kg.

Charbon de bois........... 800 à 950 kg.
Chaux .... 920 à 1.050 kg.
Electrodes .... 20 à 40 kg.

La fabrication du carbure se fait surtout par coulées. On emploie des fours à sole conductrice, mono ou triphasé.

Le revêtement est en briques réfractaires, et les cuves sont prévues suffisamment larges pour qu'une couche se maintienne solide contre la maçonnerie.

Trois irrégularités de fabrication sont à craindre :

1° Manque de puissance sur le fond, le carbure a l'apparence normale, mais un résidu de chaux et de carbone forme du carbure ne donnant que 250 litres d'acétylène.

2° Excès de chaux, ce qui donne une allure trop tranquille et la partie supérieure s'effondre rapidement.

3° Excès de carbone. On a un carbure pâteux à la coulée, et des vapeurs de chaux.

La fabrication du carbure en pain a été à peu près abandonnée.

La production de carbure en France pour 1924 a été d'environ 110.000 t.

Différents fours employés

Four Gin et Leleux.

Ce procédé a pour but d'éviter les imperfections, et réaliser les conditions suivantes :

1° Répartition convenable de la consommation de charbon par l'emploi d'électrodes mixtes de composition particulière.

2° Répartition convenable de l'action calorifique, et réglage de cette action.

3° Avoir un bon rendement.

4° Commande mécanique simple, connexions pratiques et robustes, réduisant les pertes de temps et les chutes de tension.

Les matières premières mélangées descendent entre l'électrode et la sole et constituent à la mise en route un conducteur intermédiaire résistant (fig. 123).

Le passage du courant amène rapidement la réaction.

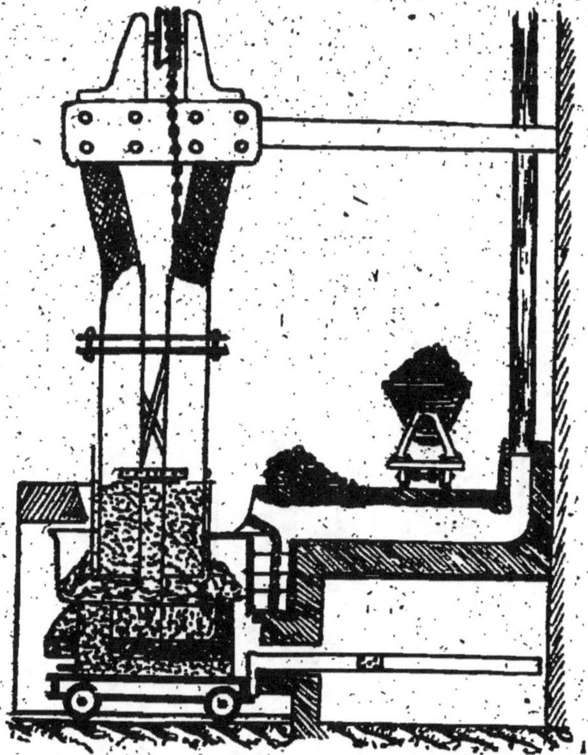

FIG. 123. — Four Gin et Leleux.

Par suite de la disposition des électrodes, celles-ci ne peuvent, par suite de la faible température atteinte, **entrer en combustion avec l'oxygène de l'air.**

Les coulées ont lieu toutes les deux heures. L'électrode est réglée au moyen d'un treuil à vis sans fin. Les connexions supérieures sont à l'abri de la haute température du foyer.

L'intensité est de 8.000 A. sous 35 à 37 volts. 1.500 kg. de mélange donne une tonne de carbure. Le rendement atteint 4 kg. 5 de carbure par cheval-jour, donnant 300 litres d'acétylène.

Four de Froges (Isère).

Ce four de forme cubique, de 1 m. 50 de côté, monté sur 4 galets pleins, lui donnent une hauteur de 1 m. 80 (fig. 124).

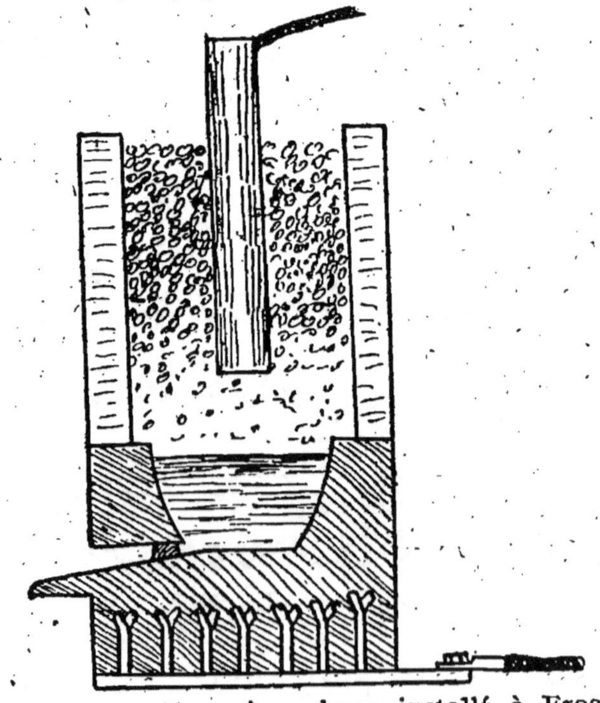

Fig. 124. — Four à carbure installé à Froges.

La paroi inférieure est constituée par un bloc de graphite recouvert d'un revêtement en fonte. La sole est constituée par la masse même du four, qui est isolée du sol. L'électrode est constituée par un charbon cylindrique, qui peut être soulevé et abaissé par un treuil. A la partie inférieure, se trouve un trou de coulée.

Fabrication de carborundum ou carbure de silicium

Le carbure de silicium fut découvert simultanément en 1892, par Schutzenberger et Acheson, en traitant au four électrique un mélange de carbone et d'argile.

Les propriétés réfractaires très accentuées du carborundum sont très intéressantes. Il peut être chauffé jusqu'à 2.220-2.240°, sans être modifié ni perdre l'état solide.

Jusqu'à présent, on n'emploie que le four Acheson pour la fabrication du carborundum. Ces fours, d'une puissance de 750 kws (anciens) ou 1.500 kws (modernes) ont les dimensions suivantes :

Puissance	Longueur	Largeur	Hauteur	Diamètre du noyau
	mètres	mètres	mètres	mètres
750	7	1,80	1,80	0,540
1500	12	4	4	0,540

Un four moyen produit 2 tonnes de carborundum par heure, avec dégagement horaire de 100 m.^{3} d'oxyde de carbone.

Pour charger un four, on mélange les matières :

Coke pulvérisé .... 35,7 à 40 %
Sable (sable de quartz, quartzide pulvérisée, sable de Fontainebleau) .... 51,7 à 54 %

Chlorure de sodium, au maximum .... 1 %
Sciure de bois .... 3,6 à 5 %

La sciure de bois a pour but de donner de la porosité à la marne, afin de permettre le dégagement d'oxyde de carbone.

60 kg. de silice et 36 kg. de carbone, donnent 40 kg. de carborundum, et dégagement de 56 kilogrammes, soit : 44.800 l. d'oxyde de carbone.

Les réactions qui se produisent sont les suivantes :

$$SiO^2 + 3C = Si + 2 CO$$
$$Si + C = SiC$$

La réaction se fait en 2 temps.

Les fours à carborundum ont la forme d'une caisse oblongue dont les parois sont constituées par des briques posées à sec (fig. 125).

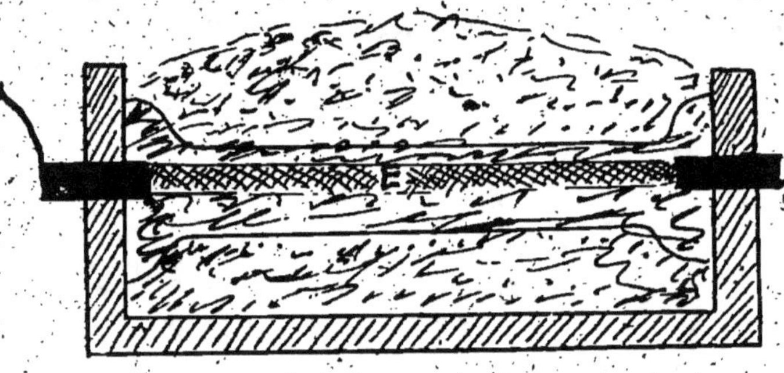

FIG. 125. — Coupe longitudinale d'un four
à carborundum.

On introduit le mélange à traiter en remplissant le four jusqu'à la moitié de sa hauteur. Un noyau en charbon réunit les 2 électrodes.

On démarre avec une tension assez élevée (200 volts). Au bout de 3 à 4 heures, l'oxyde de carbone apparaît en quantité assez considérable pour brûler. Après 6 heures, le sommet du four commence à s'effriter, la réaction se produisant avec contraction. L'opération complète dure environ 36 heures. On coupe le courant, et on laisse refroidir 24 heures et on procède au déchargement.

Le noyau de charbon s'est transformé en graphite. Il y a intérêt à l'employer dans les prochaines opérations, ce qui permet une marche plus rapide. Le déchargement par lui-même est délicat, par suite des différentes qualités de produit (fig. 126).

FIG. 126. — Coupe transversale d'un four à carborundum.

La *zone A* est constituée par le mélange primitif appauvri en bois et en carbone, et enrichi en silicate complexe.

Carbone .... 25 %
Silice .... 68 %
Oxyde .... 7 %

La *zone B* est la zone du carbure amorphe. C'est une épaisseur de quelques centimètres, et

17.

constitue un déchet de fabrication assez important, mais les propriétés réfractaires étant assez bonnes, ce produit peut être utilisé à la fabrication de briques ; il contient 70 % de carbure, et 30 % de silicate complexe.

La *zone C* comprend le carbure de silicium cristallisé en épaisseur variable(en général 25 à 30 cm.). Les cristaux augmentent de dimension lorsqu'on se rapproche du centre.

La *zone D* est une zone de graphite provenant de la dissociation du carbure sous l'influence d'une trop haute température.

La consommation théorique est :

Chaleur chimique .... 3.000 cal. par kg.
Echauffement du carbure de
   silicium à 2.100° .... 569 cal. par kg.
Echauffement de l'oxyde
   de carbone à 700° .... 250 cal. par kg.
                            ————
    Total 3.819

1 kw./h. dégage 865 calories, il faut donc par kg. de carborundum :

$$\frac{3.819}{865} = 4 \text{ kw./h. } 42$$

La consommation effective dépend de la puissance du four.

Avec un four de 750 kws, on compte 2 kg. 8 de carbure par kw./jour, soit 8 kw./h. 6, par kilogramme.

Le rendement des ces fours est voisin de 52 %.

Avec un four de 1.500 kws, on compte 3 kg. 2 de carbure par kw./jour, soit 7 kws/h. 5 par kilogramme.

Le rendement est alors de 59 %.

Le produit est ensuite broyé et pulvérisé.

CARBURE DE MANGANÈSE. — On opère au four électrique la réduction de l'oxyde salin de manganèse par le charbon.

$$Mn^3O^4 + 5C = CMn^3 + 4CO$$

Carbure de zirconium

Pour la fabrication des filaments de lampe à incandescence, on part de l'hydrure de ce métal obtenu en réduisant l'oxyde par le magnésium dans un courant d'hydrogène. L'hydrure amené à l'état pâteux, à l'aide d'un liant organique à base de cellulose, est passé à la filière, puis séché. Les filaments traversés par un fort courant électrique se transforment en carbure.

Carbure d'aluminium

Le charbon est placé dans un tube de même substance, et traversé par un courant d'hydrogène.

Le tube contient une nacelle d'aluminium. Soumis à l'action du four électrique, et après refroidissement, on casse la matière obtenue qui se présente sous forme de cristaux jaunes-mordorés.

CHAPITRE VII

PRODUITS NITRÉS SYNTHÉTIQUES

Généralités

L'intervention de l'énergie électrique permet la production synthétique des produits nitrés économiquement et d'une façon technique.

Les méhodes électrothermiques emploient actuellement 3 procédés de fixation de l'azote :

1° La production directe de l'acide azotique ou acide nitrique, par l'action de l'arc électrique sur un mélange d'oxygène et d'azote.

2° Production de la cyanamide par l'action de l'azote sur le carbure de calcium.

3° Production de nitrures par l'absorption de l'azote par certains métaux tels que l'aluminium et le magnésium.

1° — Production de l'acide azotique

L'air plus ou moins chargé en oxygène est soumis à l'action d'un arc électrique, dans des fours spéciaux. On a formation d'oxyde azotique qui, en présence d'un excès d'oxygène se transforme en péroxyde d'azote. On a :

$$AzO + O = AzO^2$$

Pour obtenir l'acide azotique, ou un mélange de nitrite ou de nitrate, on fait réagir l'eau, ou des bases : chaux, potasse, soude sur le péroxyde d'azode. On a les réactions :

Avec l'eau :

$$3\ AzO^2 + H^2O = 2\ AzO^3H + AzO$$

On a régénération partielle d'oxyde azotique.

On peut aussi avoir la réaction :

$$2\ AzO^2 + H^2O = AzO^3H + AzO^2H$$

L'acide nitreux se décompose en régénérant l'oxyde azotique :

$$3\ AzO^2H = AzO^3H + 2\ AzO + H^2O$$

Avec la soude :

$$2AzO^2 + 2NaOH = AzO^3Na$$

$$Na + AzO^2\ Na + H^2O$$

On a un mélange de nitrate et de nitrite de soude.

Le mélange d'azote et l'oxygène remplaçant l'air, a permis d'augmenter le rendement de 25 %.

Le rendement augmente avec la pression et la température. L'arc doit être stable.

Les principaux fours utilisés industriellement sont :

Le four *Birkeland-Eyde*.

Le four *Schonherr*.

Le four *Pauling*.

Four Birkeland-Eyde.

Dans ce four, on emploie le soufflage magnétique de l'arc. L'arc jaillissant entre 2 électrodes interposées entre les branches A d'un électro-aimant, est dévié. Si cet électro-aimant est alimenté avec du courant continu, l'arc ne s'étale que d'un côté, tandis qu'avec du courant alternatif, l'arc présente l'aspect d'un disque de feu (fig. 127).

Dans un four de 4.000 kws, cette nappe atteint 3 mètres de diamètre.

Le four se compose d'un cylindre C très applati, dont l'épaisseur n'a que 8 à 10 cm. Les parois P sont en matière réfractaire protégées extérieurement par un revêtement métallique.

Une série d'ouvertures percées dans les parois permettent l'arrivée de l'air dans la chambre

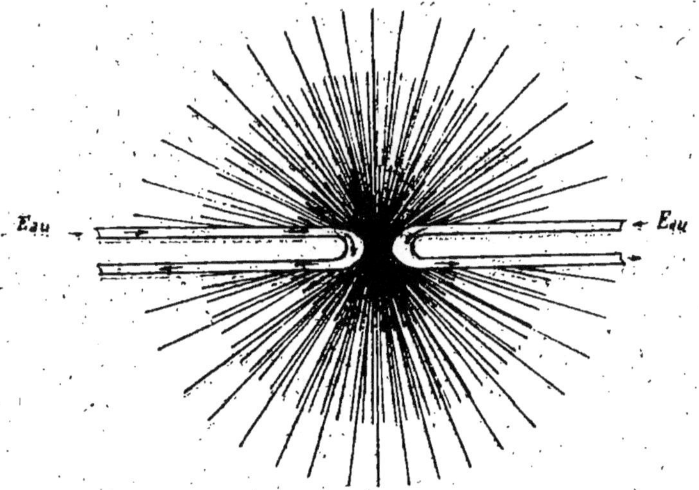

FIG. 127. — Arc d'un four Birkeland-Eyde.

de réaction. Les oxydes formés s'échappent par un collecteur périphérique S. (fig. 128).

Les électrodes sont constituées par des cylindres allongés de 15 m./m. de diamètre, et dans lesquels est établie une circulation d'eau, nécessaire au refroidissement.

Ces électrodes sont à peu près perpendiculaires au plan des électro-aimants.

La température de la flamme de l'arc atteint 3.000 à 3.500°. Les revêtements, grâce à un excès d'air ne sont pas soumis à une température supérieure à 700 ou 800°.

Les produits sont extraits à une température de 1.200°.

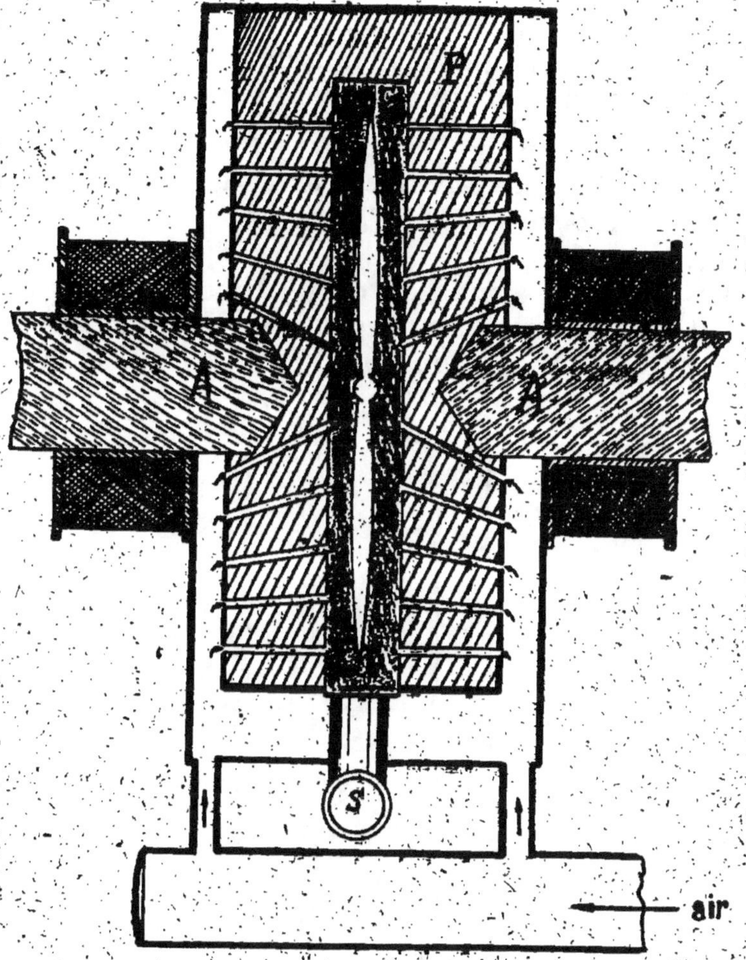

FIG. 128. — Four Birkeland-Eyde.

Les fours les plus récents sont construits pour des capacités de 3.000 kw. permettant une production de 580 à 600 kg. d'acide nitrique par kilowatt/an.

On emploie une tension de 5.000 v. 50 périodes.

Les fours se construisent pour des puissances variant de 600 à 3.000 kws.

Le champ magnétique produit par l'électro-aimant, est de l'ordre de 4.500 gauss.

Four Schonherr.

On emploie un arc électrique de grande longueur entouré d'une enveloppe de gaz, en mouvement.

Le four se compose d'un tube métallique constituant l'une des électrodes. Une deuxième tige t concentrique au tube T constitue la deu-

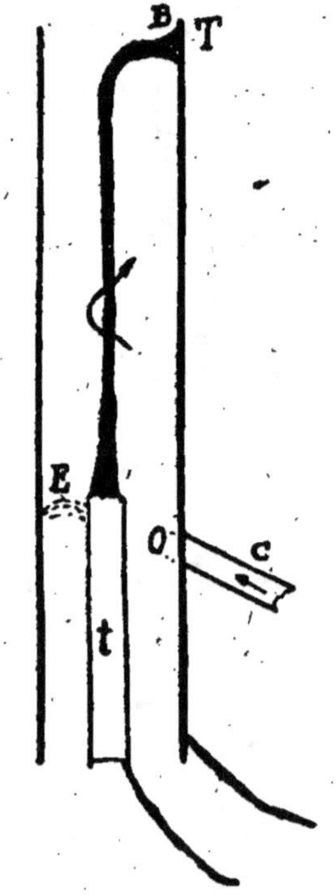

FIG. 129. — Principe du four Schonherr.

xième électrode. L'arc s'amorce en E, et si l'on envoie un courant d'air c se déplaçant en spirale, l'arc s'allonge et se localise dans l'axe du tube sans être soufflé. Il devient filiforme, et conserve une grande fixité (fig. 129).)

L'air à l'intérieur du tube s'échauffe, devient suffisamment conducteur pour se laisser traverser par l'arc qui vient se terminer en un point B du tube, mais se déplace latéralement en tournant à l'intérieur de ce tube.

Une rigidité complète de la flamme est obtenue en disposant plusieurs buses d'arrivée d'air, placées sysmétriquement, ce qui permet aux courant hélicoïdaux créés de s'ajouter.

L'électrode inférieure est refroidie par une circulation d'eau ainsi que la partie supérieure du tube.

L'arc ainsi obtenu peut atteindre une longueur de 7 mètres. Les gaz sortent à environ 850°. La concentration de l'oxyde d'azote, est de 2,25 % environ.

La production par kilowatt varie de 550 à 575 kg. d'acide nitrique.

Les plus grands fours existants ont une puissance 600 à 1.000 kw. (fig. 130).

L'alimentation se fait à une tension variant entre 4.000 et 7.000 volts.

Four Pauling.

Ce four utilise une série d'arcs en éventail : les arcs sont interrompus grâce à leur forme divergente. On obtient un arc d'environ o m. 76 de hauteur en contact intime avec l'air brassé rapidement.

L'appareil est constitué par une double gaine verticale en briques réfractaires dans chacune desquelles sont placées les électrodes E en acier moulé. Ces électrodes, interchangeables et réversibles, sont refroidies par circulation d'eau. L'air arrive chaud à la vitesse de 400 m. par

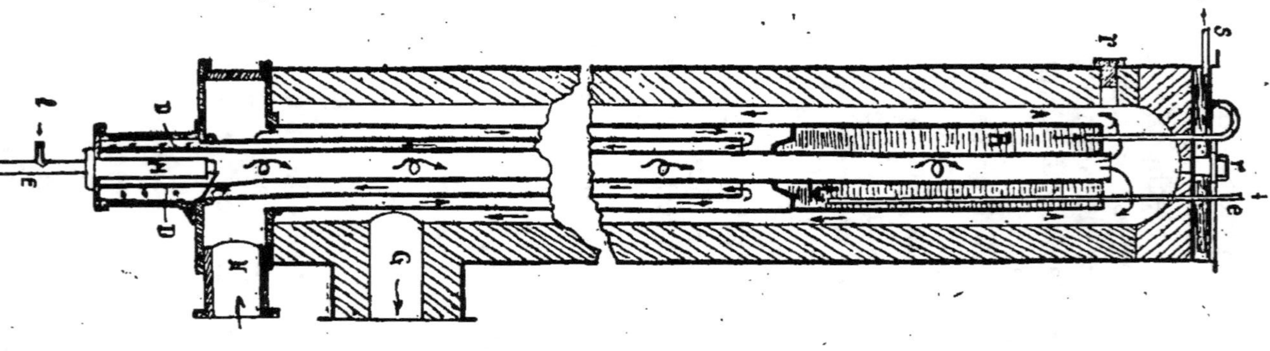

FIG. 130. — *Coupe verticale d'un four Schöner de 600 CV.*
e entrée de l'eau de refroidissement ; S Sortie de l'eau ;
r regards ; R refroidisseur ; A canal extérieur de sortie des
gaz ; *b* sortie des gaz ; H entrée de l'air ; *t* tige d'allu-
mage ; M anneau, régulateur mobile ; E électrodes ; D pièce
réfractaire percée de 4 séries de S trous par où se fait
l'arrivée d'air ; *l* refroidisseur de l'électrode.

seconde par un ajustage *t* en forme de tuyère disposé à la partie inférieure. L'arc éclate en A_1 où les électrodes auxiliaires sont le plus rapprochées, puis s'étale entre les deux cornes des électrodes principales. Les électrodes auxiliaires *e* coulissant dans l'électrode principale permettent l'amorçage (fig. 131-132).

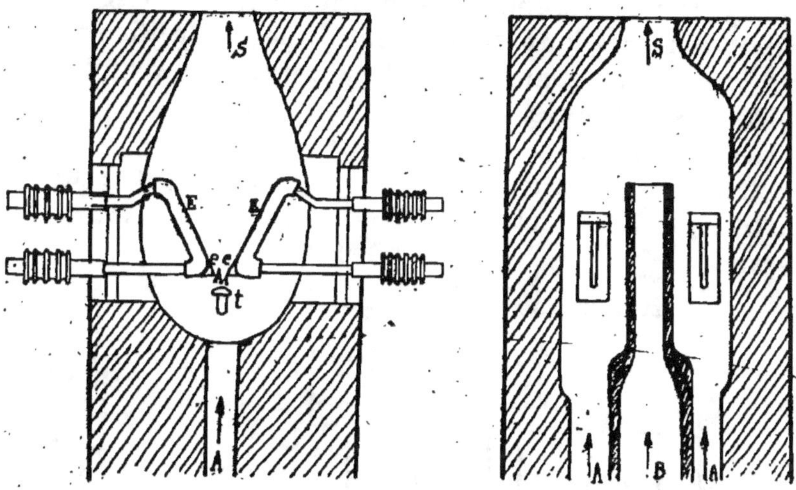

FIG. 131-132. — Four Pauling.

La position des électrodes principales et auxiliaires se fait aisément de l'extérieur au moyen de vis appropriées. Un tuyau B permet d'amener à la partie supérieure des flammes un courant circulaire de gaz froid contribuant au refroidissement des gaz.

La proportion d'oxyde d'azote est de 1,25 à 1,5 %.

La production par kilowatt/an varie de 525 à 540 kg.

La tension varie de 4.000 à 6.000 volts, la fréquence de 50 à 55 périodes par seconde.

Four Helbig.

C'est une modification du four Pauling. On dispose 3 jeux d'électrodes à cornes disposés en triangle et alimentant 3 arcs en éventail. Ces 3 arcs affectent dans leur ensemble la forme d'une pyramide triangulaire. L'alimentation se fait par courant triphasé; ce qui évite l'emploi de 3 fours monophasés à arc unique. On obtient un meilleur rendement, une simplification de mise en marche ainsi qu'une construction plus économique.

Four Guye.

On monte sur le même appareil plusieurs arcs sur les électrodes à corne E disposées en série.

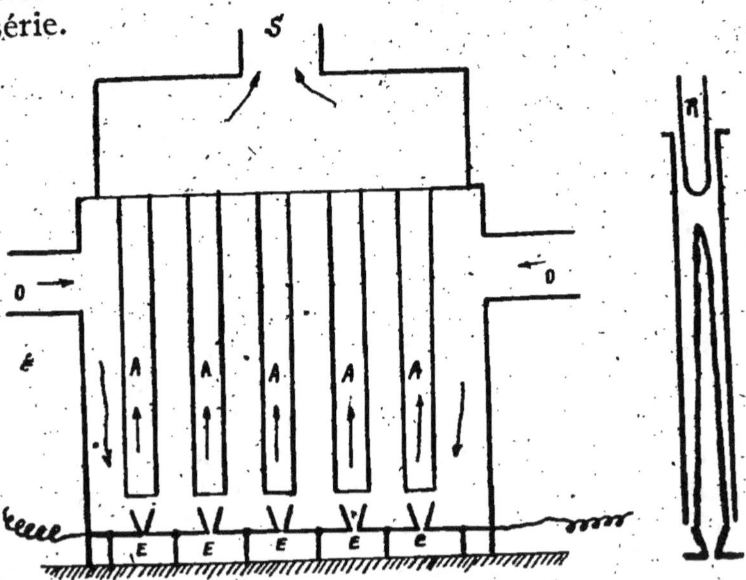

FIG. 133. — Four Guye.

La stabilité de l'arc est beaucoup plus grande, chaque arc servant d'autorégulateur au voisin.

Les arcs s'élèvent dans des cheminées de tirage A, par lesquelles passe, en parallèle, le courant gazeux, qui est recueilli en S (fig. 133).

Les têtes d'électrodes peuvent être refroidies soit par courant d'air frais, soit par circulation d'eau. Un refroidisseur R peut être disposé à la partie supérieure de chaque cheminée, afin d'abaisser rapidement la température des gaz.

Les gaz refoulés en O s'échauffent au contact des cheminées A et sont aspirés dans celles-ci par le bas.

Avec un four de 50 kw. alimenté à 5.000 volts environ, le développement total des arcs atteint 5 à 6 m.

Les procédés Guye ont été acquis par la Société « la Nitrogène » et la « Société Electro-métallurgique Française ».

Le but principal est d'utiliser comme source d'énergie celle des grandes stations centrales au moment des hautes eaux ou des heures creuses, de façon à produire des engrais azotés pour les régions environnantes.

2° — *Cyanamide calcique*

La fabrication de la cyanamide calcique repose sur la réaction de l'azote sur le carbure de calcium. On a :

$$C^2Ca + 2Az = CAz^2Ca + C$$

On prépare le carbure de calcium séparément puis on le soumet dans des fours spéciaux à l'action d'un courant d'azote.

Le carbure (de 250 à 300 litres) est broyé et réduit en poudre au moyen de concasseurs à mâchoires et de broyeurs à boulets, en prenant les précautions nécessaires afin d'éviter les risques d'explosions.

On mélange ensuite la poudre avec le catalyseur et on les place dans des paniers en tôle perforée.

Le four se compose d'une cuve cylindrique revêtue intérieurement d'un garnissage en terre réfractaire. Un couvercle isolant C percé au centre d'une ouverture pour le passage de l'électrode permet la fermeture du four. On introduit dans le four un panier cylindrique en tôle perforée P contenant la matière à traiter (fig. 134).

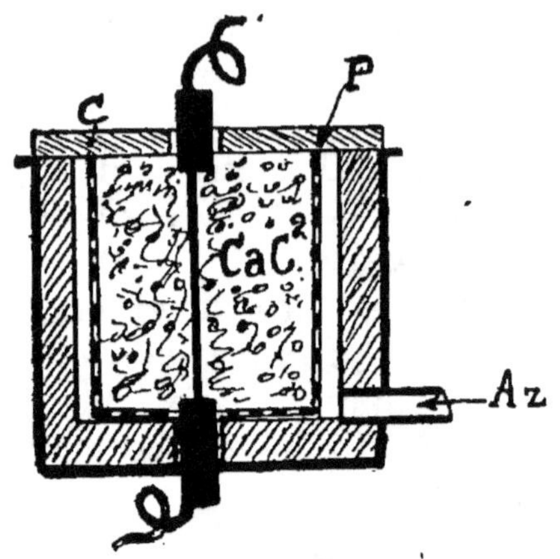

Fig. 134. — Four à cyanamide.

Le résistor se compose d'un crayon en charbon. Une ouverture est ménagée au bas du four permettant l'arrivée de l'azote produit par le procédé Claude.

On fait passer le courant (environ 100 A. sous 70 volts), le crayon s'échauffe et autour de celui-ci la réaction s'amorce. Pendant l'absorption d'azote le produit devient pâteux.

La réaction dure de 20 à 50 heures, suivant la teneur en azote.

Au bout d'un temps déterminé (24 h. pour un four de 1.500 kg. de carbure) on coupe le courant, la réaction étant exothermique se continue. L'opération totale dure environ 48 h.

Le produit obtenu est ensuite broyé et pulvérisé. La composition moyenne est :

Cyanamide .... 57 à 60 %
Carbone .... 9 à 13 %
Chaux libre.......................... 15 à 20 %
Silice .... 2 à 3 %
Oxyde de fer......................... 4 à 5 %

On compte 750 à 800 kg. de carbure par tonne de cyanamide.

La production varie de 2,3 à 3,5 kg. de cyanamide à 20 % d'azote par kilowatt/heure, l'énergie nécessaire à la préparation étant comprise dans ce chiffre.

La cyanamide calcique est employée comme engrais ou à la préparation de l'ammoniaque.

3° — Azotures métalliques

Azoture de magnésium.

Dans le procédé E. Beck on part de la carnallite, chlorure double de magnésium et de potassium, dans laquelle on fait dissoudre une certaine quantité de magnésie.

On se sert d'un four électrique à électrolyse constitué pour le pôle positif par un cylindre de charbon de cornue et pour le pôle négatif par un bain d'étain.

Dès le passage du courant le mélange entre en fusion, l'étain s'allie avec le magnésium résultant de la décomposition du bain. Lorsque l'étain est saturé on interrompt le courant et l'on fait barboter l'azote dans le bain. Le magnésium se combine à l'azote pour donner un azoture, l'étain est inaltéré.

En traitant ce composé par la vapeur d'eau on a :

$$Az^2Mg^3 + H^2O = 2AzH^3 + MgO$$

La magnésie est ainsi régénérée.

Azoture d'aluminium.

On emploie le procédé Serpek. On part de l'alumine, du carbone et de l'azote. On a :

$$Al^2O^3 + 3C + 2Az = Az^2 Al^2 + 3CO$$

L'hydrogène, le fer et d'autres métaux activent la réaction et la température peut être abaissée à 1500° et même au-dessous.

Le four employé est analogue au four tournant employé dans l'industrie des ciments.

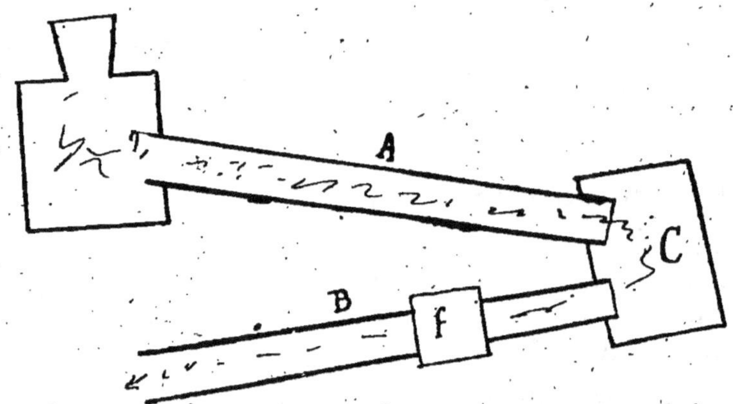

FIG. 135. — Principe d'un four à azoture d'aluminium.

Le revêtement intérieur du four doit être solide à une température de 2000° tout en demeurant isolant.

L'azoture d'aluminium possédant lui-même ces qualités essentielles est employé pour le revêtement.

La réaction doit se faire dans un milieu privé de gaz carbonique.

Ces fours sont constitués (fig. 135) par deux

cylindres A et B placés l'un au-dessous de l'autre, légèrement inclinés en sens inverse et venant déboucher dans une chambre fixe C. Dans la partie centrale du cylindre inférieur se trouve le four f, qui est constitué par des résistances diamétrales, perpendiculaires à l'axe du cylindre. Ces résistances sont constituées par des anneaux en charbon emboîtés les uns dans les autres.

Les extrémités sont en contact avec des têtes d'électrodes noyées dans la paroi et faisant saillie à l'intérieur.

Le four comporte 8 résistances à rondelles, toutes diamétrales et disposées alternativement dans une direction et dans la direction perpendiculaire.

Le four est alimenté à 230 volts 10.000 A.

Chaque cylindre a une longueur de 25 m. Le mélange soumis à l'action dé l'azote stationne dans la partie chauffée le temps nécessaire à la réaction, réglée par la vitesse de rotation, la vitesse de circulation des matières à l'entrée et l'inclinaison du système tournant.

La bauxite est introduite par la partie supérieure du petit cylindre, et rencontre le charbon provenant d'une trémie, où elle se mélange avec lui. L'ensemble passe alors dans le second cylindre, arrive dans le four électrique, et s'y rencontre avec l'azote provenant du gazogène. On obtient finalement un azoture de 30 à 35 % d'azote. L'oxyde de carbone dégage pendant la réaction sert au chauffage de la bauxite progressant dans le premier cylindre.

Dans les installations récentes on n'utilise qu'un seul cylindre. Le système de chauffage comporte deux énormes anneaux de charbon perpendiculaires à l'axe du four et encastrés aux extrémités. Ils sont en relation avec les parties métalliques émergeant à l'intérieur du four et reliés à la source. Le mélange à réduire, où se trouve un excès de carbone de façon à accroître la conductibilité, forme la résistance proprement dite du four.

L'azoture d'aluminium est une masse de cristaux gris bleu de petites dimensions, qui se transforment facilement en poudre par un broyage.

On peut l'employer pour la production de l'ammoniaque ou comme produit réfractaire, car l'azoture d'aluminium présente des propriétés remarquables.

CHAPITRE VIII

COMPOSÉS DIVERS
OBTENUS AU FOUR ÉLECTRIQUE

Phosphore

Si on chauffe à haute température, un mélange de phosphate de chaux, de silice et de charbon, on a :

1° Formation de silicate de chaux et de l'anhydride phosphorique :

$$Ca^3(PO^4)^2 + 3SiO^2 = 3CaSiO^3 + P^2O^5$$

2° Réduction de l'anhydride phosphorique par le charbon :

$$P^2O^5 + 5C = 2P + 5CO$$

La température doit être voisine de 1800° pour avoir un rendement acceptable.

Les vapeurs de phosphore sont condensées dans un réfrigérant. Les gaz de réaction s'échappent des bâches et le silicate de chaux forme un laitier assez fusible que l'on coule.

Four Parker

Le phosphate est mélangé à du charbon et du sable.

Une trémie A est remplie de matières, qui par l'intermédiaire d'une vis d'Archimède V permet le remplissage du four. Le courant est amené par deux électrodes E E'. Les vapeurs de phosphore sortent par un conduit C et se rendent à un refroidisseur (fig. 136). Le rendement de phosphore est de 86 %.

Four Landis

Ce four breveté en 1907 réunit les qualités techniques requises à cette industrie.

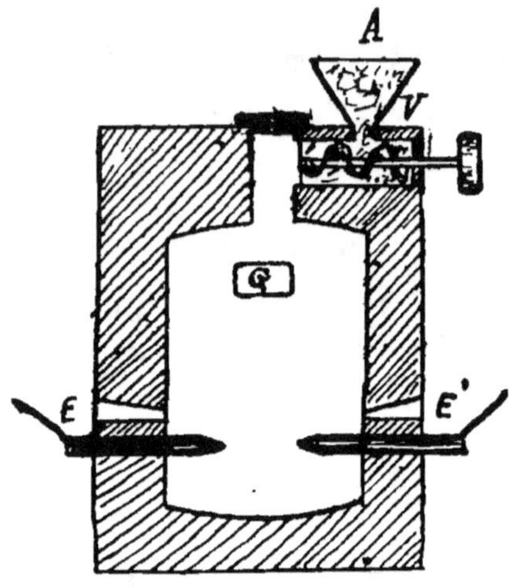

FIG. 136. — Four Parker.

Le four est en briques réfractaires A, entouré d'une enveloppe en tôle de fer F, imperméable aux gaz et aux vapeurs. Un revêtement intérieur en pisé de charbon R, et formant sole conductrice est relié à une des bornes de la source. Un couvercle en tôle isolé du four est muni au centre d'un trou avec presse étoupe pour le passage de l'électrode verticale E.

Une première tubulure inclinée H, munie d'un débourroir D porte une trémie T contenant les matières premières. Un deuxième tube incliné I, également muni d'un débourroir D est muni d'une tubulure B servant au dégagement des vapeurs de phosphores (fig. 137).

Un trou de coulée C permet d'évacuer le laitier en excès.

Si les matières premières renferment de

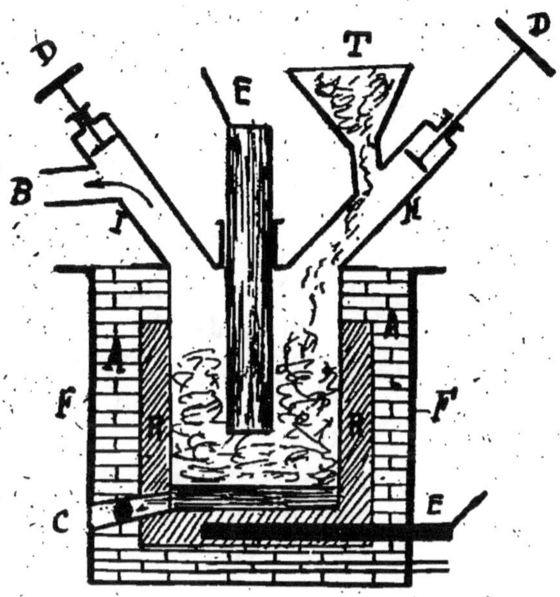

FIG. 137. — Four Landis.

l'oxyde de fer l'alliage de ferrophosphore sort avec le laitier et on trouve après refroidissement une masse métallique de ferrophosphore, qui est employée dans le convertisseur Thomas pour donner à la fonte la teneur nécessaire en phosphore.

On arrive à recueillir 85 à 90 % du phosphore contenu dans le minerai avec 22 à 24 kw./h. par kilogramme de phosphore. Le rendement du four varie entre 0,47 et 0,50 par rapport au phosphore recueilli.

Acide phosphorique

Des essais effectués en 1917, en Amérique consistent à traiter au four électrique le phosphate tricalcique avec un mélange de silice et de carbone de façon à obtenir des vapeurs de phosphore. Ces vapeurs mélangées à de l'air sont envoyées dans une tour d'oxydation où elles brûlent ainsi que l'oxyde de carbone en donnant l'anhydride phosphorique et de l'anhydride carbonique. En présence de l'humidité de l'air et de celle de la charge du four on obtient l'acide phosphorique. On a :

$$2P + 5CO + 5O^2 + 3H^2O = 2H^3PO^4 + 5CO^2$$

Les fumées d'acide phosphorique sont condensées par la méthode Cottrell ayant pour principe l'action d'un champ électrostatique intense produit par du courant continu sur les poussières et les fumées.

Dans ce procédé on emploie du courant continu à 50.000 volts obtenu à l'aide d'un redresseur.

Des électrodes en forme de plaque ou de fils sont disposées face à face, l'une est lisse et l'autre garnie de pointes. Les particules en suspension s'électrisent par influence et viennent se déposer sur l'électrode lisse.

Grâce à ce procédé on obtient de l'acide à 80 % qui sert ensuite à la préparation d'engrais.

Sulfure de carbone

On fait agir au rouge des vapeurs de soufre sur du carbone. On a :

$$C + 2S = CS^2$$

Le Four Taylor employé par les usines américaines de Cleveland (Ohio) et de Peim Yan (New-York) se compose d'un creuset de forme évasée et dont la partie inférieure est percée d'une série d'ouvertures.

Une cloche à double paroi se trouve au-dessus des électrodes. Le soufre est versé dans la double paroi et se liquéfie. Les ouvertures ménagéres au bas du creuset permettent au liquide de pénétrer dans le four (fig. 138).

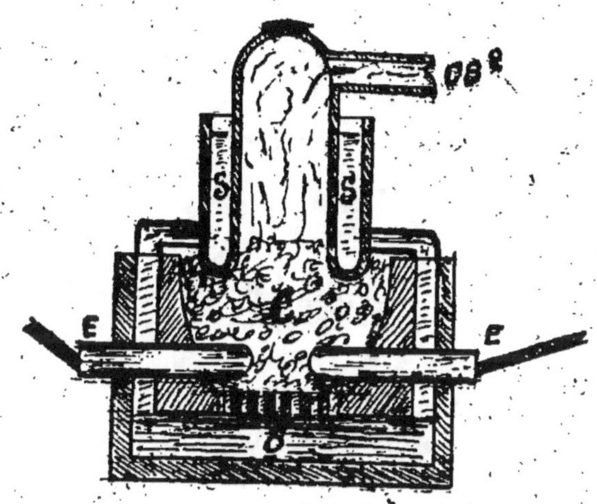

FIG. 138. — Four Taylor.

Le creuset est rempli de charbon de bois.

Les vapeurs de soufre traversent les couches de charbon et se transforment en sulfure de carbone.

Le sulfure de carbone s'échappe par une tubulure conduisant aux appareils de condensation.

Le four comprend 4 électrodes disposées symétriquement dans l'axe du four. Le réglage de la puissance absorbée s'effectue par variation de la tension aux bornes des électrodes.

Les électrodes peuvent être couplées soit 2 électrodes consécutives réunies au même pôle (couplage A) (fig. 139), soit polarités alternées (couplage B) (fig. 140), ce qui permet de chauffer le centre ou la périphérie de la charge.

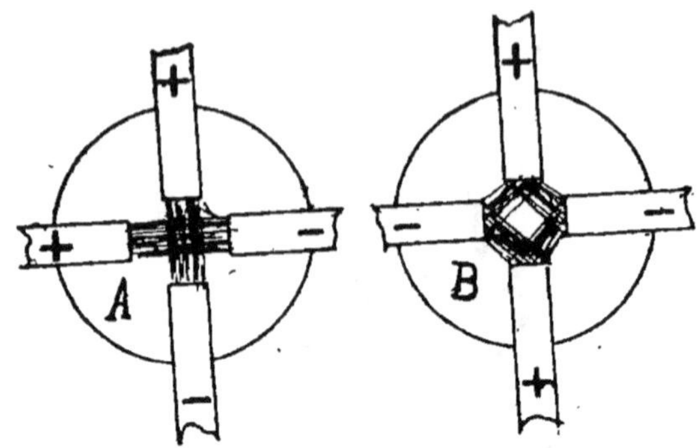

Fig. 139-140. — Couplage des électrodes
d'un four Taylor.

Ce four absorbe 4.000 ampères sous une tension de 40 à 60 volts avec une production de 1,2 kg. de sulfure de carbone par kw./jour.

Le rendement du four est d'environ 55 %.

Silicium

Le silicium se prépare au four électrique en réduisant la silice par le carbone :

$$SiO^3 + 2C + nFe = SinFe + 2CO$$

On emploie un four analogue à celui employé pour la fabrication du carbure, à sole conductrice ou à électrodes en série, avec garnissage en charbon.

La réduction a lieu vers 1.500°.

La silice étant mauvaise conductrice, le chauffage se produit surtout par arc.

On pousse périodiquement le mélange à l'aide d'une perche, car la silice restant pâteuse à son point de volatilisation, le mélange ne descend pas de son propre poids.

La production varie de 1 kg. 4 de silicium à 95 %, à 1 kg. à 90 %, suivant la puissance du four.

Ferro-silicium ou siliciure de fer

On réduit au four électrique la silice par le carbone en présence de fer métallique. On a :

$$SiC^2 + 2C = Si + CO$$

Les matières premières doivent être aussi pures que possible. Le réducteur est le coke, l'anthracite ou le charbon de bois, le fer est presque toujours fourni à l'état de tournure. Comme silice, on prend généralement des quartzites ou même du quartz, rarement du grès ou du sable silicieux.

Les fours analogues à ceux employés pour la fabrication du carbure de calcium, ont souvent les parois latérales revêtues de briques de silice. La sole est en pisé de charbon. La tension de marche varie de 35 à 60 volts, suivant la puissance du four.

Les coulées de ferro-silicium s'effectuent périodiquement, et de temps à autre on laisse le laitier s'écouler après l'alliage.

Pour une teneur variant de 45 à 48 % de silicium, la consommation de matières premières est d'environ 1.300 kgs de quartz, 800 à 900 kgs de charbon et 600 kgs de tournure de fer. La production pour cette teneur est de 2,8 à 5 kgs de ferro par kw./jour.

Les ferrosiliciums sont employés en métallurgie comme désoxydants et comme agents d'addition, ainsi que dans la fabrication de fontes spéciales.

Siliciure de Manganèse

On réduit la silice et le manganèse sous forme d'oxyde par le carbone, le fer est généralement introduit dans le four sous forme de tournure.

La consommation d'énergie varie suivant la composition de l'alliage.

La production par kw./jour varie de 3 kgs 5 pour l'alliage, 25 % Si—70 % Mn à 9 kgs pour l'alliage 10 % Si—20 % Mn.

Ces alliages sont employés dans la sidérurgie comme des oxydants et comme additions finales.

Corindon

La bauxite concassée, triée et broyée, puis calcinée de façon à chasser l'eau qu'elle renferme, est introduite dans un four d'une façon continue. La température nécessaire est comprise entre 800 et 1.000°.

Les fours employés peuvent fonctionner, soit par coulée, soit par fabrication en pains.

Dans la marche par coulée, on emploie les fours à sole conductrice ; le courant traversant la charge de l'électrode supérieure mobile à la sole. Lorsque la quantité de produit est suffisante, on ouvre le trou de coulée, et le corindon liquide s'écoule dans une lingotière.

Cette fabrication est à peu près délaissée, car le refroidissement brusque résultant de la coulée occasionne une trempe du produit qui devient fragile.

Dans la fabrication en pains, on laisse le four se remplir complètement en soulevant les électrodes au fur et à mesure que la couche d'alumine fondue augmente d'épaisseur.

Lorsque la cuve est pleine, on laisse refroidir et on retire le pain de corindon.

La cuve du four est généralement montée sur

roues, ce qui permet de remplacer facilement une cuve pleine par une vide.

Les pains sont ensuite broyés et, après divers traitements, un tamisage en permet le cassement d'après la grosseur des grains.

La production est d'environ 4 tonnes de matière fondue par cheval électrique/an, pour une fusion pure et simple du minerai et descend à 3 tonnes dans le cas d'un affinage réducteur avancé.

Rubis et Saphir

Une faible quantité d'alumine additionnée d'une faible proportion de sesquioxyde de chrome chauffée au four électrique, entre en fusion rapidement et, après refroidissement, fournit des cristaux rouges. Si on prolonge le chauffage, l'alumine se volatilise entièrement et il ne reste rien dans le creuset après l'opération.

Un four permettant d'obtenir de plus gros cristaux comporte un tube en matière réfractaire qui arrive dans une chambre de condensation en forme de moufle chauffé extérieurement à 1.500°. Une ouverture pratiquée dans la paroi du four permet d'introduire ce tube.

Un courant d'air humide arrive dans l'axe du tube, en même temps on projette à intervalles rapprochés de petites quantités de fluorure d'aluminium ou de cryolithe dans le creuset du four. La volatilisation est immédiate.

L'alumine libéré vient se déposer sur les parois du tube en cristaux qui s'accroissent continuellement si l'opération est bien conduite. Sous l'influence de la vapeur d'eau il se produit de l'acide fluorhydrique.

Pour la préparation du saphir le procédé employé est analogue, seule la nature du colorant diffère.

Monox ou protoxyde de silicium

Le monox s'obtient en portant à une très haute température un mélange de sable et de coke ou de sable et de carborundum. On a :

$$SiO^2 + C = SiO + CO$$

ou :

$$2SiO^2 + CSi = 3SiO + CO$$

Le four employé se compose d'un récipient en fonte A, garni intérieurement de briques réfractaires. Au dessus du récipient B se trouve une chambre de condensation C dans laquelle se trouve un certain nombre de raclettes R animées d'un mouvement et destinées à faire tomber le protoxyde déposé sur les parois (fig. 141).

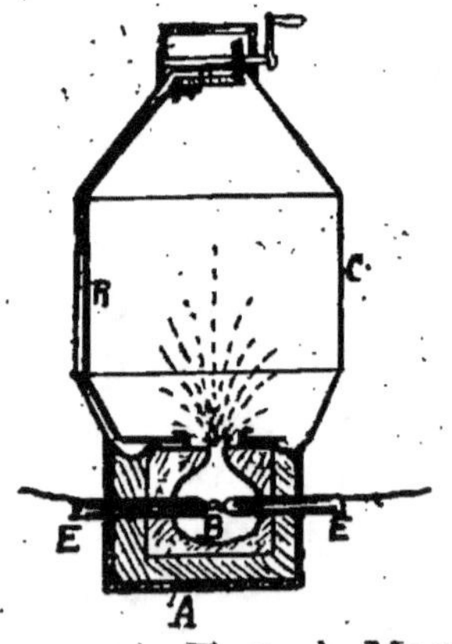

FIG. 141. — Four à Monox.

Deux électrodes E refroidies extérieurement par un courant d'eau sont reliées à la source.

La chambre C est refroidie extérieurement par circulation d'eau et un vide partiel est fait à l'intérieur.

Ce refroidissement a pour but d'abaisser rapidement la température du protoxyde, car un peu au-dessus de sa température de formation, il se dissocie en silicium et en silice.

Pour amorcer l'arc, on commence par tasser le mélange des matièes premières sur le pourtour intérieur du récipient A, puis on enfonce un peu au-dessus du centre et dans la charge elle-même un anneau de graphite et on extrait une partie de la charge qui a pénétré à son intérieur.

Dès que l'arc se forme, le protoxyde de silicium et de l'oxyde de carbone se dégagent par l'ouverture supérieure du récipient A. Le protoxyde se dépose sur les parois et on le recueille quand toute la charge a été transformée.

Le monox constitue un très bon calorifuge.

Quartz fondu

On emploie les fours à résistance en charbon avec revêtement intérieur siliceux, car les fours à arc ne se prêtent pas facilement au réglage de la température.

Un réglage défectueux de la température entraîne la volatilisation d'une partie de la silice et la formation de siliciure de carbone au dépend des électrodes.

D'après les expériences et travaux de recherche, la silice prend naissance à partir du quartz à 1.470°, qu'elle manifeste les premiers signes de ramolissement vers 1.650° et qu'elle entre en fusion pâteuse entre 1.750 et 1.800°.

Four Bottomley et Pajet (1905). — Ce four se compose essentiellement d'une maçonnerie A en briques réfractaires non conductrices et d'un charriot mobile B destiné à servir de récipient à la matière fondue.

La résistance qui doit chauffer le four se compose d'une plaque en graphite ou en charbon aggloméré P fixée par des rainures coniques dans des blocs conducteurs. Ces blocs sont reliés à la source par l'intermédiaire de fortes tiges en graphite E traversant les parois du four. Les plaques en graphite peuvent être multiples et groupées en parallèle ou en série suivant le résultat à obtenir. Un couvercle C en matière réfractaire est placé au-dessus de ces plaques et aussi près que possible de celles-ci, afin de réduire les pertes de chaleur.

Le chariot D supporte le creuset de fusion B en matière réfractaire. Ce charriot est monté sur rails de façon à pouvoir le rentrer dans l'intérieur du four et le sortir facilement (fig. 142).

FIG. 142. — Four Bottomley et Pajet

Un revêtement en fonte, qui le protège mécaniquement, est muni de rebords R s'engageant dans les parois latérales du four. Ce rebord permet de réduire au minimum la circulation d'air.

Une trémie T porte à sa base une vis d'Archimède V reliée à une poulie de commande. La charge passe d'abord dans des tuyaux verticaux *t* puis arrive dans le creuset où s'opère la réduction.

Ce four s'applique aussi à la fabrication du verre.

Le four *Billon-Daguerre* (1910) est un four biphasé à 3 électrodes utilisant un courant de 1.000 ampères sous une tension de 60 à 70 volts. La température atteinte dépasse 1800°.

Le creuset C est formé d'un mélange de graphite et de carborundum, du graphite pur, ou de la magnésie. Il se compose de 2 compartiments superposés. Le compartiment supérieur A de capacité suffisante reçoit le quartz à fondre, qui doit être pur, un couvercle B muni d'un regard D ferme le four. (fig. 143-144).

Le compartiment inférieur F de plus petite capacité est relié à celui du haut par une ouverture cylindrique O qui peut être obturée par une vanne horizontale V en matière réfractaire. La matière fondue est recueillie au bas du creuset.

L'électrode E' est reliée au point neutre de la distribution triphasée.

Le *four employé à l'Argentière-la-Bessée* (1) se compose d'une enveloppe en tôle T, en forme de cône évasé vers le haut, et rivé par sa partie médiane à une ceinture C reposant sur des tourillons *t*. Les supports des tourillons sont montés sur chariot, de façon à faciliter le déplacement du four.

____

(1) *Chimie et Industrie*, M. FLUSIN.

Le fond de l'enveloppe porte une large ouverture, contre laquelle vient s'appliquer un

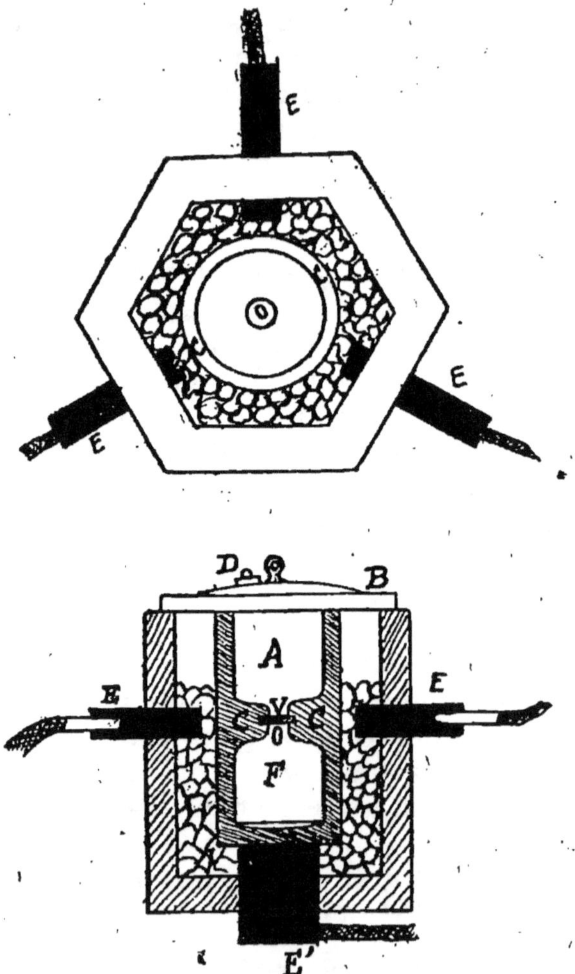

FIG. 143-144. — Four Billon-Daguerre

disque plat en charbon E, au moyen d'une fermeture à baïonnette, et formant prise de courant.

La face supérieure du disque est creusée en son centre d'une cavité peu profonde, d'un diamètre égal à celui du résistor R et dans laquelle celui-ci viendra s'engager. (fig. 145).

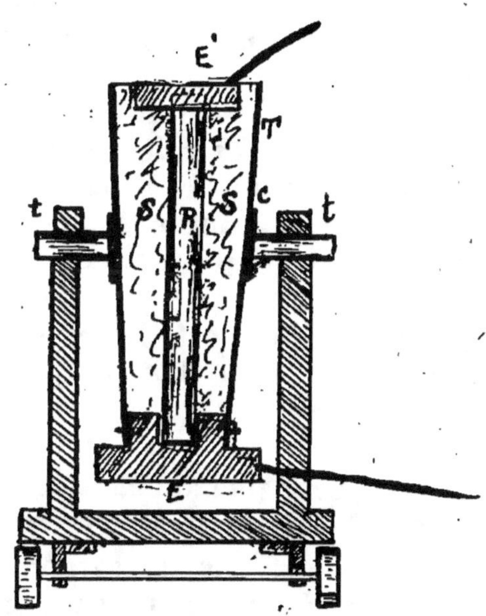

FIG. 145. — Four à quartz fondu

La prise de courant supérieure E', également constituée par un disque en charbon, est reliée à l'autre pôle de la source de courant. Le résistor est solidement fixé (vissé ou cimenté) dans un trou placé au centre du disque. Un espace annulaire prévu entre le disque supérieur et la paroi permet le chargement du four.

Le sable S est introduit avec soin et également réparti de chaque côté du résistor.

La tension appliquée aux bornes du four est de 35 à 40 volts.

Au début de la mise sous tension du four, il

ne passe qu'un courant relativement faible, qui croît à mesure que la température du résistor s'élève.

Avec un résistor de 70 cm. de long et 2 cm. de diamètre, au démarrage le courant ne dépasse pas 300 A. et s'élève progressivement à 1.000 A. environ.

Les couches de sable, échauffées au voisinage du résistor, entrent les premières en fusion pâteuse et forment autour de lui un manchon dont l'épaisseur croît à mesure que les parties les plus éloignées atteignent leur température de ramollissement.

Le rendement du four est de 57 %, soit une dépense moyenne de 1.500 kw./h. par tonne de silice fondu.

L'opération dure de 30 à 45 minutes.

La succession des phénomènes qui se produisent pendant la réaction a pour effet :

1° De rendre le résistor de carbone indépendant du manchon de silice pâteuse et de permettre par la suite l'enlèvement facile du résistor ;

2° De ralentir la réaction de la silice sur le carbone, qui, si elle se prolongeait, introduirait des impuretés dans le verre de silice ;

3° De donner à la masse pâteuse la forme de manchon creux, ce qui facilite les opérations de façonnage.

Dès l'opération de réaction terminée, on coupe le courant, on enlève le résistor par la partie supérieure. On peut alors saisir par son extrémité supérieure le manchon de silice et le retirer de la masse de sable pulvérulent qui le tient en équilibre.

Aussitôt sorti du four, un râclage de la surface externe permet d'enlever la croûte de sable, qui n'adhère que faiblement.

On procède ensuite au façonnage, soit par étirage pour les tubes, soit par moulage.

La difficulté pour obtenir du verre de silice transparent réside dans le choix d'un vase de fusion approprié et la formation de bulles d'air.

Rosenblum, en 1917, emploie un creuset en graphite revêtu d'une couche protectrice de carbone, azote et silicium en chauffant à 1600°, dans une atmosphère d'azote, une charge de silice.

La même année Keyes produit un revêtement en tungstène métallique à l'intérieur d'un creuset de graphite.

Le procédé dû au Silicat Syndicate (1910) consiste, au moyen d'un arc voltaïque ou d'un chalumeau oxydrique, à maintenir à l'état plastique une tige ou un tube T en verre de silice. Un récipient A contient la charge pulvérulente, d'où une vis d'Archimède V fait tomber peu à peu les particules de silice sur le tube, auquel elles adhèrent immédiatement en se transformant en verre transparent. Le tube T est animé d'un mouvement de rotation et de (fig. 146) va-et-vient afin d'avoir une répartition uniforme. L'épaisseur de la tige ou du tube primitif est augmentée de façon à pouvoir lui faire subir les opérations de façonnage.

Le quartz a reçu de nombreuses applications soit dans l'industrie chimique (ballons, cornues, capsules, moufles, thermomètres, etc.), soit dans

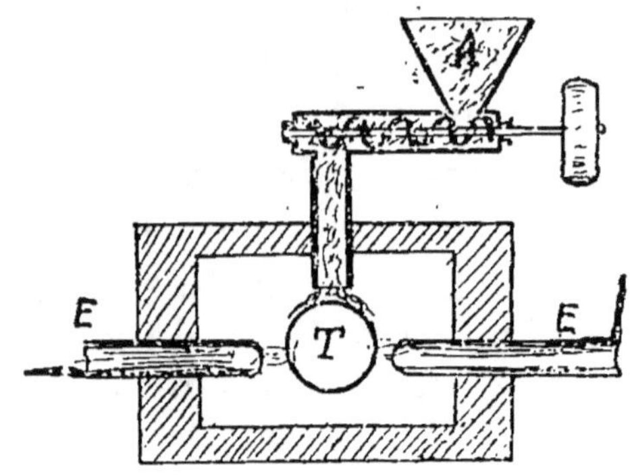

Fig. 146. — Four du Silicat Syndicate

l'industrie électrique   (lampes, tubes isolants,
etc., etc.).

Verre

Les verres sont des silicates doubles, résultant
de l'union d'un silicate alcalin (de potassium ou
de sodium) avec un silicate de calcium (verre
ordinaire) ou de plomb (cristal).

La fabrication du verre ordinaire au four électrique n'est intéressante que lorsque l'énergie
électrique est fournie à un prix bas. Pour les
verres spéciaux tels que ceux destinés à l'opti-
que ou la verrerie artistique, le four électrique
devient plus intéressant car le prix de vente
est plus élevé.

Les fours actuels emploient de préférence les
dispositifs à voûte chauffante placée au-dessus
de la masse à fondre et sans contact avec celle-
ci, ce qui empêche toute modification de la composition. La partie électrique est en dehors de
la partie travaillante du four où se trouve les
ouvriers ce qui diminue les risques d'accidents.

Le four Sauvageon se fait en deux modèles :

a) Le four à creuset (fig. 147).

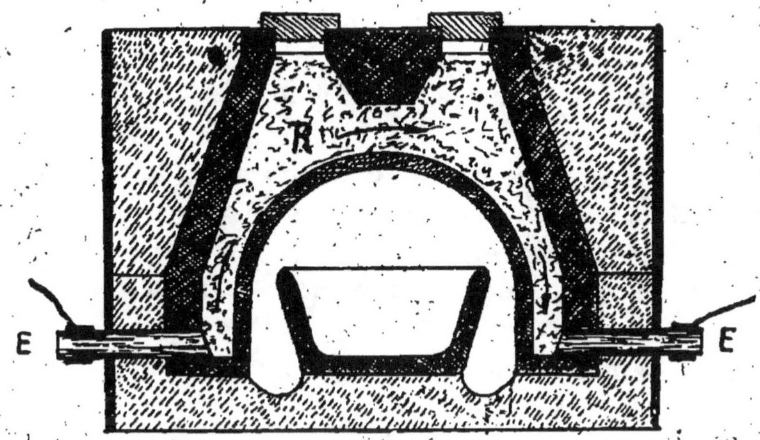

FIG. 147. — Four Sauvageon à creuset

b) Le four à bassin (fig. 148).

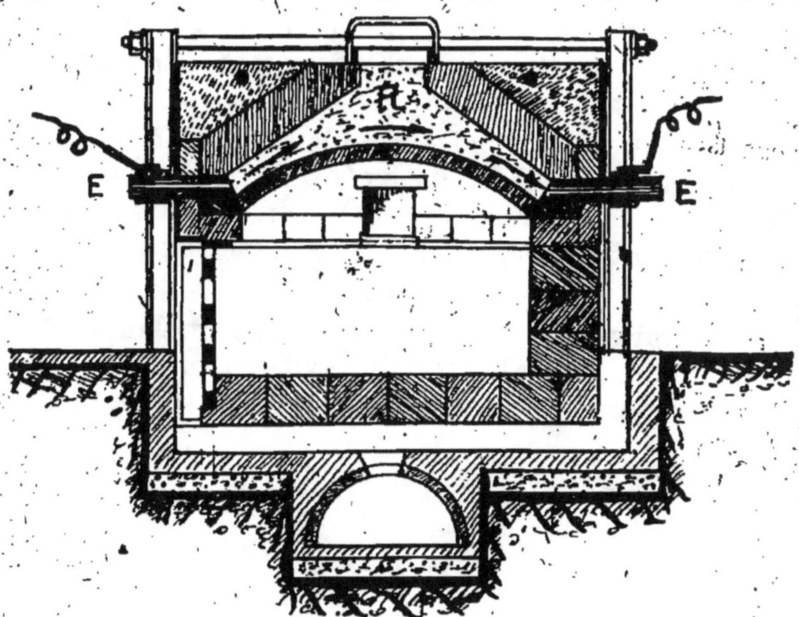

FIG. 148. — Four Sauvageon à bassin

Dans ces fours, le courant arrive par des électrodes E et traverse une résistance R. La résistance s'échauffe et transmet sa chaleur à l'intérieur du four où se trouvent les matières à fondre.

Pour la fusion du verre ordinaire, on emploie de préférence un four arc et résistance.

Ce four comprend 2 électrodes verticales E mises en parallèle et une sole conductrice E' creusée de cavités A et A'.

Pour amorcer le four on place dans les cavités quelques morceaux de verre et on abaisse les électrodes E. Un arc jaillit et fait fondre une partie du verre. On ajoute une nouvelle quantité de verre et on remonte peu à peu les électrodes supérieures. Le verre étant assez conducteur à l'état liquide, il est facile de remplir peu à peu le four, la fusion se propageant très rapidement. Le four peut être basculant pour faciliter la coulée.

On peut ainsi fondre rapidement et économiquement les déchets de verre de toutes sortes. Les verres obtenus sont des verres durs particulièrement employés dans la construction.

Ciment

On traite au four électrique un mélange de bauxite et de calcaire. On obtient un produit très alumineux connu sous le nom de ciment fondu.

Ce ciment est très résistant.

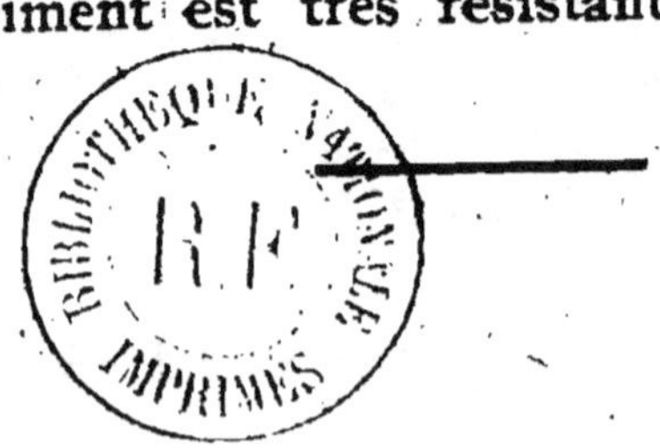

TABLE DES MATIÈRES

PREMIÈRE PARTIE

Electrolyse et galvanoplastie

CHAPITRE PREMIER. — *Lois de l'électrolyse*...... 7
  Première loi de l'électrolyse................... 8
  Lois de Faraday........................... 10
  Solution non électrolyte et pression osmotique 15

CHAPITRE II. — *Conductivité des électrolytes*.... 21
  Mesure de la conductibilité des électrolytes.. 27

CHAPITRE III. — *Etude des piles*............... 36
  Piles de concentration..................... 36
  Générateurs de courant employés en galvanoplastie 43
  Osmose électrique......................... 49

CHAPITRE IV. — *Applications de l'électrolyse*.... 52
  Industrie de la soude...................... 52
  Hypochlorites 66
  Chlorates 69

CHAPITRE V. — *Composés divers obtenus par électrolyse* 71

CHAPITRE VI. — *Raffinage électrolytique des métaux* 80
  Raffinage du cuivre....................... 80
  Extraction directe du cuivre par électrolyse.. 90

Raffinage du zinc.......................... 91
Raffinage électrique de l'étain............... 95
Affinage électrolytique du nickel............ 96
Fabrication électrolytique du fer............. 97
Fabrication du cadmium électrolytique...... 100
Electrométallurgie de l'or et de l'argent...... 101
Affinage de l'argent.......................... 104

CHAPITRE VII. — *Galvanoplastie*................. 108

Confection des moules....................... 110
Reproduction d'objets de grandes dimensions. 118
Décapage des métaux pour le cuivrage, la
    dorure ou l'argenture...................... 119
Décapage des autres métaux.................. 120
Cuivrage 121
Zingage 124
Laitonnage 127
Nickelage 129
Etamage 136
Argenture 137
Dorure 138
Platinage 141
Damasquinage électrochimique................ 142
Electrotypie 143
Electrogravure 144

CHAPITRE VIII. — *Ozone*......................... 149

Historique 149
Appareils producteurs........................ 150
Applications de l'ozone....................... 156

DEUXIÈME PARTIE

Fours électriques

CHAPITRE PREMIER. — *Fours électriques employés
    en électrochimie et en électrométallurgie..* 163

Historique 163
Four à arc................................... 165

Four à étincelle.............................. 165
Fours à résistance........................... 169
Fours à induction........................... 172
Fours de laboratoire........................ 179
Fours électriques industriels................ 188
Fours utilisés en fonderie d'alliages......... 199

CHAPITRE II. — *Construction des fours*.......... 204

Matériaux réfractaires....................... 204
Électrodes 206
Essais des fours............................. 224

CHAPITRE III. — *Electrométallurgie des métaux*.. 228

Electrométallurgie du zinc................... 228
Electrométallurgie de l'aluminium........... 238
Electrométallurgie des métaux............... 240

CHAPITRE IV. — *Fontes et aciers électriques*...... 243

Historique 243
Fontes électriques.......................... 245
Aciers électrothermiques.................... 250

CHAPITRE V. — *Alliages ferro-métalliques*........ 270

Ferro-manganèse 273
Ferro-vanadium 276
Ferro-molybdène 276
Ferro-titane. Ferro-tungstène............... 277
Ferro-aluminiums 278
Ferro-nickel. Ferro-cérium. Ferro-bore 279
Ferro-phosphore 280
Ferro-alliages complexes.................... 281

CHAPITRE VI. — *Alliages divers obtenus au four électrique* 282

Cupro-manganèse. Bronzes au manganèse. Laitons au manganèse....................... 282
Cupro-chrome. Cupro-silicium. Manganin ou constantan 283

Nickel-silicium. Nickel-chrome. Aluminium-platine 284
Aluminium-chrome. Aluminium-manganèse. Phospho-manganèse 285
Siliciures 287
Fabrication du carbure de calcium 289
Différents fours employés.................... 292
Fabrication du carborundum ou carbure de silicium 295
Carbure de zirconium. Carbure d'aluminium 299

CHAPITRE VII. — *Produits nitrés synthétiques*.... 300

Généralités 300
1° Production de l'acide azotique............. 300
2° Cyanamide calcique......................... 309
3° Azotures métalliques........................ 311

CHAPITRE VIII. — *Composés divers obtenus au four électrique*.................................. 315

Phosphore 315
Acide phosphorique............................. 317
Sulfure de carbone............................. 318
Silicium 320
Ferro-silicium ou siliciure de fer 321
Siliciure de manganèse......................... 321
Corindon 322
Rubis et saphir................................. 323
Monox ou protoxyde de silicium............... 324
Quartz fondu.................................... 325
Ciment 334

Encyclopédie Industrielle

Collection de volumes in-18 de 400 à 500 pages illustrés